林昕瑶◎著

可持续发展视角下城市建设用地优化利用研究
——以福州市为例

中国财经出版传媒集团

经济科学出版社
Economic Science Press

图书在版编目（CIP）数据

可持续发展视角下城市建设用地优化利用研究：以福州市为例/林昕瑶著 . —北京：经济科学出版社，2022.10

ISBN 978 – 7 – 5218 – 4146 – 6

Ⅰ.①可…　Ⅱ.①林…　Ⅲ.①城市土地 – 土地利用 – 研究 – 福州　Ⅳ.①F299.275.71

中国版本图书馆 CIP 数据核字（2022）第 196722 号

责任编辑：纪小小
责任校对：郑淑艳
责任印制：范　艳

可持续发展视角下城市建设用地优化利用研究
——以福州市为例
林昕瑶　著
经济科学出版社出版、发行　新华书店经销
社址：北京市海淀区阜成路甲 28 号　邮编：100142
总编部电话：010 – 88191217　发行部电话：010 – 88191522
网址：www. esp. com. cn
电子邮箱：esp@ esp. com. cn
天猫网店：经济科学出版社旗舰店
网址：http://jjkxcbs. tmall. com
北京季蜂印刷有限公司印装
710×1000　16 开　15.25 印张　260000 字
2023 年 1 月第 1 版　2023 年 1 月第 1 次印刷
ISBN 978 – 7 – 5218 – 4146 – 6　定价：66.00 元
（图书出现印装问题，本社负责调换。电话：010 – 88191510）
（版权所有　侵权必究　打击盗版　举报热线：010 – 88191661
QQ：2242791300　营销中心电话：010 – 88191537
电子邮箱：dbts@ esp. com. cn）

前　　言

我国正经历着自工业革命以来人类历史上规模最大、速度最快的城镇化进程①，随着人口、资本、产业不断向城市集聚，城市数量激增、规模持续扩大，城市空间格局不断变化，城市经济得以飞速增长。然而，土地资源的刚性约束限制了城市土地增量供应的保障力度，制约着城市用地空间的持续扩展，长期以来城市土地无序扩张与粗放利用模式不断加剧城市发展与用地矛盾，阻碍城市社会经济的可持续发展。要想缓解这一问题，必须用可持续发展的眼光，在人口、经济、资源与环境和谐发展的基础上，通过集约的土地利用方式、合理的用地规划、科学的城市空间布局，带动城市经济发展可持续化的整体效能的全面提升。

随着我国进入经济增速放缓的发展新阶段，经济增长方式由"量"的扩张转向"质"的提升的同时，城市空间发展模式应由"外延式扩张"向"内涵式提升"转变。相应地，传统的城市土地利用模式亟须调整，由"增量扩张"转变为"存量优化"，以严控增量规模与优化存量利用结构并存为特征的城市土地利用开发模式日益被关注和采用。努力贯彻新发展理念，深入研究我国新发展阶段城市土地的合理开发利用，实现城市土地资源的优化配置显得十分必要。在城市经济转型发展过程中，必须严守三条"红线"（永久基本农田线、城市开发边界线、生态环境保护线），在遵循保护耕地、集约用地、严守生态线的原则下，控制增量土地的扩张规模，挖掘存量土地的再利用价值，提高城市用地的综合利用效率，促进城市建成区的功能优化升级，推动城市经济与资源环境承载力的协调发展。

福建省作为海峡西岸经济区（以下简称"海西"）经济发展的重要枢纽、

---

① 刘建平，杨磊. 中国快速城镇化的风险与城市治理转型 [J]. 中国行政管理，2014 (4)：45 – 50.

"一带一路"倡议的重要支点和全国首个生态文明先行示范区，正在深入贯彻"以人为本""绿色发展"的新发展理念，实践生态省建设与新型城镇化试点建设。福州市作为福建省的省会城市，不仅是我国东南沿海的重点贸易城市，更是我国海上丝绸之路的重要门户，在海峡西岸经济区中占据行政、经济、文化中心的重要地位。近年来福州市的经济、文化等各项事业发展速度较快，但面临着经济社会发展和建设用地不足的矛盾，在城市建设用地向外扩张困难的制约下，福州市必须尽快改变城市用地结构中不合理的部分，控制城市土地无序膨胀，积极推进城市存量用地的优化配置，实现福州市土地利用空间发展的顺利转型。

本书基于我国建设用地迈向存量开发时代、城市空间发展由"增量扩张"向"存量优化"转型的背景，以可持续发展观为基本理念，试图构建一套较为完整的城市建设用地的评价、预测和调控方法体系，提出相应的城市建设用地调控的基本构想（以福州市为具体分析案例），旨在为我国城市建设用地的优化利用提供有决策参考价值的建议。主要内容如下：

首先，基于可持续发展的视角和城市土地空间发展转型的背景，剖析我国建设用地利用现状和时空变化特征，采用层次分析和模糊评价相结合的方法，定量判断城市建设用地存量更新和增量扩张的影响因素；其次，在明确存量用地类型、特征和再开发条件的基础上，构建相关评价指标体系，评价福州市建设用地的综合利用效率与再开发潜力，并分析其影响机制；最后，对福州市建设用地的规模调控进行情景分析，在预测城市建设用地调控总规模的基础上，运用元胞自动机模型、Logistic 回归模型与最小累积阻力模型构建增量用地模拟的集成模型，对未来（2035 年）福州市存量用地规模进行模拟调控，预测不同规划情景下增量用地的空间分布范围，采用景观格局指数评价与比较不同规划情景下的调控效果，以期为福州市以及我国同类型城市建设用地的优化利用以及科学的土地空间布局提供可行性对策与建议，为未来城市建设用地总体规划的编制提供参考。

目　　录

绪　　论

第一节　研究背景、目的及意义

一、研究背景

快速的城镇化进程为我国经济发展注入无限活力，产业快速向城市集聚，城市人口迅猛增长，对建设用地的需求不断增加，城市空间规模不断扩展。然而长久以来，在我国粗放式经济发展模式和城乡二元土地制度运行背景下出现了"土地城镇化"远快于"人口城镇化"现象，致使我国城市空间呈现蔓延式的横向扩张态势。一方面，土地资源刚性约束的客观事实决定了我国城市建设用地总量受限；另一方面，城市土地的横向扩张和粗放利用则进一步加剧了土地资源的紧张局面，导致社会经济、人口、资源与环境之间的矛盾激化，致使可持续发展进程严重受阻。

作为城市空间发展的基本载体，城市土地的利用效率和空间布局直接关系着城市发展的提质增速。然而近年来，在我国三条"红线"（永久基本农田线、城市开发边界线和生态环境保护线）的严格约束下，城市土地的增量供应保障力度受限，同时，城市存量用地浪费现象屡见不鲜，土地利用效率低下，生态环境不断恶化。随着我国进入经济增速放缓的新发展时期，在可持续发展思想指导下，各界提倡我国经济增长方式应由"量"转"质"的同时，城市作为我国经济发展的主体，其发展模式不应再一味追求横向的空间规模扩张，而应要走内涵式提升的可持续发展道路。基于此，为了更好地应对和解决城市土地空间的发展制约，助推社会经济与资源环境的协调、可持续发展，我国相继提出一系列有关土地利用和城市土地空间规划的政策，各地方政府也纷纷推出各自的土地规划政策和土地空间管理制度。党的十八届三中全会、党的十九大、中央城市工作会议相继提出"新型城镇化""加快生态文明建设""增量规划向存量规划转型""推动城市发展由外延扩张向内涵转变"等政策,以期缓解经济发展与生态环境间的矛盾,重塑城市土地更加合理的空间安排,助推城市土地的空间转型升级和城市经济发展提质增速。

(一)可持续发展

1. 可持续发展的提出

1987年世界环境发展委员会将可持续发展定义为:"满足当代人需求的同时不损害后代人满足自身需要的能力。"提倡人类社会发展的同时重视资源的节约利用和生态环境的保护,具体表现为在经济活动和生产过程中对不可再生的自然资源进行有节制的开发和利用,对其开发速度和程度必须保证在其再生速率限度内,或者在其可承受的范围内进行使用,以提高对资源的利用效率来促进经济的进一步增长。

2. 可持续发展的内容与本质

可持续发展的本质和主旨是要求人类在资源要素承载力范围内对其进行最优化的配置,而土地资源的优化配置是城市发展中最基础和最关键的一环。20世纪90年代,可持续发展这一概念被一些国际土地专家延伸运用到土地利用方面,随之产生了"土地可持续利用"这一概念。由印度农业研究会与美国农业部于1992年联合举办的国际土地持续利用研讨会(International Workshop on Sustainable Land Use System)在印度首都新德里召开,此次研讨会正式确定了土地可持续利用和管理的思想,随后,学术界对此展开了深入的研究。土地可持续利用概念于20世纪90年代初的土地利用国际会议中开始被多次提及,并得到了世界范围内的广泛认可。具体来说,土地可持续利用既要求土地资源在其自然承载力范围内得到最优化的配置和最高效的利用,同时也要求在遵循科学治理与合理保护的前提下进行土地资源的开发、规划和利用,两者有机结合,在保护土地资源、生态环境的同时促进社会经济的发展,实现土地资源与人口、经济、环境之间的协调发展。

3. 可持续发展背景下土地利用内涵

作为人类社会赖以生存的物质基础和生产建设的基本条件,土地资源的可持续利用不仅关乎当代人的利益,且与子孙后代的福祉紧密相连,对土地资源的保护与优化利用包含了资源本身以及资源、环境、民生与社会经济发展间的协调关系。宝贵的土地资源作为核心的生产要素，既能充分保障人民生活生产活动的有序进行，更能创造出社会发展需要的源源不断的财富，基于此理念，资源的优化配置与经济社会协调发展得以相辅相成、相互促进。因此，在可持续发展相关理念的指导下土地资源优化利用的必要性愈发显著，土地资源的利用效率与区域可持续发展战略紧密呼应，土地资源的优化利用与科学规划助力城市发展提质增速，推动人口、社会、经济、资源与环境间的和谐发展。可持续发展背景下土地资源优化利用的内涵具体如下：（1）土地资源不可再生的稀缺性和刚性约束决定了其供给量的有限性，当有限的土地供给无法满足无限的需求时，在数量上就需要实现土地资源的优化配置，将有限的土地资源分配到具有较高社会、经济、环境效益的优质项目中去，土地资源通过科学合理的统筹安排最终取得最优效益。（2）要在土地资源可承载范围内进行合理合宜开发。资源都具有其生态承载力，对任何资源都应在其承载力范围内进行开发利用，避免过度消耗造成的生态环境破坏。因此，对土地资源的开发不应过度，可适当开发一些后备土地作为城市发展的补充要素，辅以开发后备土地资源将使其可持续性更加持久，在保护资源的同时也保证了城市区域发展的可持续性和稳定性。（3）土地资源的分配需对应合适的区域发展需求。土地本就具有稀缺性，高质量、高利用价值的土地资源则更为稀缺，应把这些土地资源优先供应到高质量或高效益的区域发展项目中。（4）土地资源由于所在区域不同而被赋予不同的功能和用途，想要土地资源得到最优化配置，必须根据土地区域性差异所呈现的特征来规划其具体职能与用途，亦可以根据不同用途的土地选择相应区域。总之，需因地制宜进行土地资源的优化配置，进而提升土地利用的整体效益。

土地资源作为人类赖以生存的物质基础和城市建设发展过程中最重要的物质载体，其不可再生的刚性约束限制了增量土地的无限供应；旧城镇化发展进程中"摊大饼"式的城市空间扩张态势和土地粗放利用模式进一步加剧了土地资源的浪费和破坏，导致经济、人口、资源与环境之间的矛盾不断激化。因此，客观现实决定了人类必须在可持续发展的战略和理念指导下，从可持续发展视角出发，确保在土地资源可承受的范围内对土地资源进行合理规划和利用，改善目前部分地区城市规模无限扩张的现状，进一步修正土地城镇化与人口城镇化速度严重失衡问题，并以集约、绿色、低碳的土地利用方式替代粗放式的土地利用方式来提高土地资源的利用效率，在保证人类后代基本权益的基础上促进城市社会经济的进一步增长，实现经济、人口、资源与环境的和谐发展。

（二）新型城镇化发展

随着社会的不断进步和经济不断增长，劳动力、土地、资本等生产要素必然倾向聚集于一处并逐渐形成规模效应，这种资源要素逐渐由农村向城市迁移、聚集的过程被称为"城市化"（urbanization），它是社会分工和经济发展到一定程度的必然结果，体现为农村人口向城市迁移和聚集，城市的服务设施、城市居民的生活方式及价值观对农村居民渗透的过程。在此过程中，城市数量与城市人口总量不断增加，为满足激增居民的生活、工作需求，城市空间规模相应扩容，基础设施与公共服务质量持续完善。城市化是人类进步与社会发展的必然产物，它既是一种现象，也是一个过程，其实质就是各种生产资源要素间的协调分配、重组和优化配置的过程与结果。作为城市化发展极为重要的空间载体和物质基础，土地资源也在这一过程中不断地进行空间配置，助推城市建设、人口聚集与产业发展。

我国作为世界上最大的发展中国家和世界经济的重要增长极之一，自改革开放以来经济飞速发展，也正经历着自工业革命以来人类历史上规模最大的城市化进程。基于国情，在我国各官方文件中（如党的十八大报告和党的十九大报告）多采用"城镇化"一词进行表述，这是由我国庞大的农村农业人口基数与社会经济发展中占极其重要地位的两万多个建制镇①的客观现实决定的。从本质上看，城镇化是城市化的阶段性发展过程，都是农村人口向城市的集聚以及城市行为方式、价值观和服务设施对农村居民渗透的过程。在此基础上，中国要走出一条符合我国国情、体现中国特色、以城市群为主要空间载体，大城市与中小城镇和谐发展的城镇化道路。与城市化相比，我国城镇化的辐射范围更广泛、涉及人口规模更加庞大。它既注重城市的发展，同时也关注城镇的崛起，强调的是两者之间的协调同步发展，旨在推动城乡融合发展。

1. 传统城镇化进程的遗留问题

伴随我国经济高速发展态势，城镇化水平呈持续提高趋势，劳动力不断从农村迁入城市，带动产业在城市中聚集，农村风貌不断向城市景观转化；

---

① 截至 2021 年底，我国建制镇总数达 21 157 个。详见国家统计局. 中国统计年鉴（2021）[M]. 北京：中国统计出版社，2021。

同时，随着城市人口比例不断增加，人们的行为方式、生活习惯等也不断向城市转化，城市空间规模不断扩大，城市建设用地面积激增。基于我国人口基础庞大、发展需求旺盛的客观现实，我国的城镇化过程伴随着数以亿计的人口迁移与大面积的城市规模扩展，区域经济得以飞速发展，综合国力也不断提升。然而，高速的经济增长背后日益涌现的人地矛盾、城市建设扩张需求与土地资源供给矛盾、经济发展与环境保护矛盾日益尖锐。

此外，城镇化发展往往伴随着社会的进步、劳动生产力的提高、生产专业化组织程度的提升等，这些变化与变迁必将使人们对土地功能与土地结构的需求发生变化。相较于传统的农业社会，城镇化进程中人们对土地利用的需求扩展到工业、文化、商业、环保、新兴产业等领域，对土地空间利用的多样化也提出了进一步的要求。改革开放以来至 2019 年土地改革①以前，我国一直实施的城乡二元土地制度是对城市和乡村土地实行分治政策，尤其是改革开放以后，随着社会进步和经济的不断发展，快速发展的城镇化进程中城镇国有土地实行有偿使用，农用地转非农用地的唯一途径也是通过国家统一征收得以实现，由此产生了城市土地与农村土地"城乡分治"的独特格局。这一格局虽在一定程度上促进我国城镇化与工业化的发展，却也给土地产权、土地资源利用、城乡差距带来新的考验。

在城乡土地制度双轨运行下，土地资源得不到最优化的配置，导致城乡土地资源的利用效率十分低下；城乡资源要素无法实现自由双向流通，不利于我国经济结构转型升级和城乡进一步融合发展，同时也严重制约着城市土地空间的合理安排与城市的可持续发展。我国于 2019 年 8 月对《土地管理法》进行修订，明确了"允许集体经营性建设用地直接入市"的规定，结束了城乡建设用地入市的二元体制，为推进建设用地的城乡一体化提供了法律保障。② 因此，在该土地制度改革和法律保障下，应明确意识到土地资源优化利用不仅仅是我国经济的可持续发展和城乡融合发展的物质基础，也是保护生态环境的重要途径。在我国新时代发展背景下，更应以长远的大局观以

---

① 我国《土地管理法》于 2019 年 8 月得到修订："允许集体经营性建设用地直接入市"，即允许具有经营性质的农村集体所有的建设用地直接进入市场，这一规定从法律层面保障了我国城乡建设用地一体化发展进程，为构建城乡一体的建设用地市场扫清了制度障碍，结束了长久以来制约我国城乡融合发展的二元体制。

② 管必英，王双金. 农村集体经营性建设用地入市：趋向、困境与纾困对策［J］. 农村经济与科技，2020，14.

及整体观为理念，从可持续发展的角度出发，严控增量土地无序扩张，保障乡村发展的土地供应；科学布局城市土地的发展空间，内涵式提升用地空间；合理调整城市土地职能，优化土地资源配置效率，以期促进社会经济与人口、资源、环境的和谐共促。

2. 城镇化转型升级的必要性

传统的城镇发展建立在对土地规模横向扩张的基础上，近年来，我国经济增速放缓、经济发展呈新常态化，土地对于城镇化发展的"红利"作用已大大减弱，城镇化发展提质增速遇到"瓶颈"，人们开始意识到粗放式的土地利用方式对城镇化发展造成巨大阻碍，阻碍我国经济的持续增长，同时也衍生出严重的生态环境破坏问题。同时，随着城镇化进程的推进，城市与城镇发展规模的壮大是在对城郊土地征占的基础上得以实现的，这一现象导致我国农用面积锐减。一些地方政府"唯GDP"思想使其过于重视土地财政，为了追求城镇经济快速发展，他们以低价征收和侵占大量农地作为建设用地支持城镇建设，以繁荣的土地城市化景象来掩盖未能与之匹配的人口城市化。① 在我国传统城镇化发展进程中，城市规模蔓延式的扩张态势与土地资源紧缺间的矛盾不断凸显，如城市人口激增、环境污染严重、资源浪费等，这些问题严重影响着城市土地利用效率的提升，致使城市土地的空间转型受阻，进一步阻碍了社会经济的可持续发展与生态文明建设。传统城镇化下的城市空间布局与土地利用方式已难以适应我国当下经济转型升级的需要，因此，我国需推进绿色、集约、高效的新型城镇化进程，转变城市经济增长方式，完善城市土地的空间布局，优化配置城市土地资源，不断提升城市土地利用的综合效率，这也是城市发展提质增速的必然选择。

3. 新型城镇化概念的提出

2014年3月，我国提出的新型城镇化发展战略中明确提出："实行最严格的耕地保护制度和集约节约用地制度，按照管住总量、严控增量、盘活存量的原则，创新土地管理制度，优化土地利用结构，提高土地利用效率，合理满足城镇化用地需求……"② 2014年9月，我国国土资源部发布了《关于

---

① 彭岚嘉，许燕. 新世纪乡土小说中土地书写的文化审视与反思 [J]. 兰州学刊，2016 (5)：35-41.

② 国务院. 国家新型城镇化规划（2014 - 2020年）[EB/OL]. www. gov. cn/gongbao/content/2014/content_2644805. htm. 2014 - 03 - 16.

推进土地节约集约利用的指导意见》（以下简称《意见》），该《意见》将土地节约与土地集约利用作为新型城镇化的重要战略选择，《意见》还提出要以土地资源的集约利用来推进城镇化进程，提高城镇化质量。新型城镇化进程中对土地资源的集约、科学与合理利用已上升到国家战略层面高度。① 我国对城镇化建设发展十分重视，在经济转型升级的关键时期，提出要坚持以人为核心推进新型城镇化发展进程，不断提高城镇化发展质量，促进大中小城市与城镇的共同发展。因此，城镇化发展转型升级、促进新型城镇化提质增速刻不容缓，它已成为我国乡村振兴、城乡一体化和区域协调发展的重要支撑与实现路径。

因此，城市空间格局的有序发展和结构升级将极大程度地助力我国经济增长方式的转型突破，并助推我国城镇化发展实现由"量"向"质"的转变。作为城市空间布局最根本的物质载体，城市土地资源这一基本投入要素必须得到最优化的配置，城市土地利用效益的全面提升将大大推进城市发展的提质增速。因此，土地政策执行者及使用者需坚持绿色理念，科学布局城市空间，优化城市建设用地利用，完善用地结构，挖掘城市存量土地再开发潜力，以全面提升城市建设用地的利用效率。

（三）城市生态文明建设

传统城镇化进程中蔓延式的城市发展模式导致土地资源严重浪费、土地利用效率低下、生态恶化等问题激增，人口、资源与环境的矛盾突出，阻滞城市社会发展质量进一步提升。基于此，在党的十八大报告中，明确提出推进生态文明建设议程，坚持"绿色发展"，"促进人与自然和谐发展"，"构建科学的城市化格局、生态安全格局"。② 可见，城市发展要想提质增速，就必须在充分考虑人与自然共融互促的基础上，完善城市的空间布局，而城市土地作为其中一项重要的发展要素，必须得以优化利用和合理配置。长期以来许多国家和地区的发展经验表明，基于人口规模、产业结构、土地承载力、发展方向、生态保护等方面的考虑进行有序的城市空间扩张和土地规划利用，

① 杨俊. 新型城镇化背景下建设用地集约利用研究——以武汉城市圈为例 ［D］. 中国地质大学，2015.

② 胡锦涛在中国共产党第十八次代表大会上的报告 ［EB/OL］. 人民网，http：//cpc. people. com. cn/n/2012/1118/c64094 - 19612151. html，2012 - 11 - 8.

将在很大程度上促进城市的可持续发展。

我国新型城镇化发展规划与党的十九大报告中都强调了城市边界开发及空间布局的重要性，2017年，我国对北京、上海、深圳、南京等14个城市开展划定城市开发边界试点工作，明确规定严格控制城市规模与开发程度，即以现有规划为基础，将规划划定的城市边界视为城市的永久边界，在边界之外，则严格控制城市继续扩张，保护永久性基本农田与生态景观。城市边界的划定与规模控制旨在推动我国城镇化发展由"外延扩张式"向"内涵提升式"转变，在保护耕地、集约用地、严守生态线、推进生态文明建设的同时，促进城市空间的转型发展和经济的可持续增长。

目前，我国城市建设用地投入整体上是一种低效、无序的用地扩展模式，城市空间扩展失控的现象较严重。这种空间扩张失控现象正在不断引发诸如资源环境与人口冲突、建设用地紧张、利益分配矛盾、社会分化加剧等一系列问题，且严重制约了我国可持续发展进程的有序推进。如何有效控制城市蔓延扩张态势，控制增量规模扩张，完善城市存量土地利用结构和优化空间布局，是积极应对城市空间转型要求和落实生态文明发展政策的关键所在。在我国生态文明建设的时代背景下，未来存量土地必然成为我国城市空间布局的主要来源，存量规划也必将成为我国国土规划的首要选择。①

（四）新时代背景下国土空间布局要求

在2018年5月召开的全国生态环境保护大会上，习近平总书记再次强调了完善国土空间开发保护格局的重要性，并重申了要在绿色发展的前提下调整经济结构，注重能源保护与环境保护，科学进行国土空间的开发与保护。与此同时，李克强总理也强调了应具体建立起统一的国土空间布局规划体系，并展开科学、有序、协调的国土空间开发保护新格局。

作为国土空间的重要组成部分，城市空间格局的规划和部署尤为关键。科学合理的城市空间布局体系要围绕着集约优先原则，尽量减少或不占用新增用地指标，对存量建设用地进行再挖掘与再利用，以支撑城市新的经济总量增长。随着我国进入发展新阶段，在提倡我国经济增长方式由"量"转"质"的同时，城市发展模式也应进行集约式的转型。因此，对城市空间格

---

① 林坚，叶子君，杨红. 存量规划时代城镇低效用地再开发的思考［J］. 中国土地科学，2019，9.

局的部署规划也随之发生由"外延式扩张"向"内涵式提升"的转变，即城市发展不应再一味追求外延式的横向空间扩张，而是要走内涵式挖潜的可持续发展道路，从城市内生动力出发以城市更新的办法催生更多新的城市功能。在我国国土空间布局要求下，城市扩张模式亟须转型升级，由增量扩张转变为存量优化，城市空间规划也应由增量规划转变为存量规划。落实到具体行动，要求对已征占但未得以充分利用的城市存量用地进行科学的结构布局与合理利用规划，在严格控制增量用地前提下，盘活存量土地，促进城市建成区的功能优化升级，激发城市的内生发展活力，实现城市经济发展与资源、环境的和谐统一。

（五）福州市作为华东地区强省会的发展契机

作为海西经济发展的重要枢纽、"一带一路"倡议的重要支点和全国首个生态文明先行示范区，福建省坚持在"以人为本""绿色发展"的前提下，启动生态省与新型城镇化试点建设。而福州市作为省会城市，更应做好示范与表率，发挥省会中心城市的龙头引领作用与在两岸交流中的"前沿平台作用"，并依照福州市"十四五"规划与2035年远景目标纲要内容，大力朝创新型省会与强省会的发展目标前进，全面提升省会城市功能，推动省会城市高质量、持续化发展。近几年来，福州市是华东地区乃至整个中国GDP增速最快的大城市之一，城市发展具有巨大的潜力。随着福州市经济规模的不断壮大，城市产业结构不断升级，空间格局也发生很大的变化，高新技术开发区、长乐新区、自贸试验区和平潭县的建设带动福州市区的联动发展，为城市经济增长注入新的活力，同时也为城市总体空间发展提供新的契机。

城市作为社会发展的主要动力，如何转变其粗放发展模式以适应我国当前高质量发展要求逐渐成为各界关注的焦点。要想推进我国城市经济的可持续发展、推动城市空间发展转型，在经济发展的同时兼顾生态环境保护，须改变城市空间原有的横向扩张模式，转而走内涵式提升道路，对城市土地利用空间进行科学布局，在严格控制增量土地的前提下，在遵循保护耕地、集约用地、严守生态线的原则下，对存量土地进行盘活与优化利用，从城市内生动力出发，以城市更新的办法激发存量土地的再利用潜能，提高城市用地的综合利用效率，促进城市建成区的功能优化升级，重构城市土地的空间格局，最终实现城市经济发展与资源环境的和谐共促。

在新型城镇化与生态文明建设的宏观背景下，本研究基于可持续发展的视角，分析城市建设用地的发展特征、变化规律及影响因素，对城市空间发展趋势做出合理的判断和预测，并提出严控城市增量土地规模、挖掘存量土地利用潜力、完善城市土地空间布局的合理建议。

二、研究目的

在传统的城市发展模式中不难发现，由于受到国家宏观政策、地方政府政绩束缚、传统城镇化背景下城市外延式扩张模式等因素的影响，我国城市建设用地利用与城市空间调控存在着较大制约与问题。在我国宏观政策的引导和推动下，像北京、上海、深圳、广州等超级城市早已启动存量规划和减量规划的城市空间发展模式，并取得了较为显著的成果，这些城市的总体规划编制改革对于我国其他城市来说起到了范本作用。然而，由于各个城市的地域特征、人口规模、发展水平和未来发展趋势都存在差异，城市类型也不同，超级城市和特大城市的规划编制并不一定完全适用其余类型的城市。对于像福州市以及同等规模（500 万 ~ 1 000 万的人口规模）的大城市来说，需要建立起适合城市本身实际情况与城市发展需求的空间规划编制方法和城市土地空间调控体系，也需要更多的针对性的实践经验。有鉴于此，本书从我国城市发展模式由增量规划向存量规划转型思路出发，对福州市建设用地统计数据和文献资料进行整理，理性判断福州市城市土地空间与城市用地的发展现状、时空变化规律、现存问题以及城市建设用地利用效率和影响因素，合理预测未来福州市城市建设用地的扩张规模和发展方向，最后提出相应的城市建设用地调控路径，为城市建设用地的优化利用提供可实施性的对策与建议，以期为福州市未来总体规划的编制提供一定的参考，也为其他同类型城市的转型发展提供借鉴。本书的研究目的具体如下：

（一）认识城市土地空间发展与建设用地利用现状

通过对相关图书资料和文献的整理、归纳与数据统计分析，理性认识目前我国及福州市城市土地空间概况、利用现状、发展问题以及城市建设用地利用特制、时空变化规律和影响因素，充分认识我国城市空间发展所处阶段、现有模式以及我国城市未来空间转型的主要发展目标与方向。

（二）模拟和预测城市土地空间的未来发展方向

综合运用马克思主义土地经济学、土地资源经济学、城市规划、土地优化利用等相关理论，理性判断目前发展阶段我国城市空间发展与土地利用现状，以增量扩张向存量优化的转型发展模式为研究前提，应用实证手段对城市存量用地再利用潜力进行挖潜，并较为精准地预测出未来城市增量用地规模，模拟城市土地空间未来发展方向，为存量规划和增量规划并存发展的土地利用模式与空间发展格局体系的构建提供理论基础及实践借鉴。

（三）提出城市建设用地优化利用与土地空间转型调控路径

本书基于可持续发展视角，从土地存量优化和增量控制角度出发，对城市存量用地与增量用地范围进行严格的划定，构建较为完整的城市建设用地测算和调控方法体系，预测出 2035 年福州市城市建设用地的扩张规模和空间布局，对未来城市空间规划编制提供了较有参考意义的思路和方法支持。

三、研 究 意 义

（一）理论意义

本书基于城市发展转型的背景，从可持续发展视角出发，构建较为完整的城市建设用地评价、测算和调控方法体系，对城市建设用地的优化利用和城市空间规划的编制提供了较丰富的理论基础；此外，对土地利用的相关理论及实践研究进行了系统梳理，得出的研究结果以及城市土地的空间布局由增量规划向存量规划转型的建议策略为城市土地规划的编制提供了可行性思路。本书对福州市建设用地的优化利用与空间调控研究的内容将更加丰富我国城市土地空间总体规划的思路，与此同时，也为我国其他同等规模类型的大城市的建设用地利用模式的转型升级和更科学的城市土地的空间布局与总体规划提供理论支持。

（二）现实意义

本书基于我国城市空间发展从"增量扩张"向"存量优化"转型的背

景，系统整理福州市建设用地统计数据和文献资料，针对福州市城市空间布局与土地利用现状、时空变化规律、现存问题、影响因素等展开研究，并预测 2035 年福州市城市建设用地的扩张规模和空间布局，根据模型分析结果和预测结果提出相应的城市建设用地调控路径，为福州市城市建设用地的优化利用和城市空间布局提供具有现实参考意义的可行性对策，旨在为未来福州市空间规划的编制提供一定的参考，同时也促进城市空间的转型升级和城市朝绿色、健康、可持续方向发展，实现城市的生态文明建设，具有较强的现实意义。

第二节　国内外研究动态

一、国外研究动态

（一）关于可持续发展的研究

国外学术界对可持续发展理念下的土地利用思想始于 20 世纪末，经过不断的深入探讨与研究，国外关于土地可持续利用的理论日益丰富，并指导于具体实践，使之得以长足发展。可持续发展背景下的土地利用，或者土地可持续利用可追溯到对土地的适宜性评价，在此基础上延伸出关于土地利用趋势的另一种评价与判断方法，这是可持续发展思想和理念作用于土地利用和土地评价领域上的一种体现。

"可持续发展"一词最早出现在 1980 年的联合国大会上，随后在 1990 年的"土地可持续利用系统国际研讨会"上提出土地可持续利用概念，这一概念主要是围绕着可持续发展战略和理念对土地利用展开具体及深入的研究。土地可持续利用主要阐述了人口、经济与自然资源（土地）和谐发展的重要理念，为同时期的发达国家的土地利用提供了充分的理论参考与经验借鉴。紧接着，土地可持续利用分别于 1991 年的泰国以及 1993 年的加拿大召开的国际会议上得到更加深入的探究。除此之外，国外学者们也纷纷对土地可持续利用内涵与评价体系展开研究。杨（Young）在可持续发展理念的基础上对土地可持续利用进行定义，认为土地可持续利用必须在保证资源环境保护的基础上发展长久性的生产力，最终实现土地的高产能与高效益①。国际土壤学会（ISSS）将稳定发展作为可持续发展背景下土地利用的首要目的，并提出在稳定发展中追求社会、经济与自然的协调发展。②

关于可持续发展思想下的土地利用和土地规划方法的研究，国外学者更加重视的是其是否符合民众的实际需求，或者其社会接受程度是否广泛。作为美国土地可持续利用与规划领域的示范城市，西雅图在城市规划过程中极为重视民众的参与程度，且实时根据民众的偏好与实际需求实施具体且特殊的土地可持续利用与规划方案。

随着研究的深入，其他各国也开始重视并展开可持续发展理念下土地优化利用或土地可持续利用的研究，并关注在土地承载力范围内的土地资源配置问题，对土地利用评价方法进行实质性探索，其中以遥感技术（RS）、地理信息系统（GIS）、全球定位系统（GPS）等信息技术作为土地利用的评价方法和评价工具，拓宽了可持续发展理念和视角下土地优化利用的研究深度和广度。

（二）关于城市建设用地利用的研究

作为本书的研究主体和研究对象，围绕城市建设用地展开的具体研究必不可少。总体来说，城市建设用地的利用状态随着时间和空间的变化而变化，其利用趋势也是动态变化的，具有一定的规律性，但在不同发展水平和规模条件下，城市间的具体发展特征与变化规律必然各有不同。而研究城市建设用地变化的影响因素有助于人们更好地揭示土地利用变化的深层原因和内在规律，为下面研究内容的深入展开和具体分析奠定了一定基础。

1. 城市建设用地利用特征及变化规律

国外学术界大多是从城市空间扩张模式、土地利用特征、变化规律、动态模拟及无序蔓延的调控等方面来研究建设用地的扩张特征。以美国为代表的国外学界对于城市建设用地变化特征或扩张测度的研究主要都集中源于运用相关模型进行模拟得出的数据结果。库林、罗伯特等（Coughlin and Robert et al.）基于20世纪50年代到60年代期间的相关数据，对美国西部48个县关于人口增量给城市土地所带来的变化和影响展开研究，研究结果显示每新

---

① Young. Soil Changes Under Agroforestry – ScuFA［R］. ICRAF, 1990.

② ISSS/ITC. Sustainable Land Management and information（abstract）［Z］. ITC, 1997.

增一个人口，城市土地量将增加 0.41 英亩。[①] 科林（Kline）等发现，要想控制或减轻城市建设用地向城郊蔓延的趋势，可以用划定城市向外延开发的范围的方式来有效保护城郊农用地免于被过度侵占[②]；还有一些学者专门对城市建设用地增长趋势和土地利用变化情形进行研究，例如，奥力（Aoli）以 2014 年的东京繁华中心和商业区为研究对象，运用马尔科夫链模型对其城市土地利用变化的具体情况做出较为精确的预测[③]；贝蒂（Batty）运用 CA 模型从空间的角度来预测城市规模增长趋势[④]。

2. 城市土地利用效率评价的研究

（1）城市土地利用效率评价。

国外最早关于土地利用效率的研究是围绕着耕地的利用效率而展开的，其研究的主要目的是解决人口总量不断增长与耕地面积持续减少之间的矛盾。[⑤] 自 20 世纪 80 年代开始，世界各国的经济快速增长，人口总量不断膨胀，与此同时，全球耕地面积也呈现不断减少的趋势，导致全球粮食安全保障受到冲击，甚至威胁着人类的生存与社会的可持续发展。有鉴于此，各地学者纷纷开始致力于改善耕地条件、提高耕地水平、增加粮食产出的研究，通过各种解决方案来缓解全球性的粮食供应问题，保障粮食安全，并取得了较为卓越的成效。随后，土地利用效率的研究转而应用于城市土地利用效率的研究上，主要旨在缓解城市发展过程中由于建设用地的蔓延式扩张造成的土地粗放利用问题，并逐渐成为土地经济学领域的前沿研究内容。

城市土地利用效率理论始于 20 世纪 20 年代并源于生态学，随后又出现了基于政治经济学与社会行为分析相互融合的经济学区位学派，该学派展开了一系列关于城市空间经济学的研究。通过各学派的不断深入研究而累积的理论及实践结果逐渐丰富了城市空间布局、土地利用特征及变化规律、土地利用影响因素等内容[⑥]，这些早期的城市土地利用相关研究为后人进一步研

---

① Coughlin, Robert. et al. Saving the garden: the preservation of farmland and other environmentally valuable land [J]. *Philadelphia: Regional Science Research Institute*, 1977.

② Kline J D, Alig R J. Does land use planning slow the conversion of forest and farm Lands? [J]. Growth & Change, 1999, 30 (1): 3 – 22.

③④ Aoki Y, Osaragi T, Nagai A. Use of the area-dividing method to minimise expected error in land-use forecasts [J]. *Environment and Planning B: Planning and Design*, 1996, 23: 655 – 666.

⑤ 余小玲. 基于 DEA 的重庆市城镇土地利用效率评价研究 [D]. 西南大学, 2012.

⑥ 刘盛和，周建民. 西方城市土地利用研究的理论与方法 [J]. 国外城市规划, 2001, 1: 17 – 19.

究城市土地利用效率、城市空间布局、城市土地利用的结构安排奠定了坚实的理论基础。基于此，后来也有众多学者进一步对城市土地利用效率的理论展开更加深入和具体的研究。美国规划协会于 2000 年以城市"精明增长"为核心，开展了以促进城市健康发展为目的的议程。① 其主要观点认为城市发展应走紧凑、集约、高效的"精明增长"模式，由此提出的城市发展模式得到了美国各界的大力支持，并在具体实施过程中受到各级政府和民众的积极配合，取得了卓越效果。

在城市土地利用效率的影响因素方面，一些学者认为，城市发展进程中的产业聚集、技术进步、科学规划等因素是驱使城市土地利用效率提升的重要动力。博拜利（Bobylev, S.）② 较为全面地归纳了城市非农用土地利用的影响因素，认为产业结构的优化调整对促进城市土地实现更加集约化利用起到重要的驱动作用，它在很大程度上影响单位土地面积的投入—产出以及生产效益；利和霍兹尔（NG Leigh and NZ Hoelzel, 2012）提出，产业结构的升级将大大提高那些拥有高技术、高服务、高性能的产业在经济结构中的比重，经济结构的优化将促进土地资源的配置效率，进一步提高土地利用效益。部分学者将先进的科技水平作为提升土地利用效率的重要促进因素。瓦沙诺（Vashanov, V）③ 和博拜利④认为，基础设施的建设与完善、产业聚集、产业结构不断升级等是提升土地集约利用度的重要因素，但先进的技术水平是促使土地资源发挥最大效能的根本保证，它不仅对土地资源的资本、劳动力等投入产生影响，也对单位面积内土地的生产效益发挥作用；费切尔和桑（Fischer, G. and Sun）⑤ 以及宾等（Bin, Q. et al.）⑥ 通过归纳总结以往对土地利用要素的分析发现，技术进步是提高土地利用效率的根本动因，是土地集约利用程度提升的根本性途径之一。

① Gabriel S A, Faria J A, Moglen G E. A multiobjective optimization approach to growth in land development [J]. *Socio – Economic Planning Sciences*, 2006, 40 (3): 212 – 248.

②④ Bobylev, S. Means of Improving the Utilization of Land Resources [J]. *Problems of Economics*, 1984 (8): 87 – 102.

③ Vashanov, V. Utilization of Land Resources in Nonagricultural Baranches [J]. *Problems of Economics*, 1975 (1): 81 – 89.

⑤ Fischer G and Laixiang S. Model Based Analysis of Future Land Use Development in China. Agriculture [J]. *Ecosystems and Environment*, 2001, 85: 163 – 176.

⑥ Bin Q, JianFei C, Hong Lie Q et al.. Spatial – Temporal Pattern and Driving Forces of Land Use Changes in Xiamen [J]. *Pedosphere*, 2006, 16 (4): 47 – 48.

还有部分学者认为，从宏观层面上来看，合理的土地布局和科学的土地规划也将很大程度上提高城市土地的利用效率。以布鲁克勒（Brueckner）①和威登（Wheaton）②为代表的许多西方学者均认为，对城市土地进行再开发利用将进一步实现土地利用的最大化效益。以上两位学者通过对城市空间扩张模型的深入分析发现，城市土地的再开发和利用必须建立在土地开发所获收益大于开发总成本的前提下，且科学、合理的城市土地规划和布局将实现土地资源的有效利用；费彦迪和艾迪（Feryandi and Adhie）③采用 GIS 方法及遥感技术在印度尼西亚境内建立了土地集约利用模型，讨论如何以更加科学的规划与布局来提高土地集约利用程度；罗伯特和萨谬尔（Robert and Samuel）④认为城市土地利用规划和再开发计划对土地资源的利用效率产生较大影响。特别是进入后工业化时代，城市土地是否得到优化和集约利用很大程度上取决于土地的经济属性及土地利用结构。而土地经济属性及空间上结构的调整主要通过宏观的城市土地规划和布局得以实现。

西方国家的城市化进程先于发展中国家百余年之久，对城市土地利用效率的研究较为丰富，在具体实践上也已累积了大量相关经验，尤其涉及土地产权演变、土地理论、城市土地优化利用、土地利用效率的影响因素等方面的研究成果为我国学术界展开进一步的研究提供了借鉴意义与参考价值。

（2）城市建设用地利用效率的影响因素分析。

探究我国城市用地利用效率的影响因素能更好地揭示出土地利用的内在规律，同时，也可以帮助土地政策制定者更加准确地预测和判断城市土地未来发展方向和发展趋势，从而可以科学合理地制定符合城市长远发展目标的土地规划方案。

国外学术界对城市建设用地的影响因素或驱动因素的研究较为普遍和深

① J K Brueckner. A Vintage Model of Urban Growth ［J］. *Journal of Urban Economics*，1980（8）：389 – 402.

② W C Wheaton. Urban Spatial Development with Durable But Replaceable Capital ［J］. *Journal of Urban Economics*，1982（12）：53 – 67.

③ Faus Tinus Handi Feryandi and Brahmana Adhie. Strategic Integration of Surveying Services FIG Working Week 2007. Hong Kong SAR，China 13 – 17.

④ Cervero. Robert，Seskin. Samuel. An evaluation of the relationships between transit and urban form ［J］. *TCRP Research Result Digest*，1995（7）.

入，很多学者在影响因素方面得出的结论也存在一定的差异。卡斯伯（Kasper）① 在对城市建设用地利用影响因素研究过程中发现，影响其利用效率和利用状态的主要因素有经济水平、整治结构、人口变化、社会财富程度、技术水平等方面；瓦萨诺（Vashanov, V.）② 和博柏利（Bobylev, S.）③ 深入研究了关于非农用地集约利用的原理与机制，他们认为城市经济发展水平、产业结构、产业发展程度等因素将很大程度上决定土地集约利用程度，而技术水平发展则是促使这些因素发挥最大效用的根本推动力。部分学者甚至对这种影响程度进行了定量研究，得出了有一定价值的研究成果，比如艾力格和罗夫（Alig and Ralph）④ 等在定期选取美国东南部城市的土地数据（1949~1984 年期间）的基础上，研究了该区域城市土地扩张的影响因素，他们发现，城市土地总体规模的扩张在很大程度上受城市人口总量与城市人均收入的影响，且呈正向关系；IHDP 计划将城市化发展水平（城市化率）、土地规划政策、土地集约度、土地利用效率等因素纳入研究，发现这些因素在城市建设用地利用和扩张过程中起到了较大的影响作用⑤。杰尼瑞特、大卫·波特利（Jenerette and David Potere）⑥ 等学者认为，城市范围内非农人口的增长或者农业人口向非农人口转变是城市发展的重要前提，而土地资源是城市化进程的重要推动力量，因此，充分发挥城市土地的功能对城市发展起到十分重要的作用。

　　国外学者早在 20 世纪末就意识到科学的土地利用规划，集约、合理、可持续的土地利用方式对城市经济社会发展、土地利用效率、生态环境系统等

---

① Kasper Kok, Andrew Farrow, A Veldkamp, Peter H Verburg. A method and application of multi-scale validation in spatial land use models [J]. *Agricluture, Ecosystems and Environment*, 2001, 85：223 – 238.

② Vashanov, V. Utilization of Land Resources in Nonagricultural Baranches [J]. *Problems of Economics*, 1975, 1：81 – 89.

③ Bobylev, S. Means of Improving the Utilization of Land Resources [J]. *Problems of Economics*, 1981, 5：78 – 95.

④ Alig, Ralph J. Econometric Analysis of Forest Acreage Trends in the Southeast [J]. *Forest Science*, 1986, 32（1）：119 – 134.

⑤ 李秀彬. 全球环境变化研究的核心领域——土地利用/覆盖变化的研究动向 [J]. 地理学报, 1996, 51（6）：553 – 557.

⑥ Annemarie Schneider, Mark A Friedl, David Potere. Mapping global urban areas using MODIS 500 – m data：New methods and datasets based on "urban ecoregions" [J]. *Remote Sensing of Environment*, 2010, 114（8）.

都发挥着极为重要的作用，人类对土地资源的利用方式直接影响土地利用效益，因此，不断建立健全土地利用评价体系能够更加规范人类对土地的利用行为，这也有利于土地政策制定者更加准确地判断城市土地未来发展趋势，并制定出具有前瞻性的符合城市发展需要的最优土地规划政策。

（三）存量土地利用研究

1. 存量土地内涵

国外对于"存量"土地的相关概念界定包括棕地、空地、废弃土地、保留土地、可填充土地、再开发用地等。其中，西方国家对"棕地"的研究较为普遍，它与我国存量土地在概念上有一定的重合之处，国外学者对棕地的概念及内涵做出了诠释。美国学者瑞（Ray M. Northam）对空地（vacant land）进行分类，分别由保留地、废弃地、残留土地、被限制土地和投机地组成[①]；迈克尔·博内迪特等（Michael R. Greenberg and Bernadette M. West et al.）提出棕地分别为曾经具有生产力和生产价值但目前被闲置的土地，以及因其他因素而未被利用的土地[②]。闲置土地并不意味着一定是被人为遗弃的土地，它也可以是因客观因素被忽视的未利用土地，甚至是有被重新开发潜力的土地。在英国和法国，棕地指的是曾经被利用但目前处于闲置荒废状态的土地。加拿大对棕地的概念大多归纳为未被充分利用的商业不动产或工业用地，由于具有较大污染的可能性而被闲置的但仍具有可被转变生产功能和生产潜力的土地。

在对存量土地的定义和内涵研究中，国外学者认为存量土地既包括被破坏、被废弃的土地（棕地），也包括由于各种原因被土地使用者忽视的未利用的土地。我国对于存量土地的狭义定义是城乡发展过程中，在已规划的建设用地中利用不充分、不合理、闲置未用以及产能低下的建设用地总量，这些土地极具再次被挖潜开发的潜力。因此，存量土地不仅包括已被规划和被使用的建设用地，还包括已征用但未被开发以及闲置未用土地。由此可见，国外棕地是本书所涉及的存量用地的其中一种，它与我国存量土地类型有一

---

① Northam R M. Vacant Urban Land in the American City [J]. *Land Economics*, 1971, 47 (4): 345 – 355.

② Greenberg M R, Popper F J, West B M. The TOADS A New American Urban Epidemic [J]. *Urban Affairs Review*, 1990, 25: 435 – 454.

定的重合之处，国外学术界对于棕地的利用研究对我国存量用地优化的后续研究具有一定的参考价值与借鉴意义。

2. 城市存量土地再开发利用的研究

国外学术界所涉及的关于棕地、空地、被废弃土地、可填充土地、再开发用地等研究与我国"存量用地"的研究有所重合。我国城市土地存量规划发展相关概念在国外被称为棕地整理、城市更新、城市复兴、绅士化等①，其中以"城市更新"概念最为常见。在对"城市更新"的早期研究中发现，主要是针对城市破败建筑物进行物质更新，即通过拆旧建新的方式重构城市崭新面貌，完全忽视城市中的存量建筑；自20世纪60年代开始，"城市更新"开始通过调整老旧城区的空间结构和优化城区用地布局的方式，即通过对城市存量土地进行空间重组的方式达到改善城市内城风貌的目的；80年代起，本想以房地产开发为主要导向让城市的建筑空间和物质环境得到改善，但受其高程度的趋利性本质所影响，最终对社会、文化等活动的提升效果微乎其微；至90年代，城市化进程中出于多维度的城市空间更新目标考虑，西方国家更倾向于"存量型城市更新"模式，在这种模式下，城市更新主体更加多元化，城市更新目标也更趋于综合化。

国外学者对存量土地再开发利用的研究较为深入，他们普遍将存量土地再利用与棕地再开发当作城市增长方式转变的一种重要途径，是一种不同于土地粗放式利用的可持续发展手段。在研究的过程中，学者们先指出了土地利用的意义。比如约纳特（Jonathan A. Foley）②等学者认为土地资源作为促进全球各地区经济发展的重要因素，主张必须围绕着可持续发展的角度对土地资源进行优化配置及合理规划。达瑞尔、大卫·波特瑞（G. Darrel Jenerette and David Potere）③认为，在城市化过程中，土地作为重要的生产因素，土地利用效率成为衡量城市化发展水平的重要客观因素；因此，在城市建设发展

---

① 黎斌，贺灿飞，黄志基等. 城镇土地存量规划的国际经验及其启示 [J]. 现代城市研究，2017，32 (6)：39 – 46.

② Navin Ramankutty, Jonathan A Foley, Nicholas J Olejniczak，谈明洪. 生活在土地上的人们：20 世纪全球人口和耕地的变化 [J]. AMBIO – 人类环境杂志，2002，31 (3)：251 – 257 +262.

③ Annemarie Schneider, Mark A Friedl, David Potere. Mapping global urban areas using MODIS 500 – m data: New methods and datasets based on "urban ecoregions" [J]. *Remote Sensing of Environment*，2010，114，8.

过程中要十分重视土地的合理利用，保证土地资源得到优化配置。还有的学者提出了土地利用的评价模型或方法，从而指导城市土地利用行为。比如罗里等（Rory et al.）[1] 构建了一套较为完善的土地利用评价体系，其评价土地集约利用度的主要指标包括空地规模、建筑密度和高度、建筑容积率等；泰勒艾等（Taleai et al.）[2] 建立起一种新的评价方法与模型（CEM 方法）对德黑兰城市建设用地的集约利用展开具体评价；罗多夫（Rudolf de Groot）[3] 建立了一个全面的生态服务功能评价体系，并从多方面对可持续发展的土地利用进行分析和规划。在土地利用的具体对策方面，德国的地理学家克里斯泰勒于 20 世纪 30 年代将地理学与城市经济学的区位论结合起来研究城市与城市区域分布之间的相关性，并详细探究了城市区位、土地利用规划模式与土地市场之间的作用机理，提出"中心地理论"一说，后将从中得到的研究结果发布于其著作《德国南部的中心地》中，该理论假定城市各区域的人口密度与分布是均匀的，由于城市发展中为满足中心性需要，将形成六边形网络的中心商业区。该理论肯定了开发区在各级城市核心与中心地区发挥的作用及其具备的功能，很好地指导区域内对城市开发区进行多样化的功能部署和科学的城市土地空间布局。[4]

各发达国家在存量土地的再利用过程中侧重点各有不同。德国的土地开放政策予以长期处于闲置状态中的土地，或者由于各种原因没落发展迟缓的区域优先开发的权利[5]，而地区联盟组织是棕地再开发实施过程的重要参与者，在开发过程中，该联盟采取"自上而下"与"自下而上"双向发展的策略[6]，使得棕地开发效率颇高。此外，德国政府在棕地开发策略执行之前，综合考虑到各个土地相关者的利益与实际需求，在平衡了公共利益与私人利益的基础上，采用公平、平稳以及性价比较高的整治策略来对城市中的存量

---

① Fonseca, Rory. Performance criteria for evaluating the efficiency of land use development proposals on urban sites [J]. *International Journal for Housing Science and Its Applications*, 1981, 5 (3): 185 – 194.

② Taleai M, Sharifi A, Sliuzas R, et al. Evaluating the compatibility of multi-functional and intensive urban land uses [J]. *International Journal of Applied Earth Observation and Geoinformation*, 2007, 9 (4): 375 – 391.

③ Yuehan Dou, Lin Zhen, Rudolf De Groot, Bingzhen Du, Xiubo Yu. Assessing the importance of cultural ecosystem services in urban areas of Beijing municipality [J]. *Ecosystem Services*, 2017, 24.

④ 柴强. 各国（地区）土地制度与政策 [M]. 北京：北京经济学院出版社，1993.

⑤ 何茹娜. 国内外土地二次开发研究综述 [J]. 辽宁农业科学，2013 (1)：32 – 35.

⑥ 栋隆. 城市区域闲置土地资源的管理 [J]. 世界环境，2005 (1)：74 – 76.

建设用地进行再利用。

　　20 世纪 50 年代末，日本的快速城市化进程给其带来经济腾飞发展的同时，也给人多地寡的城市空间发展造成了巨大的负担。彼时，日本政府就开始意识到必须通过城市再开发路径来防止城市空间的过度膨胀和无限扩张，而城市再开发路径着重于城市存量用地的二次开发及利用。日本政府分别从质量与数量两方面同时对城市土地进行控制以提升土地利用效率，具体而言，大致有两种实现方式：一是对城市中利用效率极为低下的或者几乎被荒废的闲置土地进行明晰判定，严格遵循流程来规范土地再利用行为；二是对城市利用效率低的闲置土地征收较高的地价税，直接提高其持有成本。① 此外，随着土地逐年溢价，政府也对土地价值进行重新评估，在土地新价值的基础上相应地调整土地持有税，无形中不断增加闲置土地的持有成本，这种做法在很大程度上抑制了开发商对土地的投机行为，同时也保证土地免于过度粗放的利用。②

　　在英国，存量土地大体被分为三类：正在使用中但利用效率不高的土地、被闲置或处空闲状态的土地以及被废弃地。英国政府针对城市低效土地的再开发举措建立了专门的全国性土地利用数据库（NLUD），该数据库对国内存量土地数据进行整理、归纳和检测，科学地评价城市存量用地的开发适宜性，全面地分析存量用地的数量、规模、利用状态，挖掘其再开发潜力，最后制定相应的再开发策略。与此同时，英国政府针对存量土地再利用行为还采取了一系列优惠措施，如减免税收、提供贷款降息、实现津贴补助等，全方面助力城市存量用地的再开发利用。

　　美国将被闲置、荒废、未被利用的闲置的工业供地及商业用地称为棕地。一直以来，美国对棕地的再利用也十分重视，并以强有力的法律政策作为支撑。为了更加有效地配合棕地的二次开发和利用，政府因地制宜地实时调整相关政策条例支持棕地再利用的开展。自 20 世纪 80 年代初以来，美国先后推出了《超级基金法》《超级基金修订与再授权法》、棕地行动议程③、棕地经济振兴计划等政策，不断改善土地再利用环境和完善棕地整治再利用方案，以推进棕地再利用的实施效率。政府还推出一系列如税率减免、津贴补助等

---

① 柴强. 各国（地区）土地制度与政策［M］. 北京：北京经济学院出版社，1993.
② 何芳. 城市土地再利用产权处置与利益分配研究［M］. 北京：科学出版社，2013.
③ 何芳，陈滢盈，冯硕. 西方棕地再开发的启示［J］. 土地管理，2010（6）：45-48.

金融手段来刺激棕地的再开发行动。此外，在公众当中进行良好的舆论宣传，民众意识到棕地开发关乎其自身利益，使其都积极参与到土地更新项目中来。可以说，美国从政府到企业再到民众，自上而下达成了共识，得以良好的运行机制来保障棕地再更新、再利用策略的实施，最终取得了较大的成功，也成为发达国家存量土地再利用的良好示范。

（四）城市土地的空间调控管理研究

国外各界对于城市土地的调控管理研究主要集中于区域管控、城市精明增长、城市空间管理等方面。其中，"精明增长"（smart growth）成为城市调控研究的核心理念，主要旨于对城市空间规模与建设用地的无序蔓延扩张的有效控制①，这一理念转变了以往以城市经济发展为主要导向的区域发展目标，提倡在城市发展过程中要注重综合效益的提升，即社会、经济与环境效益间的和谐统一②，并用可持续发展理念贯穿于城市更新中，为其注入新的发展活力。随后，"城市开发边界"（Urban Growth Boundaries，UGBs）理念的提出为控制城市土地扩张和合理的空间规划提供了新的行之有效的办法③，主要是以定量的方法构建一套预测并控制城市扩张规模的体系，借以技术手段有效控制城市的空间蔓延态势和"农转非"现象，并使城市土地得以高效优化的利用。④"城市增长管理"理念最初起源于20世纪末的美国，为了有效控制国内城市无序扩张和蔓延的现象，美国针对此现象严格划定城市增长边界线与设定增长管制区，并通过对公共设施管理的不断完善、提高相关税费等方式对城市无序扩张和边界蔓延现象进行了有效的控制。该理念与管理

---

① Jeffrey D K, Alig R J. Does Land Use Planning Slow the Conversion of Forest and Farm Lands? [J]. *Growth & Change*, 1999, 30 (1): 3 –22.

② Salvati L, Venanzoni G, Serra P, et al. Scattered or polycentric? Untangling urban growth in three southern European metropolitan regions through exploratory spatial data analysis [J]. *The Annals of Regional Science*, 2016, 57 (1): 1 –29.

③ Tayyebi A, Pijanowski B C, Tayyebi A H. An urban growth boundary model using neural networks, GIS and radial parameterization: An application to Tehran, Iran [J]. *Landscape and Urban Planning*, 2011, 100 (1 –2): 35 –44.

④ Alexander P J, Fealy R, Mills G M. Simulating the impact of urban development pathways on the local climate: A scenario-based analysis in the greater Dublin region, Ireland [J]. *Landscape and Urban Planning*, 2016, 152: 72 –89.

方法后来也被运用于其他发达国家的城市空间调控（如英国①、荷兰②、韩国③等）与城市增长管理策略研究（美国④、日本⑤和加拿大）上。因此，"城市开发边界"理念逐步成为发达国家有效控制城市规模增长和空间蔓延的措施之一。

二、国内研究动态

（一）关于可持续发展的研究

我国关于可持续发展理念下的土地利用或土地可持续发展利用的研究始于 20 世纪末，进入 21 世纪以来，日趋紧张的人地矛盾逐渐被重视，加之国家宏观战略的大力支持，使我国可持续发展理念下的土地优化利用或土地可持续利用研究不断深入和广泛。具体而言，我国学术界对土地可持续利用研究的侧重点各有不同，梁长青⑥认为良性的土地可持续利用即要在充分保障子孙后代利益不受侵害的前提下，在资源环境承载力范围内满足当代人的生活需求并产生积极影响；博伯杰等⑦认为可持续发展理念下的土地优化利用应充分发挥土地的功能作用，最终实现其社会效益和经济效益的双重提升；于静波⑧以可持续发展理念为指导，认为要充分考虑子孙后代的福祉，严控耕地被占现象，尽可能减轻土地资源退化现象，并详细从社会、经济、生态等方面综合评估土地资源利用的代际影响程度，并实时关注土地生产力以及

---

①　Hall P. The Containment of Urban England [J]. *Geographical Journal*, 1974, 140 (3)：386 - 408.

②　Dieleman F M, Dijst M J, Spit T. Planning the compact city：The randstad Holland experience [J]. *European Planning Studies*, 1999, 7 (5)：605 - 621.

③　Kim J, Choe S C. Seoul：*the making of a metropolis* [M]. John Wiley & Sons, 1997：653 - 654.

④　Nelson A C. Preserving prime farmland in the face of urbanization：lessons from Oregon [J]. *Journal of the American Planning Association*, 1992, 58 (4)：467 - 488.

⑤　Nakai N. Urbanization promotion and control in metropolitan Japan [J]. *Planning Perspectives*, 2007, 3 (2)：197 - 216.

⑥　梁长青. 全球环境变化与中国土地可持续利用 [J]. 中国人口·资源与环境, 1998 (3)：23 - 25.

⑦　博伯杰, 陈利项, 马诚. 土地可持续利用评价的指标体系与方法 [J]. 自然资源学报, 1997 (2)：24 - 27.

⑧　于静波. 我国土地资源持续利用的框架 [J]. 国土资源研究, 1997 (2)：9 - 11.

相对应产生的社会效益、经济效益、生态效益的变化；胡文忠等①分别从社会、经济、生态等多方位分析了土地可持续利用的内涵，并界定了其主要类型、结构布局、具体特征等；刘书楷②从可持续发展理论、人地关系理论等出发，提出因地制宜地进行土地资源配置及土地优化利用，结合具体时空特征对土地资源进行相应的组织与规划；刘彦随③认为要想使有限的土地资源得到充分利用就必须遵循可持续发展战略的要求，在保护生态环境和后代福祉的基础上高效开发土地资源，提高土地利用的综合效益。

我国学术界对可持续发展理念下的土地利用或土地可持续利用的定义与内涵阐述虽各有不同，但其所表达的实质基本相同，即土地可持续利用不仅关乎社会、经济、生态等多方面的协调发展，同时也关系到代际平衡与区域发展的动态可持续性。土地的可持续利用概念正是在可持续发展理念基础上而产生的土地优化利用构想，指的是在特定的时间、地域范围等条件下，人类在不损害后代基本需求和利益的前提下对国土资源进行合理开发与利用，促进土地利用模式由粗放向集约、绿色、低碳转变，通过科学的土地资源规划以完善城市空间格局；在保证人类后代基本权益和保护生态环境的基础上通过土地资源的优化配置促进城市空间转型，进而助推城市经济的进一步增长。对国土资源的利用必须处理好人地协调关系，并通过妥善解决城市与用地间日益激化的矛盾，保证民生、经济、资源、环境间的和谐共融发展。

（二）关于城市建设用地利用的研究

1. 城市建设用地利用特征与变化规律

国内学者以大量的实证分析从全国、区域和城市三个尺度对城市建设用地的变化特征进行了研究，具体如下：（1）从全国维度探究城市用地的变化特征。谈明洪、李秀彬等④选取全国范围内 145 个面积最大的城市，结合了 GIS 技术与统计方法，得出了 20 世纪末不同区域城市建设用地扩张特征差异

---

① 胡文忠，李小兰等. 土地资源可持续利用及其评价 [J]. 甘肃农业大学学报，2004（5）：586－589.

② 刘书楷，陈利根，曲福田. 我国农业资源持续利用问题与对策 [J]. 中国农业资源与区划，2004：1－4.

③ 刘彦随. 我国土地资源学研究新进展及其展望 [J]. 自然资源学报，2008（2）：17－20.

④ 谈明洪，李秀彬，吕昌河. 20 世纪 90 年代中国大中城市建设用地扩张及其对耕地的占用 [J]. 中国科学，2004（12）：1157－1165.

性明显的结论。黄季焜等①指出，我国建设用地扩张在区域上呈现明显的差异，其中，东部城市由于经济发展水平高，劳动力、产业等要素高度集聚，城市规模扩张的需求不断增加，因此城市建设用地扩张速度最快，而中、西部大部分城市的建设用地规模增长速度较慢，但近几年来增幅逐渐加大，目前西部地区国有建设用地增长速度已赶超东部。唐常春等②指出，我国建设用地规模持续不断扩大，其扩张态势因时空差异而呈现出不同的特征。在工业化刚起步阶段，我国城市规模开始加速扩张，对建设用地的需求开始增加，其空间扩张态势呈点状式，且整体扩张速度较为缓慢；到工业化发展中期，经济开始加速腾飞，这一阶段的城市规模呈点状与轴向相结合模式迅速扩张，在空间上表现为"土地城镇化"快于"人口城镇化"，即土地规模扩张速度远高于人口向城市集聚的速度，导致土地资源的浪费与生态环境的破坏。李昶③选取了1999～2011年期间的相关城市土地数据，分别从城市建设用地的规模演变、结构调整情况、变化规律等角度对我国若干个特大城市展开研究，实证研究结果显示，我国特大城市中建设用地随着地域分布的不同呈现出不同的变化特征。（2）区域维度内城市建设用地变化特征。周锐、李月辉等④对沈阳市城镇用地的扩张特征进行 GIS 的空间定量分析，发现城镇用地的扩张强度与城区中心的距离呈负相关关系，且由于区位关系，城镇用地的扩张呈"圈层式"态势；姚尧、李江风等⑤以长江中游的城市群为研究对象，运用土地动态变化的测度方法测度城市群建设用地的空间结构内部联系以及城市土地社会经济功能变化规律及发展特征，依据测度结果认为，同一区域内的不同城市由于研究时段的不同，其建设用地形态变化及功能转型的程度与强度也各不相同；吴亚玲⑥采用地理学中的遥感影像数据和地理信息技术方法对云南省域内社会经济发展水平较高的滇中地区进行建设用地演变特征的

①　黄季焜，朱莉芬，邓祥征. 中国建设用地扩张的区域差异及其影响因素 [J]. 中国科学（D辑：地球科学），2007，37（9）：1235－1241.

②　唐常春. 快速工业化区域建设用地扩张的多维演进分析——以佛山市南海区为例 [J]. 经济地理，2009，29（1）：80－86.

③　李昶. 我国特大城市建设用地变化特征及其影响因素研究 [D]. 重庆大学，2013.

④　周锐，李月辉，胡远满等. 基于 GIS 的沈阳市城镇用地空间扩展特征分析 [J]. 资源科学，2009（11）.

⑤　姚尧，李江风，杨媛媛. 长江中游城市群城市建设用地利用社会经济功能转型与协调性评价研究 [J]. 地域研究与开发，2018，37（5）：128－133.

⑥　吴亚玲. 滇中城市建设用地坡谱演变机制研究 [D]. 昆明理工大学，2018.

测度研究，发现滇中区域范围内的昆明、玉溪、曲靖和楚雄四个城市市区的建设用地均呈现不同的变化规律及变化特征。（3）单个城市维度内城市建设用地变化特征及规律研究。陈江龙、高金龙等①专门研究了南京大都市区建设用地扩张特征与扩张机制。通过对该地区 1985～2007 年之间的研究，他们发现南京市城市建设用地随着时间的推移其扩张的速度不断加快，且城市用地在不同城区空间上所体现的扩张趋势和特征也存在着明显的差异。肖婷②以重庆市域范围内南岸区作为研究对象，采用 GIS 技术以及定量分析研究其城市建设用地在一定时期内的空间格局变化，发现不同时期下南岸区城市建设用地的扩张速度以及扩张强度均存在差异化特征。

2. 城市建设用地利用效率评价研究

城市作为社会经济发展的发动机，土地资源则是城市发展过程中必不可少的物质基础与载体，因此，围绕着城市土地利用展开的研究一直成为学术界的热点，并取得了丰富的研究成果。城市土地利用效率作为城市土地利用问题的研究重点，其研究结果同时对城市发展质量、土地市场的健全以及耕地资源的保护产生重大影响。③ 具体来说，对城市土地利用效率的深入研究将对城市土地集约利用、科学的城市空间布局、合理的土地规划与城市经济发展水平有着很大的推动作用。

我国关于城市土地利用效率的研究与国外相比起步较晚。我国城镇化进程的高速推进使得城市土地的总体需求不断扩大，然而快速城镇化发展的背后伴随着粗放的土地利用方式和无序蔓延的城市空间拓展也随之引发一系列城市土地问题，如土地资源的浪费和破坏现象频繁、生态环境恶化、经济增速放缓等。这些问题也成为各个领域十分关注的重点内容④，学术界对城市土地利用效率的研究也不断深入与丰富。

---

① 陈江龙，高金龙，徐梦月等. 南京大都市区建设用地扩张特征与机理 [J]. 地理研究，2014，33（3）：427－438.

② 肖婷. 重庆市南岸区 2007－2014 年城市建设用地空间特征研究 [J]. 东南大学学报（哲学社会科学版），2018，20（S1）：19－22.

③ 梁流涛，赵庆良，陈聪. 中国城市土地利用效率空间分异特征及优化路径分析——基于 287 个地级以上城市的实证研究 [J]. 中国土地科学，2013，27（7）：48－54.

④ 张荣天，焦华富. 长江经济带城市土地利用效率格局演变及驱动机制研究 [J]. 长江流域资源与环境，2015，24（3）：387－394.

　　国内学者对城市土地利用效率方面的研究较为深入且广泛。楼梦醒等①用层次分析法测度了京津冀不同城市和地区的建设用地利用效率水平，分析城市建设用地空间差异性特征及土地利用效率影响因素。还有一些学者利用包络分析法对城市建设用地的利用效率进行测算，从投入产出的角度来分析城市土地利用水平与动态。其中，聂雷②将我国各大城市按照不同功能和类型划分为综合型城市、资源主导型城市、工业主导型城市和其他类型城市，再将环境污染纳入城市用地效率的考核指标中，并用聚类分析法对不同类型的城市进行城市结构特征和效率水平测算，得出了不同类型的城市其土地利用特征不同，应根据其特征制定差异化的土地规划和利用策略的结论；钟成林③以我国 30 个省份共 275 个城市（地级市）为研究对象，利用 DEA 模型进行测算，研究表明，总体来说，我国国有土地利用效率呈一定的下降趋势且空间分异性明显，土地的配置效率也呈现区域性的空间差异。

　　国内学者从不同侧重点并运用不同测算方法对土地利用效率进行研究，目的都是解决我国目前城市用地供需矛盾日益突出的问题，学术界对此进行了大量的研究，分析城市土地利用的影响因素和驱动因素，因地制宜地制定符合城市发展前景的土地规划和土地利用策略，以期助力城市走可持续、绿色发展道路。

　　3. 城市土地利用效率的影响因素分析

　　国内学者对城市用地效率影响因素的分析既包括定性研究，也包含定量研究，认为主要影响因素包含了宏观政策因素、经济因素、地理因素等。刘盛和、吴传钧等④以北京市为研究对象，利用遥感 GIS 技术对城市土地的空间利用变化做出了分析，他们认为，北京市土地规模扩张的主要影响因素源于对工业用地的调控和利用；何流、崔功豪⑤用定性分析法对南京市 1980～2000 年的城市土地扩展态势与规律特征进行了详细的调查和研究，最后得出城市

　　① 楼梦醒，冯长春. 京津冀地区城市建设用地变化及差异化驱动力研究 ［J］. 城市发展研究，2018，25（9）：23－28＋41.

　　② 聂雷，郭忠兴. 不同类型城市的建设用地利用结构特征分析 ［J］. 经济问题探索，2019（4）：59－64.

　　③ 钟成林，胡雪萍. 中国城市建设用地利用效率、配置效率及其影响因素 ［J］. 广东财经大学学报，2015（4）：62－73.

　　④ 刘盛和，吴传钧，沈洪泉. 基于 GIS 的北京城市土地利用扩展模式 ［J］. 地理学报，2000（4）：407－416.

　　⑤ 何流，崔功豪. 南京城市空间扩展的特征与机制 ［J］. 城市规划汇刊，2000（6）：56－60＋80.

土地空间扩展主要受城市经济总量因子、产业结构因子、土地政策因子等因素的影响较大的结论；龙花楼、李秀彬[①]以长江沿线的城市作为研究对象，以地形地貌、海拔高度、气温、经济密度和劳动力作为影响变量对土地利用总体格局和变化形态进行详细研究，发现城市经济发展水平、城镇化发展水平以及城市人口规模对土地扩张有着深刻的正向影响作用；鲁奇、战金艳等[②]通过研究认为，在北京市的城市土地扩张过程中，公众的社会意识、政治氛围、人口规模、经济发展水平、科技发展等成为主要的扩张影响因素；闫小培、毛蒋兴[③]等在收集统计数据和利用遥感技术得出的土地利用数据的基础上，对珠江三角区域的城市土地利用变化进行研究，通过定性研究结果发现，城镇化水平、城市经济水平、城市人口、产业结构变化、外资引入水平、政府宏观决策等均一定程度上影响着城市土地利用的动态发展。

（三）存量土地利用研究

1. 内涵界定

20 世纪 90 年代以来，我国学者们纷纷对存量土地的内涵展开研究。栋隆[④]于 2005 年对存量土地的概念及内涵研究做出了补充，他认为对于存量用地中的闲置土地的解释应有所拓展，其不应仅指被荒废未利用的土地，还应包括那些废弃的工厂、仓库和烂尾楼、长期失修的破败房屋、拆迁过渡而未用的荒凉地、陈旧弃用的公路、铁路及码头等；刘怡、谭永忠等[⑤]将城市中存量建设用地解释为在城市发展过程中现有的已批建设用地中，其中一部分因自然、经济、社会等因素造成荒废或闲置的土地，这部分建设用地因未能使其功能得到充分的利用，土地利用价值无法充分体现，但仍具有较大的开发潜力；王红梅[⑥]于 2016 年提出城镇存量建设用地是其实际功能与利用效益

---

① 龙花楼，李秀彬. 长江沿线样带土地利用格局及其影响因子分析 [J]. 地理学报，2001，56（4）：417 – 425.

② 鲁奇，战金艳，任国柱. 北京近百年城市用地变化与相关社会人文因素简论 [J]. 地理研究，2001（6）：688 – 696 + 773.

③ 闫小培，毛蒋兴，普军. 巨型城市区域土地利用变化的人文因素分析——以珠江三角洲地区为例 [J]. 地理学报，2006（6）：613 – 623.

④ 栋隆. 城市区域闲置土地资源的管理 [J]. 世界环境，2005（1）：74 – 76.

⑤ 刘怡，谭永忠，王庆日，楼宇，张洁，牟永铭，邱永红. 城镇存量建设用地的内涵界定与类型划分 [J]. 城市发展研究，2011（12）：53 – 57.

⑥ 王红梅. 城镇建设用地再开发理论与实践 [M]. 北京：科学出版社，2016.

未得到充分发挥的闲置土地，或土地地上附着物的利用价值未得到充分利用
的低效利用地。

国内学者们在国外学者研究基础上结合我国具体情况进行了一定的延伸
和补充，认为在一定阶段范围内征占而未得到利用的土地以及地面附着物的
价值未得到体现的低效土地均属于存量用地范畴，进而在达成共识的基础上
进一步丰富了对存量土地内涵的解释。

2. 城市存量土地再开发与再利用研究

近年来，在我国宏观政策的引领下，各大城市纷纷提出城市用地规划应
从原来的增量规划向存量规划转变，我国对城镇和城市建设用地的增量指标
控制变得愈发严格，因此，城市建设发展所需用地大多需从存量用地的再开
发利用中获取。

我国学术界在结合相关政策背景与盘活存量土地实践的基础上，总结了
存量用地二次利用与再开发模式。其中，何方[①]提出建议，认为城市存量土
地的二次开发利用可以通过多种方式进行，例如产业结构实行"退二进三"
策略（将第二产业用地移至郊区，开发市中心的第三产业用地）、老旧工厂
置换、老旧房屋改造翻新、企业改制等；王广洪、黄贤金等[②]认为对存量土
地进行二次再开发、挖掘土地利用潜力、对空间进行置换等方法能有效地提
升城市土地的利用效率；闵师林[③]认为城市存量土地二次利用的方式有多种，
如土地功能置换与更新、土地捆绑转化与开发、土地的整体置换、土地项目
经营权出让、以土地授权或设施入股等；严若谷、周素红[④]指出，存量土地
二次开发利用涉及多个利益层面，既需要考虑土地原有权益人的利益是否得
到保障，也要顾及已有建筑物的用途更改，鼓励多元主体参与到存量用地再
开发中，并建立公共利益共享机制。

3. 我国存量土地盘活、优化利用的实际案例研究

除了学术界对城市存量土地再利用模式进行研究之外，我国的上海、
深圳、广州等城市早已开始存量土地盘活方面的实践，并取得了一定的成

① 何方，陶小马. 黄浦江沿岸地区土地置换模式研究 [J]. 城市规划学刊，2000 (5)：34 – 40.

② 王广洪，黄贤金，姚丽. 国家级园区用地相对集约度及其时空分异研究 [J]. 中国土地科学，2007 (8)：18 – 25.

③ 闵师林. 对上海浦东房地产业发展若干问题的思考 [J]. 上海经济研究，2004 (8)：42 – 46.

④ 严若谷，周素红. 城市更新中土地集约利用的模式创新与机制优化——以深圳为例 [J]. 上海城市管理，2010 (5)：23 – 27.

果，其他若干城市也相继出台了多个存量用地再开发的政策与措施，具体实践过程如下：深圳市最初于 2009 年颁发了《深圳市城市更新办法》，提出由相关法定主体对城市内包括老旧商业区、住宅区、工业区、城中村等相关区域在内的城市建成区依据城市规划需要进行综合整治、功能升级、重建更新等改造。2012 年，市政府出台了《深圳市城市更新办法实施细则》，提出对建成区各地实行差异化的改造和更新，通过完善产业用地政策、鼓励旧区升级、促进产业更新等措施，以推进城市更新进程。广州市也于 2009 年和 2010 年先后推出了相关法案，分别提出加快城市"退二进三"进程，分析存量用地开发潜力，建立土地置换机制，实行产业与劳动人口的双转移，全面提升城市存量用地的利用效益；针对城市内旧厂房、旧工业区、住宅区、城中村等建成区实行不同规模的改造与更新；最后界定城市内存量土地的区域范围，并针对不同性质与功能的存量用地采用相应的改造更新方案。2008～2011 年，上海市分别颁布了关于存量规划发展的政策方案，提出要在稳定土地价格的基础上提高工业用地的容积率。另外，明确工业用地的规划控制指标，严格规范配套公共服务设施及新增用地审批流程等。

以上各城市意见、细则和规划的出台与实施符合国家提出的由增量规划向存量规划的城市空间发展的转变。其中，深圳的相关城市更新政策主要体现以下几个特点：第一，由政府主导向政府与市场双导向转变；第二，土地产权流转路径由原来的单一化向多样化转变；第三，鼓励多主体参与到城市更新项目中并注重收益分配的让利。以上有关城市存量土地盘活的政策在实践过程中较以往有了效率上的突破，然而，对于存量土地二次开发后所涉及的利益分配问题仍未完善。广州城市改造政策较以往也取得了较大的突破，具体表现在：一是旧城改造过程中涉及的存量土地盘活路径和方式较为灵活，允许土地的原土地使用者通过补缴出让金的形式对土地进行自行改造，而非必须要通过土地公开市场进行土地出让的程序，很大程度上增加了土地二次改造利用的效率。二是在存量土地再利用过程中充分重视土地收益的均衡分配。原来的土地使用者（个人或企业）出让土地产权，政府再作为新的产权主体组织将其出让给新的土地使用者，或者直接作为新的土地使用者对其进行二次开发和挖潜利用。在此过程中，原土地使用者与政府、政府与新土地使用者之间已提前约定对土地开发产生的收益进行相应比例的分配，对于超效率出让土地的企业还追加相应的补偿或奖励，该激励机制很好地提升了存量工业用地的盘活和再开发效率。三是广州在进行"旧"改造的同时十分注重历史文化的传承和保护。随着我国越来越注重土地利用的质量和效率、提倡城市存量建设用地的二次挖潜和开发，各城镇与城市纷纷出台相关政策鼓励对低效与闲置未用土地进行重新整理与再次利用，以解决我国土地资源匮乏、污染、浪费等问题，以满足城镇与城市发展的土地需求，实现新型城镇化"质"的提升。

上海市从最初提出城市建设用地零增长的倡议，到近年来实行城市用地减量规划政策，以此方法为城市老旧用地，包括旧厂房、旧商业用地、旧住宅用地等区域的更新与二次利用提供了可行性方案。种种创新举措都表明了上海正不断对城市建设用地增量进行严格把控，并不遗余力地挖掘城市存量用地的开发潜力，努力提升存量用地的利用效率，以城市更新来促进城市内循环发展。此外，深圳和广州的城市更新及"三旧"①改造过程中也不断出台相关政策鼓励对低效与闲置未用土地进行重新整理与再次利用，并在实践中取得较好的成果，在满足城市发展的土地需要的同时，也较好地解决了城市中由土地闲置浪费所引起的环境污染、资源匮乏等问题。由此可以看出，存量规划已成为我国绝大多数城市和城镇的必然选择，对城市存量建设用地的科学规划、合理利用与再利用潜力的开发已经成为城市转型发展的重要途径，将相关政策引入实践中来，将城市存量规划的实践经验尽快提升为制度化成果，以可复制、可借鉴的存量土地优化利用模式向我国其他城市和地区推广开来，进而推进我国新型城镇化的"提质增速"与可持续发展。

（四）城市土地的空间调控管理研究

我国学术界围绕着增长管理、城市精明增长等理论展开对城市规模扩张控制与空间调控管理的深入研究，旨在不断完善城市的空间结构、优化配置城市土地资源、科学布局城市土地空间等。多数学者在深入研究城市内生发展规律、利用特征、影响因素的基础上，提出应在土地利用规划过

---

① 2008 年起，广东省在全省域范围内开展和实施"三旧"工作，即对城市中的旧城、旧村和旧厂进行改造更新。

程中加大公众的参与力度，不断完善城市的征地制度①与城市规模扩张的监控机制②，逐渐建立起完善的城市规模管控与空间调控管理方法体系，如将土地集约度评价体系具体运用于城市中的集中热门区域、脆弱区位等。近年来，在新发展时期背景下，随着新型城镇化、生态文明建设等新政策的提出，我国学术界主要通过多规合一③，集约、低碳、绿色、高效的土地利用方式，城市开发边界④，存量优化，增量控制等理论与方法研究来探究城市规模扩张控制与城市空间调控的实现路径与具体策略；基于多规合一的视角，邓兴栋等⑤以共同治理规则来科学规划和布局城市空间；闫士忠等⑥在遵循城市空间协调的基础上采用 GIS 方法对城市空间格局进行定量分析，并提出城市区域部署与空间统筹的调控管理途径；黎斌等⑦从博弈论的角度探索佛山市空间治理与调控模式，从城市边界设定、格局部署和规则重构等方面构建了较为完善的城市空间管制策略，为城市土地规划、城市空间布局与调控提供了新的研究思路。

三、相关研究述评

（一）相关研究已取得的成果及评价

1. 国内外对存量土地利用的研究区别

通过对国内外研究资料的总结归纳可以发现，发达国家在城市存量更

---

① 范钟铭，石爱华. 从"增量扩张"转向"存量挖潜"的建设用地规模调控 [J]. 城市规划，2011，35（8）：88 - 90.

② 王磊，沈建法. 规划管理、空间管制机制与规划协调——以 S 市规划体制改革试点为例 [J]. 城市规划，2017，41（2）：18 - 26.

③ 熊健，范宇，宋煜. 关于上海构建"两规融合、多规合一"空间规划体系的思考 [J]. 城市规划学刊，2017（3）：28 - 37.

④ 丛佃敏，赵书河，于涛等. 综合生态安全格局构建与城市扩张模拟的城市增长边界划定——以天水市规划区（2015—2030 年）为例 [J]. 自然资源学报，2018（1）：14 - 26.

⑤ 邓兴栋，闫永涛，曾堃. 广州城市总体规划的演变与思考 [J]. 城市规划学刊，2017（3）：47 - 55.

⑥ 闫士忠，田甜，张博，刘聪. 空间规划改革视角下的基础数据调查整合研究 [J]. 测绘与空间地理信息，2019：127 - 130.

⑦ 黎斌，贺灿飞，黄志基等. 城镇土地存量规划的国际经验及其启示 [J]. 现代城市研究，2017，32（6）：39 - 46.

新或棕地再开发利用的理论研究或实践方面都较为完整和具体。我国对存量土地规划研究开始于20世纪90年代以后，21世纪初才逐渐由国家和地方政府出台有关存量土地利用方面的宏观政策和规划条例。我国在对存量土地盘活和再开发利用上还处于初步发展阶段，已出台的正式文书和学术界的研究大多仍是针对某个试点、某个地区、某个城市等局部区域和微观视角展开，至今还未建立起一个完善的和系统化的存量土地利用机制与模式。

国外各界最初对城市存量用地的研究多是集中在城市更新、城市绅士化发展、城市复兴等方面，我国学术界基于国外的研究成果与方法，进一步对城市存量用地的空间安排、城市用地再开发、城市土地规划利用、城市存量优化、土地的空间布局等方面展开理论与方法研究，并取得了一定的成果。然而，由于我国土地权属复杂、产权不明晰、土地规划体系不够完善等客观现实的存在，加大了城市存量土地利用规划与城市空间布局的落实难度。

2. 我国对存量规划研究现状

存量规划是基于新时代我国经济增速放缓和城镇化转型发展背景下针对城市建设用地的发展特征及要求而提出的。我国城市（特别是大城市与特大城市）的发展正处于由"增量扩张"向存量规划转变的阶段（部分超级城市甚至实行减量规划的发展模式），既要严格控制城市增量土地规模，又要加大对存量用地的进一步挖潜、改造、更新与再利用。存量规划以促进城市可持续发展为基本出发点，整合政府、市场、城市居民等多方利益，促进城市土地从外延式扩张向内涵式提升方向发展，提升城市土地的综合利用效率，促进人口、资源与环境的和谐统一。现阶段的相关研究多围绕着概念、内涵、理论等方面进行定性探讨，或者集中于研究某一区域（包括某一城中村、老旧工业区等）的被荒废或未得到充分利用的土地开展存量土地再利用的具体实践，对于城市增量土地扩张规模的严控与存量土地规模的预测和调控以及具体实施路径的定量研究较为缺乏。在我国经济发展转型时期，城市发展模式也需要转型。因此，学术界和政府亟须响应国家宏观发展的号召，积极探寻完善城市空间布局的新路径，促进城市土地由增量扩张向存量优化的模式转型，促进城市的可持续发展。

3. 国内外城市建设用地利用的研究现状

我国学术界对城市建设用地的研究成果较为丰富，但对于不同发展阶段、不同城市类型的建设用地时空特征差异研究有待于进一步深入；关于城市用地变化规律、发展特征及建设用地变化影响因素的一系列研究机制有待完善；大多关于城市规划和空间布局的宏观因素和政策因素还停留于定性研究阶段；不同阶段、不同城市类型，甚至同一城市不同行政区域的建设用地发展特征、调控要求均有不同，关于各地区城市建设用地增量变化的模拟和预测以及存量用地的潜力分析的研究应进一步深入，确保数据的精准；在研究过程中，对于宏观规划的情景设定过于简单，情景设定缺乏充足的依据，应因地制宜地根据不同研究区域的实际情况设定规划情景；在对城市建设用地利用变化的研究中，其研究模型假设条件的设定往往过于简化，而城市建设用地的变化状态受到地理区位、自然环境、社会发展条件、经济发展水平、人口规模、宏观政策等综合因素的影响，是一个十分复杂且不断变化的体系，因此，在研究模型的选择和设定方面，必须充分考虑各个方面的影响因素，使研究结果与实际情况精准对接，进而提出具有针对性、可行性的建议与措施。

国外关于城市存量土地或棕地的研究取得了普遍性的成功，关于存量用地的开发与治理模式对我国城市建设用地的存量规划发展提供了很好的借鉴经验。从这些经验中我们可知，存量用地的有效开发和利用是国家宏观统筹、政府规制、民众意识、法律保障等多方利益主体共同参与的结果。

我国的城镇化进程不过短短几十年，与城市建设用地的规划与存量土地再利用相关的研究经验较少。此外，我国地域广阔，各个区域在经济水平、社会发展现状、文化等方面均有较大差异，各地区发展不平衡，很难建立起适合各个区域的统一发展模式。因此，在借鉴国外成功经验做法的同时，我国应根据每个地区不同的发展基础和特征规律，探索不同土地规划开发的创新模式，因地制宜地开创具有中国特色的城市空间规划发展模式。

（二）有待进一步研究的问题

我国在对存量土地盘活和再开发利用上还处于初步发展阶段，已出台的正式文书和学术界的研究大多仍是针对某个试点、某个地区、某个城市等局部区域或从微观视角展开，至今还未建立起一个完善和系统化的存量土地利用机制与模式。

1. 应进一步明确存量规划政策与城市土地空间部署及建设用地调控之间的关系

近几年来，我国提出城市空间发展由以往的增量规划向存量规划转型，推动城市发展由外延扩张向内涵提升转变。在旧的城镇化进程中，城市空间规划一直基于增量规划的视角，城市建设用地利用模式也一直处于增量扩张状态。在我国经济处于新发展阶段和新型城镇化发展背景下，存量规划的提出有何依据和意义？存量规划与增量规划、减量规划之间的关系与区别如何？根据我国的发展实际，除了像北京、上海、深圳等超级城市开始实行减量规划的发展模式外，大部分城市仍处于增量扩张与存量优化并行的空间转型阶段。① 在此基础上，如何有效发挥存量规划的承上启下作用？存量规划模式下城市空间发展的具体实施策略与城市总体发展规划以及城市空间转型问题间有何联系？这些都是有待我们深入研究的问题。因此，本书试图从城市空间布局转型、城市土地存量规划视角出发，在分析目前我国大部分城市处于增量规划与存量规划并存发展的基础上，探索城市建设用地具体的发展态势和调控手段，并进一步提出具有现实意义的实施路径，以期为未来新一轮的城市总体规划的编制提供一些可参考的依据。

2. 城市土地空间布局和建设用地调控的相关研究方法需进一步完善

以往国内外关于城市建设用地调控的研究主要采用的是适用于城市增量扩张模式的空间模拟和空间预测方法，如系统动力学模型、元胞自动模型等。然而在城市存量用地再利用的研究方法上还有待进一步拓展，首先，存量用地涉及多方利益主体，很难用空间模拟方法来量化他们之间复杂的博弈关系，进而需要我们进一步探寻城市存量建设用地再利用的研究方法以及空间布局的模式；此外，预测城市建设用地利用规模的方法也应转变，主要是从"以人定地"向"以资源定地"的理念上转变，进而带动对未来城市建设用地利用规模预测以及适用性的研究方法的转变，从而建立起一套科学统一的城市规模预测分析和城市用地总量分配方法，保证城市土地资源得到最优配置，使城市存量土地得到最大限度的再挖潜和再利用，通过提升存量土地的再开发程度来推动城市空间内涵式发展，为城市建设用地的优化利用和城市的可持续发展提供精准的技术支持。

针对我国大部分城市均处于增量规划与存量规划并行的城市空间转型阶

---

① 邹兵. 增量规划、存量规划与政策规划 [J]. 城市规划, 2013a, 37（2）：35－37＋55.

段，应如何构建一套较为完整的城市建设用地的利用效率评价、规模预测和空间调控的方法体系，是助推城市建设用地的优化利用，完善城市的空间布局，推进城市可持续发展的关键所在。

第三节　研究内容、研究方法与技术路线

一、研究内容

本书从可持续发展视角出发，基于城市空间发展从"增量扩张"向"存量优化"转型的背景，通过梳理和总结国内外关于城市建设用地利用的学术研究，在阐述福州市建设用地利用现状、分析其利用特征的基础上，评价了福州市建设用地的利用效率和存量土地再开发潜力，并对2035年福州市建设用地的增量规模进行了预测和模拟调控，根据模型分析结果提出相应的城市建设用地优化利用的建议以及城市空间发展的调控路径。在我国大部分城市均处于增量规划与存量规划并行的城市空间转型阶段，本书从福州市出发，试图构建一套较为完整的城市建设用地的评价、预测和调控方法体系，完善城市的空间布局，以促进城市用地的优化利用，推进城市转型升级与可持续发展。

二、研究方法

（一）问题导向法

本书以我国城市建设用地控制增量、开发存量的发展阶段作为背景，从可持续发展视角以及城市空间整体发展转型需要出发，剖析当下我国城市空间发展和建设用地利用存在的问题，通过深入研究城市建设用地的利用特征、变化规律、影响因素以及城市用地利用调控与城市发展转型间的内在联系，展开定性与定量研究，最后提出可实施的建议与措施。本书研究框架遵循"发现问题—分析问题—解决问题"的思路，即"旧的发展模式下城市空间以及城市土地利用存在着什么问题、导致什么后果—城市建设用地特征、变

化规律及影响因素是什么、城市空间发展由增量规划向存量规划转型的可行性如何—提出促进城市建设用地优化利用、空间转型调控的具体措施和建议"，整体框架具有一定的现实意义和研究逻辑。

（二）文献综述法

文献综述是制定研究思路的第一步，为研究的主要内容进行铺垫，是一切研究得以开展的重要基础。本书对国内外相关文献、书籍、资料数据等进行了归纳、分类和梳理，系统地罗列总结了国内外关于城市建设用地利用特征、变化特征、影响因素、增量规划与存量规划、存量土地再利用、增量土地预测模拟、城市空间调控等方面的研究结论，确定目前相关领域的研究成果。本书在前人的研究基础上提出当前城市建设用地与空间发展存在的问题，通过研究方法和研究思路的创新，构建相对完整的城市土地利用与空间调控的体系，借鉴国内外成功经验，以期在研究内容和结论上寻求一些突破。

（三）定性与定量研究结合法

通过对相关文献资料的整理与总结、理论基础的梳理以及城市建设用地和城市空间发展的现状、影响因素、存在问题等方面的罗列，在以上定性分析基础上，为城市建设用地利用和空间发展提供了新的研究视角，即城市空间在增量规划向存量规划转型、由外延式增长向内涵式提升转变背景下，提出我国城市空间转型和城市建设用地优化利用的实施途径，有较强的现实意义与理论依据。同时，利用定量方法建立一套优化城市建设用地利用的调控方法体系，包括城市建设用地效率测评、城市存量用地再开发潜力评价、增量用地控制规模预测。在研究过程中，理论方法体系与实证方法体系并存，达到定性研究与定量研究的相互结合，使研究内容更加丰富，研究结论更具准确性和实践性。

三、技　术　路　线

本书研究路线如图 0 - 1 所示。

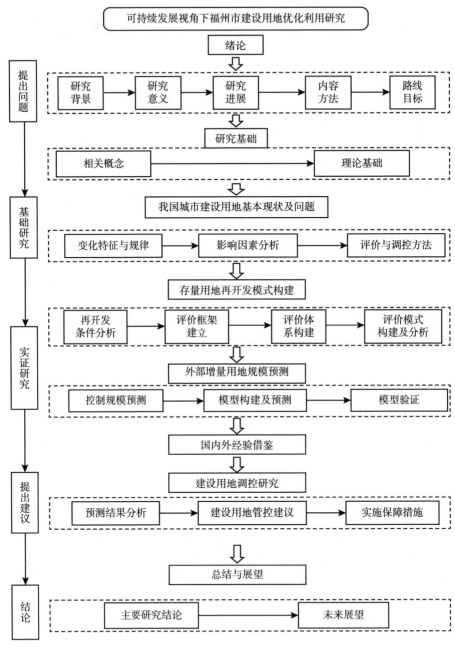

图 0-1 本书研究路线

资料来源：笔者自绘。

第四节　本书的创新点

本研究的创新之处在于：

一、遵循政策导向的同时从我国大部分城市空间发展现状出发，具有一定的实践意义

以往学术界关于城市土地的空间布局与发展规划的研究中，更多是围绕我国超大型城市展开存量规划，甚至是减量规划的一般性研究。基于我国城镇化发展背景，加之城市空间扩张过程中的增量用地诉求增加与土地下放指标收敛的冲突，本书提出城市空间发展应通过增量控制与存量优化协同并进，推动城市在转型高质量发展过程中实现城市空间科学部署、产业合理布局、土地高效利用等达到城市空间扩容与土地优化利用的平衡。相比笼统地研究城市建设用地，本书研究内容更加具体化和有针对性，且符合我国大部分城市土地空间布局与发展的实际情况。本书从城市的具体实际情况出发，将福州市作为实例进行研究，以期为我国同等规模的大城市（500 万~1 000 万人口规模）的土地优化利用和城市土地空间规划转型提供一些参考。

二、针对未来城市建设用地的利用规模做出预测，具备较强的现实意义

本书以福州市为例，对其 2035 年增量用地的规模进行了动态调控，通过建立生态底线约束与增长规模约束的"双约束"城市建设用地控制模拟集成模型，对四种不同情境下城市增量用地的规模进行预测，从而得出较为有效的城市增量用地调控依据，为生态控制线与城市开发边界的划定提供指导依据。

通过未来增量规模预测为城市建设用地的优化利用和城市土地空间调控提供较为精准的依据，具有较强的前瞻性。

三、针对城市建设用地利用的评价与调控方法较为完整

在研究方法上，本研究不同于以往的研究，只是采用定量与定性相结合的研究方法，本书在研究的过程中，由于研究的内容涉及城市建设用地影响因素的分析、存量用地再开发潜力评价、增量用地控制规模预测、国内外城市建设用地经验借鉴等方面，因此，本研究除了采取文献资料法、定量与定性相结合的研究方法外，叠加使用层次分析与模糊评价法、对比研究法、统计分析、空间分析技术分析法，多种方法的糅合使用通过嵌入多向维度对增量土地规模进行预测，结果更加严谨可靠，特别是土地规模预测及土地空间调控的空间分析技术分析法可能是本书的研究亮点之一。

第一章

概念界定与理论基础

第一节　相关概念界定

一、可持续发展

"可持续发展"一词最早出现在 1980 年的联合国大会上，随着这一概念的提出，标志着新发展观念的诞生。可持续发展战略提出的目的在于赋予社会可持续发展的能力，让人类在地球环境中能够世世代代生存和发展下去，同时也是人类与地球环境和谐共处的一种基本模式。人类发展与自然环境相互依赖且相互影响，健康、稳定的生态环境是人类社会永续发展的基本条件，一旦生态系统失去稳定，包括人类在内的一切生物将失去生存载体。因此，可持续发展要求人类在发展的同时重视资源的节约利用和生态环境的保护，具体表现为在经济活动和生产过程中对不可再生的自然资源进行有节制的开发和利用，对其开发的速度和程度必须保证在其再生速率限度内，或者在其可承受的范围内，以提高对资源的利用效率替代对资源的粗放式利用来促进经济的进一步增长。可持续发展概念经过发展被运用至各个领域，其中，在土地利用领域主要是以土地资源可持续发展为具体研究内容。

二、城市土地

城市土地是城市建设的基本资料与物质基础，也是国家财政收入的重要组成部分,对我国区域经济发展和社会发展有着十分重要的作用。城市土地概念分为广义概念与狭义概念,广义概念中,城市土地是一个由城市行政区域进行划分的陆地、水域及其上下空间共同组成的综合地域范围。依据不同的开发程度可将城市土地划分为三个层次,分别是行政辖区土地、建成区土地和规划区土地;狭义概念中的城市土地指的是行政区域划分的市区土地,特指城市中用于非农用途的、地理位置处于中心、人口聚集程度高、建筑面积大和基础设施完善的土地,统称城市建设用地。① 在本书中,笔者统一采用狭义的城市建设用地作为研究对象。

三、城市建设用地

城市建设用地是指由包括集体用地在内的农村用地征占而来归化国有的土地,政府作为土地的分配主体,通过对该部分土地进行投资、建设、出让等,为城市建设和社会经济活动提供基本的物质载体,为城市居民的生活工作提供操作空间和活动场地。

根据我国住房和城乡建设部于2010年底发布的《城市用地分类与规划建设用地标准》(GB50137—2011)(以下简称《标准》)规定,城市建设用地可具体分为居住用地、公共管理与公共服务用地、商业服务设施用地、工业用地、物流仓储用地、交通设施用地②、公共设施用地、绿地八大类别,该用地标准于2012年1月1日起正式实施。自2012年起的城市建设用地数据即依据《标准》的规定进行总结和测算。在《标准》的规定中,明确界定了城乡居民建设用地(H1)包括城市、建制镇和乡村的建设用地。本书中所提及的"城市建设用地"仅仅指城市规划区范围内的居住用地、商业用地、公共设施用地等,属于H1的小类。此外,由于篇幅有限,相关数据的整理和归纳过程受到限制,本书的城市建设用地将以上标准规定的各类用地统称为"城市建设用地",具体范围包含福州市的13个区县市,即鼓楼区、台江区、仓山区、晋安区、马尾区、长乐区、福清市、闽侯县、连江县、罗源县、闽清县、永泰县、平潭县的城区建设用地。

---

① 王霞,尤建新. 城市土地经济学 [M]. 上海:复旦大学出版社,2004.
② 陈敏. 基于乡村视角的城乡统筹规划策略研究 [D]. 重庆大学,2013.

四、土地利用

土地利用指的是在某个区域、某个国家所包含的领土范围内，根据土地的用途差异和不同的开发需求对土地资源进行开发、使用和保护。土地利用作为一个人为的干预过程，指的是人类通过干预手段，对土地资源加以资本和劳动力的投入，进而期望在未来取得某种收益的表现；或者人类通过其某项经济活动与土地资源相结合，并从中取得一定的物质产品与服务所得。关于土地利用，学术界从不同角度对其界定了多种表述，包括土地集约利用、土地可持续利用、土地优化利用等。

（一）土地集约利用

农地集约利用指的是以相对集中的生产资料、资本、劳动力等生产要素，加之以先进的技术和管理方法，投入到一定面积的农业用地上，力求实现单位面积内最高的产量和收入，因此，农业土地集约利用是一种较为先进的农业生产经营方式，其实质上就是土地作为要素的投入和产出关系，其内涵可扩展如下：第一，土地集约利用是指某区域范围内对土地资源的集约化利用；第二，土地集约利用是要对同一类型或性质的土地进行集中式的利用；第三，区域化的土地集约利用要求依照土地呈现出的不同属性而进行土地资源的优化配置，包括自然属性、经济适用性和社会属性，如土地生态、城镇建设需求、社会发展需求以及市场经济供需关系等。

根据土地利用的报酬递减规律，对土地投入持续的资本、技术、劳动力等生产要素，将来得到的产出或收益并不能一直处于持续上升的状态。从理论上看，当对土地不断投入的生产要素达到经济学上的报酬临界点，在此临界点上边际产出与边际收益相一致，此时投资经营者将停止追加投入，因为继续投入不但不能使收益得到相应的增长，反而使边际收益小于边际产出，这一临界点则被称为土地集约利用边界点。当达到集约边界点时，则说明土地资源的投入产出比达到最优状态，人们称之为土地的集约利用；反之，若未达到集约边界点或者超过集约边界点，则土地就未达到集约利用的程度，说明土地资源并未得到集约利用或优化配置，人们通常称之为粗放式的土地利用。集约利用土地并非意味着在单位面积的土地上无节制地投入，如果超过了集约边界，不但无法达到提高土地利用效率的目的，还将可能对土壤、水资源、生态环境等造成更严重的后果。例如，盲目地追求城市综合容积率，无节制地加大土地开发强度，将会造成土壤的破坏和环境质量的下降；人口密度过分密集将给城市基础设施和公共服务带来巨大压力，导致生活水平的下降，甚至可能危害社会稳定；如果出现居民区远离商业区、工业区和居民区同时居于城市中心地带等用地布局不合理等现象，将给城市带来严重的环境污染问题，对居民的健康安全造成巨大威胁。在这种条件下，即使对土地加大投入力度，土地价值不仅不会上升，反而大幅下降。因此，完善的土地结构、科学的土地布局和优质的土地生态为土地集约利用奠定了重要的基础，如何科学、合理、有效地对城市土地资源进行集约化利用也是值得我们深思的，它要求人们在土地资源可承受的范围内最大限度地进行优化利用，在现有土地基础上进行土地的潜力再开发。在满足社会、经济水平的前提下，适当加大对土地的要素投入，在土地可承受范围内加大其利用强度，以提高土地的利用效率，最终实现土地利用的综合效益最大化。

（二）土地可持续利用

土地可持续利用是由可持续发展理念延伸而来的。可持续发展理念是指在不以牺牲后代人生存发展为代价基础上满足当代人的发展需求。而土地的可持续利用概念正是基于可持续发展理念而产生的，指的是在特定的时间、地域范围等条件下，人类在不损害后代基本需求和利益的前提下对国土资源进行科学合理的开发和利用，并进行妥善的治理和保护，对国土资源的利用必须处理好人地协调关系，保证人类与资源、环境和谐共融发展。

（三）土地优化利用

土地优化利用往往涉及土地资源的优化配置问题，它更多是指人类要根据土地自然性能以及在土地自身能承受的开发强度范围内进行理性的使用，在利用土地过程中人类所采取的手段和方法要建立在该土地本身的属性、类型和自然条件基础上，最大限度地发挥对土地资源的配置作用，实现土地利用的社会、经济、环境综合效益。判断土地是否合理利用主要有以下几个标准：首先，土地利用是否符合土地的适宜性，即判断人类对土地的利用是否在其可承受强度内，这是检验土地在利用过程中是否取得最佳的生态效益的重要标准之一；其次，是否遵循完善的土地利用规划和科学布局体系，土地作为城市建设的核心内容，为实现城市发展格局的不断提升，必须通过对土地进行空间上的科学布局和不断完善土地结构来实现土地利用效率的提升；再次，土地使用是否符合最佳使用原则，是否根据城市发展建设对区位土地的不同定位、功能及属性进行因地制宜的规划和分类，以最大限度地满足了人们日益增长的物质需要；最后，土地经利用之后是否获取丰厚的经济效益，是否促进社会的整体进步，是否较好地维护生态环境，实现土地利用的社会效益、经济效益与环境效益的和谐共促。

经济学界虽对土地利用的表述各有不同，研究的侧重点也有所不同，但其研究目的都是相同的，即让有限的不可再生的土地资源在其承受范围内进行最优化的利用与最合理的配置，在不影响后代对其需求的基础上有效提高土地利用效率，增加土地利用的综合效益，促进土地利用的社会效益、经济效益与环境效益的和谐统一。

伴随着传统城镇化进程的高速推进，我国城市建设用地普遍呈现出一种低效、无序、分散蔓延式扩张的状态，在这种粗放的城市发展模式下，部分土地资源严重浪费，一些土地利用效率低下，导致人口与资源环境的矛盾突出，社会矛盾加剧等一系列问题接踵而来。对城市建设用地的利用现状严重影响了新型城镇化进程的有序推进，也阻碍了我国经济向高质量发展阶段的转变。因此，城市的有序发展和结构升级将在极大程度上助力我国经济增长方式转型突破，并助推我国城镇化由"量"向"质"的转变。而土地资源作为城市发展最基本的投入要素，必须得到最优化的利用。土地政策执行者及土地使用者需树立绿色发展理念，对城市建设用地进行科学的空间布局，重视城市建设用地土地资源的优化配置，完善用地结构，挖掘存量土地再利用潜力，全面提升城市建设用地的社会效率、经济效率和生态效率。

五、存量土地优化利用与增量土地规模控制

（一）增量土地与存量土地

增量和存量原本是用于企业经营和社会资源管理的专业术语，近年来由自然资源部（系国土资源部）引用到国土利用和管理上，于是产生存量土地

和增量土地的概念，并得到较为广泛的运用。我国建设用地根据土地供应方式的不同分为存量用地与增量用地，其中，增量土地指的是由政府通过对农地或城乡未被利用土地的征收而取得的供城乡发展的新增建设用地，这一部分新增用地仅限于在由政府控制的"一级市场"上得以供应；存量土地是指城乡发展过程中已规划或已占用的土地，包括已使用和未使用或被闲置浪费的土地，这些土地可以直接在"二级市场"上的现有土地使用者之间进行交易。存量土地分别有广义概念与狭义概念，广义概念中，存量土地指的是城乡发展过程中已经得到规划、征占和使用的土地总量；狭义概念中，存量土地指的是已规划的建设用地中利用不充分、不合理、闲置未用以及产能低下的建设用地总量，这些土地极具再次被挖潜开发的潜力。因此，存量土地总的包括已被规划和被使用的建设用地、已征用但未被开发以及闲置未用土地（国土资源部，2012）。

本书所提及的存量土地既包含广义概念，也包含狭义概念。一方面，对已利用的存量土地进行结构优化和科学布局，确保土地得到更优化的配置利用；另一方面，对闲置未利用土地的潜力进行二次开发，从土地的内在潜能出发探寻存量土地利用效率的提升途径，以实现城市的转型发展。增量用地方面，根据城市的实际情况出发，严格控制城市增量土地的规模，避免触犯城市发展的生态红线和耕地红线，保护城市周边的农业资源与生态环境。

（二）增量规划与存量规划

1. 主要内容

增量土地与存量土地作为城市的两个组成部分，两者不可分割，都肩负着城市空间发展的使命。城市早期的发展离不开增量土地以扩展规模，城市发展要提质增速，需对城市空间进行内涵式提升，对存量土地进行二次开发以提升其利用效率。城市规划，是指对城市规划区域范围进行统筹化的空间系统的整体安排，这个空间系统包含规划区内的全部土地，包括城市存量土地和增量土地。城市规划往往是针对新开放区域和旧发展区域同时展开部署，既对新区进行建设，也对旧区展开改造，进而增量空间和存量空间一般是同时进行更新改造，两者难以分割。因此，基于城市空间增长和转型需求，我们把针对城市存量土地和增量土地展开的空间布局与规划利用称为存量规划和增量规划。①

增量规划主要是以城市新增的建设用地为供应手段来扩展城市空间规模，进而推动城市的发展。新增建设用地即增量用地，主要由政府垄断土地供应，通过对农地或城乡未被利用土地的征收而获得，并由政府支配土地收益。

存量规划主要基于现有城市空间规模不变和控制城市扩张的前提下，对已规划、已占用的土地进行规划，对城市现有建设用地采取盘活、优化、挖潜、提升等一系列规划行为，实现城市的转型发展。

城市的发展始终有一个过程，城市在发展初期基础较薄弱，需靠空间规模扩张的模式得以发展，增量规划作为主要发展形势，能够助力城市快速壮大；改革开放以来，随着城镇化的高速推进，城市经济发展也不断腾飞。然而，越来越多的农村人口转移至城市，为城市发展带来活力的同时也引发了一系列社会、人口与环境之间的矛盾。旧的城镇化模式已不足以应对当下所产生的问题，随着新型城镇化的提出，我国开始重视发展绿色、低碳、可持续化的城市增长业态，人们也意识到内生驱动式的城市发展模式应替代原来粗放式的发展形态。作为城市发展的最基本物质基础，土地利用效益的提升应得到重视。在此阶段，存量规划应作为城市发展的主要形态，在保护生态环境和坚守耕地红线的前提下，控制增量土地扩张，从城市现有建设用地着手，进一步挖掘存量土地的再开发潜能，科学布局存量土地的空间安排，以存量土地的结构化升级提升其利用效率，进而推进新型城镇化发展理念下城市的转型升级。

2. 具体特征

增量规划与存量规划都是城市空间规划的一种手段，其目的都是服务于城市发展。但两者在产权归属、利益主体和规划空间等方面呈现完全不同的特征，具体表现在：

首先，在产权归属方面，政府在增量规划过程中发挥了绝对的垄断性作用，政府作为城市空间扩张过程中增量土地的征收主体和土地收益的分配主体，拥有绝对的话语权；而存量土地在产权归属上多元而复杂，存量规划过程伴随着土地开放时间不一、行政分割繁杂、土地类型众多、土地利用现状

---

① 邹兵. 增量规划向存量规划转型——理论解析与实践应对 [J]. 城市规划学刊, 2015 (5)：12 - 19.

混乱等现象存在，决定了存量土地有多个权属主体，不同的产权所有者有着不同的发展诉求①，存量规划不仅涉及城市存量土地的结构调整、城市空间的重新布局与整合、片区开发等问题，还要保证不同权属主体间的利益得以均衡分别，整体规划难度较大。

其次，从利益主体角度看，在城市土地增量规划过程中，土地利益主体单一，土地开发和规划目标明确。而存量规划的土地所涉及的利益主体众多，对于城市建设用地的发展方向有着各自见解，各自的利益诉求也不尽相同。② 政府在存量规划过程中扮演着引导者或协调者的角色，面对着众多土地权属主体的不同利益诉求，政府不能随意处置存量土地，而是需要严谨地考虑各方利益，通过引导、讨论、协商等方式，协调各方诉求，在反复权衡下最终达成共识。整个存量规划的过程较增量规划而言更加复杂和烦琐。

最后，在规划空间方面，增量规划是在现有城市空间之外，通过征用方式从城市周边加以增量土地的方式来扩张城市整体规模，这种空间规划方式较为直接，是城市发展初期的主要规划手段；而存量规划则是指在城市现有规模保持不变的前提下，对已规划、已占用的城市用地进行结构调整、再开发利用和空间格局的再次优化整合。在我国城镇化发展取得一定成效后，这种空间规划手段成为大部分城市转型发展的必经路径。

通过对增量规划与存量规划的内涵特征比较分析可以发现，存量规划是基于城市空间不再继续扩张规模的前提下，在现成区域内对存量用地进行优化调整、挖潜、盘活的过程，它主张的是在不给生态环境和农业用地造成负担的基础上，对城市空间进行科学部署和优化整合，实现城市经济与资源环境的和谐、可持续发展。因此，存量规划纠正了传统的单纯依赖空间扩张促进城市发展的规划思路，更加注重从城市空间科学布局以及对存量土地优化整合等方面促进城市发展进一步提质增速，这也符合新型城镇化和生态文明建设要求下对土地资源高效、集约利用的要求。

---

① 戴锏，孙澄. 基于情景分析的存量规划方法研究——以波士顿"大都市未来"计划为例 [J]. 学者论坛，2015，7：118－121.
② 邹兵. 增量规划向存量规划转型理论解析与实践应对 [J]. 城市规划学刊，2015，5.

（三）存量土地优化利用

存量土地优化利用，指的是根据城市空间规划发展的需要，对城市的存量建设用地实行科学的空间布局和结构完善，并根据不同类型的城市建设用地因地制宜地进行合理利用，发挥其最优效能，最终提升城市建设用地综合利用效率，助力城市经济可持续发展。改革开放以来，在传统城镇化模式下，我国城市发展大多呈现出以增量规划为主的横向扩张模式，城市建设用地呈现出一种低效、无序、分散蔓延式扩张的状态，这种粗放的城市发展模式导致土地资源严重浪费，土地利用效率低下，经济发展与资源环境保护的矛盾日趋激烈。单一的增量规划下，以增量土地供给促进城市横向空间扩张的发展模式已不足以应对当下所产生的问题，随着新型城镇化和生态文明建设的提出，国家开始重视发展绿色、低碳、可持续化的城市增长形态，城市空间规划的目标与编制方法也应进行相应的转变①，内生驱动式的城市发展模式应替代原来粗放式的发展形态，激发城市存量用地的内生潜力，提升城市存量用地的利用效益。存量规划作为城市转型的主要手段，要求人们在保护生态环境和坚守耕地红线的前提下，严控增量土地扩张，深入挖掘存量土地的再开发与再利用潜能，科学布局存量土地的空间安排，以结构整合升级促进存量土地的最优化利用，全面提升存量土地利用效率。

城市存量用地的优化利用主要是通过对城市中已占用、已规划用地，低效用地，闲置土地等进行重新布局和功能优化升级来完成城市更新和转型发展。由于城市存量土地的利益主体多元且复杂，在城市空间的存量规划过程中在权衡各方利益的同时，更要从城市规划编制、完善土地结构、提升土地综合效率等方面进行全方位的探究。②

（四）增量土地规模控制

增量土地规模指的是出于城市规模扩增的需要，对周边土地进行征用的新增建设土地的规模。增量土地主要通过国家作为征收主体对农用地的征转而获得，即所谓土地供应的"一级市场"，完全由政府垄断控制。传

---

① 赵燕菁. 存量规划：理论与实践［J］. 北京规划建设，2014，7：153－156.
② 钱才云，周扬. 城市空间存量优化发展研究评述［J］. 先锋理论，2017，4：12－14.

统的城镇化在不断扩张城市规模的基础上得以高速发展，但同时也引发一系列经济、环境与人口的矛盾冲突，甚至危及我国耕地红线和城乡统筹发展。因此，城市发展迫切需要转型升级，城市规划发展模式应由增量规划转向存量规划。然而，除了北京、上海、深圳等超级大城市开始实行减量规划以外，大部分大城市和特大城市都正处于增量规划向存量规划转变的发展阶段。但由于城市发展转型具有滞后性，因此，各大城市目前处于两者并存发展阶段。① 基于此，应在严控增量土地扩张规模基础上进行存量土地挖潜，提升城市建设用地的利用效益，同时兼顾城市经济社会和生态环境和谐发展。

通过对增量规划与存量规划的内涵特征比较分析可以发现，存量规划是基于城市空间不再继续扩张规模的前提下，在现城区内对存量用地进行优化调整、挖掘盘活的过程，它主张的是在不给生态环境和农业用地造成负担的基础上，对城市空间进行科学部署和优化整合，逐渐由原来城市发展"以人定地"模式向"以资源定地"模式转化，由过去以新增用地作为供给向存量用地挖潜进行转化，由横向的空间扩张布局向纵向的内生式空间布局转化。② 这种转化反映出人们对旧城镇化进程中粗放式的城市空间发展模式所引发的人口、资源与环境问题的反思和觉悟，也体现了国家和政府想要在城市经济发展的同时兼顾生态保护与资源节约的决心。因此，存量规划纠正了传统的单纯依赖空间扩张促进城市发展的规划思路，更加注重从城市空间科学布局以及对存量土地优化整合方向来促进城市发展的提质增速。这也符合了新型城镇化和生态文明建设要求下对土地资源高效、集约利用的要求。在已开发的城市存量建设用地中，如何对不同类型的土地展开差异化的利用及调控，如何严格控制城市增量土地扩张规模，对存量土地进行盘活、挖潜、优化整合，以更科学合理的空间布局来缓解我国日益激烈的城市用地供需矛盾，已成为城市存量规划的研究重点和研究难点，也是本书想要探究的问题之一。

① 申纪泽，陈光明，赵先超. 转型发展视域下规划变革——基于增量规划、存量规划与减量规划的思考 [D]. 中国城市规划学会会议论文集，2016，9：325 – 333.

② 黄梦石. 存量规划视角下哈尔滨城市建设用地调控研究 [D]. 哈尔滨工业大学，2019.

第二节 理论基础

一、马克思的土地经济理论

（一）土地产权理论

马克思的产权理论是在遵循历史客观规律和历史唯物主义方法论的基础上，围绕着所有制及所有权而展开的。马克思既从历史发展规律中研究所有制，也从社会生产力与生产关系、经济基础与上层建筑的矛盾中研究所有制的起源、发展及变迁。马克思把所有制看成是"劳动对它的客观条件的关系"①，即所有制是一种由劳动主体与劳动条件相结合的特殊社会形式，是经济主体对客观生产条件的占有关系。

首先，马克思的土地产权理论认为，土地资源的稀缺性是现代土地产权制产生和发展的基本前提。土地作为人类生活和生产活动必不可少的物质基础，为了满足基本生活需要以及带来持续不断的财富，人们都在不断争取尽可能多的土地资源，因此土地产权制度成为社会发展过程中必不可少的重要制度。

其次，马克思的土地产权理论中对于土地产权制度产生和存在的原因、前提等方面的深刻认识，为土地产权制度的不断改革完善提供了深厚的理论依据，也为有限土地资源或者存量土地资源利用效率的提升奠定了理论基础。

再次，马克思的土地产权思想属于社会历史范畴，强调了在土地问题上人与人之间相互作用的社会关系。马克思在对土地产权的阐述中提到了土地产权要在一定的市场经济条件下得以运行，这对于我国在社会主义市场经济前提下推进土地产权运行机制以及土地改革具有十分重要的指导意义。

最后，马克思的土地产权理论还涉及对土地所有权、使用权、收益权、支配权等土地产权权能的合并与分离问题，马克思认为，土地权能具有变化性，不同的土地产权权能会随着商品经济的发展而改变。其中，"三权分离"

---

① 马克思恩格斯文集（第8卷）［M］．北京：人民出版社，2009：181.

是该理论中的典型，也就是土地的所有权和经营权可以分别由不同的主体来行使，或者在统一主体行使土地所有权的前提下，由不同的主体行使其余不同的权能，且这些权能在被行使过程中互不干预和影响。总而言之，土地不同权能和权利的分离以及结合的理论已成为当代社会正确处理土地问题以及不断完善土地制度的重要理论依据。

（二）地租理论

1. 主要内容

地租理论是马克思土地经济学理论的重要组成部分，马克思在批判和继承古典经济学地租理论的基础上指出："地租的占有是土地所有权借以实现的经济形式。"① "真正的地租是为了使用土地本身而支付的。"② 因此，马克思的地租理论是建立在土地"所有权"基础上发展而来的，所有类别形态的地租都是由于土地所有权而取得的经济上的收益，即地租是以土地所有权作为基本前提而存在的，一切地租都属于剩余劳动的产物。在我国，土地所有权归国家所有，这一客观事实成为我国城市地租产生的前提；而在经济关系上，城市地租得以运行的基本条件则是城市土地的二权分置，即土地所有权与使用权的分离：国家在权属上拥有土地所有权，在经济上实行土地有偿使用制度，从中收取城市地租。③

2. 主要形式

（1）绝对地租。

马克思在《资本论》中指出："不论地租的特殊形式是怎样的，它的一切类型有一个共同点：地租的占有是土地所有权借以实现的经济形式，而地租又是以土地所有权、以某些个人对某些地块的所有权为前提。"④ 绝对地租在所有地租形式中最能反映土地所有权的实现形式，它与土地所有权的联系也最为紧密。具体而言，绝对地租是指土地所有权在完全垄断的条件下，土地使用者必须向土地所有者支付相应地租。马克思的绝对地租理论对我国城市土地利用起到指导作用，我国土地所有权归属于国家，城市土地的绝对地

---

① 资本论（第3卷）［M］. 北京：人民出版社，2004：730.
② 陈征. 马克思的地租理论和城市土地有偿使用问题——《资本论》与改革开放研究之一［J］. 福建师范大学学报，1991－04－02.
③ 李建建. 中国城市土地市场结构研究［M］. 北京：经济科学出版社，2004：33.
④ 马克思恩格斯全集（第46卷）［M］. 北京：人民出版社，2003：734.

租是国家对城市土地的所有权在经济上的实现形式。

农业土地的绝对地租价值取决于使用劣等农业土地所支付的绝对地租量。不管是在农村还是在城市，人们一般都是最后选择对劣等土地进行投入并使用，劣等土地的边际使用收益决定着绝对地租量。因此，城市绝对地租价值也该取决于由使用劣等城市土地或区位劣势土地而支付的绝对地租量。然而在城市发展规划与经济建设过程中，城市劣等土地的功能、性质与用途也可能发生变化，原本劣等土地的价值可能因为城市建设发展的需要而提升。因此，城市绝对地租并非静止不变的，人们应该用发展、动态化的眼光来看待和分析城市绝对地租。①

（2）级差地租。

由于历史原因，农业资本的有机构成低于平均社会资本，生产价格小于生产价值，因此将差额转换为绝对地租。对质量比较好的土地进行经营而获得地租，通过经营，土地所有者拥有更好的土地，土地之间由其产生的经济效益不同，导致出现级差地租，可以按照不同的形成条件对超额利润进行分类：级差地租Ⅰ和级差地租Ⅱ。对于数量相同的地域不同的资本投入，因为土地的差异性而获得的超额利润，这部分地租即为级差地租Ⅰ。当在数量相同与质量相同的地域上，进行不同的投资而导致这部分土地带来级差地租，将其产生的超额利润转化成地租即为级差地租Ⅱ。级差地租的产生源于农业工人创造出超出平均利润的剩余价值，由于土地所有权具有垄断性，该现实条件决定了土地所有者通过收取级差地租的形式占有这部分超额利润。

马克思认为：“对地租起决定作用的，不是绝对的收益，而只是收益的差额。”“凡是有地租存在的地方，都有级差地租，而且这种级差地租都遵循着和农业级差地租相同的规律。”② 因此，对于城市土地而言，土地所处的地理位置优劣以及土地质量好坏是级差地租Ⅰ的首要条件，对于处于城市商业中心的土地，由于其具有交通方便的地理优势，可以产生较高的营业额以及带来较好的经济效益，因此地租就贵；而对于地理位置不好的土地，由于不能带来较高的营业额，因此地租相对较低。一个城市内从最差位置到最佳位置，形成了经济效益由低到高的级差，这也是地租由低到高的级差。由于社会主义商品经济的存在，因此城市的土地价格也会相对应地呈现出差异性，

---

① 李建建. 中国城市土地市场结构研究 [M]. 北京：经济科学出版社，2004：31 - 32.
② 马克思恩格斯选集（第 2 卷）[M]. 北京：人民出版社，1995：608.

导致城市土地的级差也必然存在，因此这种由于在不同的土地进行投资，土地地理的差异性而导致地租差异性的级差地租也一定存在。上述两种地租的形式也存在一定转化，对于那些比较劣势的土地，也许交通不便，不利于经营，而导致带来的经济效益比较差，但是如果对这片土地进行投资，改善交通环境，增加商业投入，大力改变土地本身的地理环境以及商业环境，进而导致土地的经济效益增加，对于这样的土地，由于环境改造，投资的差异性导致产生经济效益的差异性，形成的级差地租，就是级差地租Ⅱ。

根据马克思的地租理论，应当对不同区位地段、不同用途的土地进行差别性对待。将该理论运用在城市发展过程中，便是要求按照土地利用性质和功能的不同进行因地制宜的规划与利用，这将大大提高城市土地的利用效率。此外，马克思农业地租理论为我国城市土地集约利用奠定了理论基础，其现实意义在于：由于城市级差地租的本质是在一定量的城市土地上投放相同量的资本而产生的不同劳动生产率的结果，因此，在城市范围内，对城市土地投入资本、实行集约化的土地利用方式将大大提高单位面积的劳动生产率，从而创造更多的土地收益。

（3）垄断地租。

绝对地租和级差地租"这两个地租形式，是唯一正常的地租形式"①。除此之外，在个别条件下（如垄断）产生的地租则为特殊地租形式。农业垄断地租是指在特殊的自然条件与生产条件下形成的特殊农业产品，该产品具有垄断性，因而形成垄断价格，带来垄断利润所转化的特殊地租形式。因此，城市中的垄断地租往往是由于某块城市土地具备地理优势，即在优越的地段上进行垄断生产与经营活动而产生的超额利润，由这部分超额利润所转化来的地租。

城市土地作为一种十分稀缺的资源，往往缺乏供给弹性，那些处于城市中心地段、具备极大地理优势的土地更是如此。对于那些处于城市发展中心或次中心的土地，其拥有人流量大、产业集聚、交通便捷、公共设施完备等优势，在该地段上从事的生产和经营活动具有垄断性，从而可以获得超额利润。因此，城市中心位置自始至终都是土地需求者争相追逐的目标，由于该竞争性带来极强的土地需求，导致该地段上建筑物的各种形态的价格呈现垄断性，包括地价、地租、房价、房租等都大幅飙升。例如，像北京、上海、

---

① 马克思恩格斯选集（第2卷）[M].北京：人民出版社，1995：607.

深圳等超级城市，其中心黄金地段的经营者因具备垄断性的土地使用权，在经营过程中获得超额垄断利润，因此，这些地段的地租远高于劣等地段的绝对地租以及其他优等地段的级差地租，形成了城市垄断地租。

由此可见，城市的垄断地租之所以形成，是由于在城市中心地段和黄金位置上的经营权具备垄断性，由此产生超高经济效益和超额利润。它的形成类似于垄断价格的决定，"只由购买者的购买欲和支付能力决定，而与一般生产价格或产品价值所决定的价格无关"①。

（三）土地国有化思想

马克思认为，土地国有化是社会生产力发展到高度社会化程度的必然结果，具有高度的社会必然性和历史必然性，是人类社会的必经之路。此外，在土地国有化思想下，过去资本主义运行机制下的劳动与资本的分离关系得到彻底扭转，即劳动者对生产资料具有直接占有的现实基础，同时，存在于第一产业与第二产业中的旧的资本主义生产方式也将随之削弱或消失，最终使得以资本主义生产方式为基础的阶级差异逐渐消除。中国在社会主义制度建立初期到初级发展阶段建立起土地公有制，并以城市和农村的不同发展特色为出发点建立起土地国有制和土地集体所有制两种形式。对于包括我国在内的社会主义国家而言，正确理解和运用马克思土地国有化思想将是推进土地制度不断改革和完善发展的重要一环，它将指导人民正确处理好我国社会主义制度下两种不同土地所有制的关系，同时，土地国有化思想将彻底消除土地私有化倾向，避免我国陷入资产阶级式的土地国有化陷阱，对于我国土地制度在社会主义思想指导下不断完善起到了十分重要的指导作用。

（四）土地生态思想

马克思对于土地利用问题的研究不仅广泛存在于政治经济学的领域，在土地的生态层面上，马克思也展开了相关的思考。

首先，马克思提出"土地最初以食物和现成的生活资料形式供给人类"②，他还认为："土地的存在给劳动者的劳动过程提供基本的活动场所，

---

① 马克思恩格斯选集（第2卷）[M]. 北京：人民出版社，1995：609.
② 资本论（第1卷）[M]. 北京：人民出版社，2004：209.

为劳动者生存和生活提供立足之地。"① 土地作为人类生存的基本生产资料，为人类活动提供最基本的物质环境，成为人类社会发展必不可少的物质基础。然而，土地资源总量是有限且不可复制的，土地的稀缺性决定了人类为了自身生存与发展需要而对其不断争夺的现象始终存在，这一客观现象也从生态学角度揭示了尽可能保持土地利用的可持续性对于人类发展的意义所在。因此，人类对土地资源的利用不应仅仅出于经济发展的考虑，更应关乎到土地资源的生态效益，注重土地利用的可持续发展。

其次，马克思也对土地资源的质量进行了较为充分的研究。以土地肥力为例，马克思认为在人类的农业生产过程中，土地肥力是其生产成果的必要保证。然而，土地肥力是动态发展的，它将随着社会生产力的发展以及土地利用程度、强度和水平的变化而变化。土地是自然历史变迁的产物②，而土地肥力除了自然所赋予的先天条件以外，也受到人为的干预，土地肥力的状态是自然肥力与人为肥力共同干预的结果。因此，马克思对土地肥力的研究对人类对土地资源的利用程度和方式有一定的告诫作用，告诫人类在农业生产过程中对土地资源的使用，不应该只注重土地产生的经济效益，更应在结合土地生态效益的基础上，注重人工肥力与自然肥力的有效融合，在土地承受范围内保护好土地生态，做到土地生态效益和经济效益的和谐发展。

最后，马克思还对人类生活对土地资源造成的影响做了研究。他认为，社会生产力的提高给农业生产技术带来进步的同时，也极有可能对土地造成了掠夺性的破坏。农业技术的进步对土地的肥力（这里指的是土地的人工肥力）带来较大的提升，但持续不断的农业技术投入将对土地资源造成持久性的破坏，主要指的是加大技术含量后的农业生产很可能在土地资源承受范围外给其带来负荷，从而造成土地资源的破坏。同时，马克思还指出，随着城市人口的不断增加，社会生产效率大大提升，给城市社会发展聚集能量和动力的同时，也可能使最初人类与土地资源之间的物质变换关系发生破坏性的改变，为了城市规模的不断扩张以及发展程度的不断提高，人类将改变原来遵循自然循环体系的土地利用方式，城市中包括土地在内的资源将被不断消耗，对土地资源愈发过度的消耗将使其失去保持自然肥力的条件，土地将被

---

① 资本论（第1卷）[M]. 北京：人民出版社，2004：211.
② 马克思恩格斯全集（第26卷第2册）[M]. 北京：人民出版社，1974：273.

破坏殆尽。

因此，马克思的土地生态思想告诫我们应提倡在社会发展的同时，尽可能地保护土地补充自然肥力的能力，在土地资源承受范围内合理规范地使用土地，摒弃掠夺性的土地使用方式，提高生产效率，不断改进生产生活方式，始终将生态优先和绿色发展的思想贯穿于土地资源的使用过程中，推动经济与生态环境的融合发展。

二、西方经济学土地利用理论

（一）古典经济学的土地利用理论

17 世纪后期，英国古典政治经济学家威廉·配第指出：土地是财富之母，劳动则是财富之父。他在著作《赋税论》中首次提出土地地租的概念，即土地地租是土地上面的农产品价值扣除生产费用后的余额，包括全部剩余价值，威廉·配第的理论为级差地租理论的研究奠定了基础。[①]

亚当·斯密（Adam Smith）认为，地租实际上是价格的垄断，使用的是土地使用者向土地所有者支付的地租，而地租实际上是来自劳动力的无偿劳动和地主阶级"不劳而获"的收入。

英国古典政治经济学代表人物大卫·李嘉图表明，地租实际是由于土地的利用，土地使用者向土地所有者支付费用是因为土地地租产生了级差；他表明，产生土地地租有两个条件：土地的数量和质量有限以及地理位置的差异。级差地租的形成是由于土地质量的差异性，最劣等土地的生产条件决定了土地的价值，优质土地在出租时，可以获得补偿成本以及其他的超额利润，因此，也形成了级差地租。大卫·李嘉图表示绝对地租并不存在。[②]

西方古典经济学中的土地利用理论对我国乃至全世界范围内有关土地资源的开发与利用起着相当重要的指导与借鉴作用，为土地资源的优化利用以及土地政策的制定提供必要的引导。想要让土地资源取得最大化的综合效益，需从社会层面、经济层面和生态层面进行综合考虑，运用相应法律法规和经济杠杆作用于土地资源上，使其得到最优配置。运用经济杠杆的调节作用，

① 威廉·配第. 赋税论（全译本）［M］. 武汉：武汉大学出版社，2011.
② 大卫·李嘉图全集（第1卷）：政治经济学及赋税原理［M］. 北京：商务印书馆，2013.

对土地加大劳动力与资本的投入，以期提高土地的经济产出，使土地的经济效益得到最大程度的发挥。此外，对土地资源进行宏观层面上的规划与布局也将使土地价格随之变化，这种变化后的地价被称为"规划性地价"，即从土地自身具体情况出发，通过人为制定科学的土地利用规划和合理的空间部署方案对土地实现集约化利用，改变土地级差地租的条件，从而使土地的效能得到最优发挥。因此，土地的科学规划与合理利用将对土地价格变动产生重要影响，也对提高土地资源的利用效率起到巨大的推动作用。

（二）现代西方经济学土地利用理论

1. 城市土地利用的一般均衡理论与帕累托最优理论①
（1）一般均衡理论。

一般均衡理论是由法国经济学家里昂·瓦尔拉斯（Léon Walras）于1874年首次提出的，用来评定各个经济部门之间的互动与联系。一般均衡理论是指：在经济活动中追求自身利益最优化的每位消费者，在利益驱动下最终得到的交换结果，即为自身消费利益最大化。在完全竞争条件下，静态型经济的一般均衡的实现有赖于三个条件：一是交换的一般均衡，即关于消费者如何有效率地占有或分配商品；二是生产的一般均衡，即生产者如何对生产要素进行有效率的配置；三是生产和交换的一般均衡，即在各类商品中如何进行资源的高效率配置。

现如今，一般均衡理论得到延伸解读，并被普遍用于土地经济学中，人们经常采用该理论来评价城市土地利用效率的高低，并由此分析土地利用效率低下的原因。土地的使用者在土地利用过程中追求自身利益最大化，而土地利用效率的提高将使土地获取的经济效益大大提升。因此，分析土地利用效率低下的原因，不断提高土地的投入和产出比率，是使土地使用者从土地中获得利益最大化的重要途径。同时，政府也应对不同发展功能、不同区位、不同性质的土地进行因地制宜的盘活、规划，使各类土地得到最优资源配置。

（2）帕累托最优理论。

一般均衡理论与帕累托最优理论之间存在着某种逻辑关系：一般均衡是市场的一般交换结果，而帕累托最优则是决定一般均衡交换效果好坏与否的标准。资源配置的效率问题已成为当今社会关注的重要问题。人们通常采用

---

① 徐霞. 城市土地集约利用经济学分析 [M]. 北京：化学工业出版社，2012：40 – 44.

帕累托最优来分析资源配置效率的高低。意大利经济学家帕累托认为，当社会经济活动使某一个人或某一群人的状况得到提升和改善，同时也并未造成其他人福利状况出现恶化，这种情况则被认为整个社会福利状况得到改善。要想实现帕累托最优必须满足三个条件：一是交易的边际条件。对于消费者而言，其消费的任意两种商品的边际替代率是相等的。二是要素替代的边际条件。对于任意两种投入要素而言，其边际技术替代率对于使用这两种要素而生产的商品而言是相等的。三是产品替代边际条件。任意两种产品，其消费中的边际替代率与生产中的边际转换率是相等的。

在土地市场中，土地资源的配置效率是否符合帕累托最优很大程度上取决于土地效用能否达到最大化。根据帕累托最优的实现条件，在土地市场既定的土地供给量中，必须使农用地和建设用地的边际效用相等，同时满足农用地与建设用地的需求效用均达到最大化。要想满足此要求，土地开发者在开发土地之时必须保证各产业用地的结构尽可能科学合理，各类土地开发的技术替代率一致，最终使土地的边际技术替代率与边际产出率保持一致。

2. 可持续发展理论

"可持续发展"一词最早出现在1980年的联合国大会上，这一概念的提出标志着新发展观念的诞生。可持续发展理论旨在给社会提供可持续发展的能力，使人类在地球环境中能够世世代代生存和发展下去，同时也是人类与地球环境和谐共处的一种基本模式。人类发展与自然环境相互依赖且相互影响，健康、稳定的生态环境是人类社会永续发展的基本条件，一旦生态系统失去稳定，包括人类在内的一切生物都将失去生存载体。因此，可持续发展要求人类在发展的同时重视资源的集约利用和生态环境的保护，具体表现为在经济活动和生产过程中对不可再生的自然资源进行有节制的开发和利用，对其开发速度和程度必须保证在其再生速率限度内，或者在其可承受的范围内进行使用，以提高对资源的利用效率替代对资源的粗放式利用来促进经济的进一步增长。

20世纪90年代，土地利用国际会议上多次提及土地资源的可持续利用概念。截至目前，土地可持续利用概念及其相关理论已被广泛运用于社会、经济、文化、政治等层面，且得到各界的重视。土地作为生态资源的重要载体和人类社会发展的物质依托，要得到合理、科学、集约的规划和利用必须以可持续发展理论为指导思想，使经济发展与环境保护相协调，在满足当代人的发展需求的同时保障后代人的利益不受侵犯。

土地可持续发展理论告诫土地使用者应在土地资源可承受的范围内进行使用，以集约、绿色、低碳的土地利用方式替代粗放式的土地利用方式来提高土地资源的利用效率，在保证人类后代基本权益的基础上促进社会进步和经济增长，实现经济、人口、资源与环境的和谐共生。

三、中国特色社会主义的土地制度改革理论与政策

"三农"问题关系到我国社会发展与民生福祉，党和政府始终致力于我国土地制度改革的尝试，新中国成立至今，我国土地制度改革历经变迁，从土地国有到耕地农有、土地改革后呈现的农村土地二元产权结构、"三大改造"后的地权变动、城市土地基本国有化、土地所有权与使用权的两权分离、土地三权分置到如今的允许农村经营性建设营地入市，我国土地制度逐步走向完善，为城乡土地资源优化、城乡融合发展、国民经济健康发展不断注入新的动力。下面将梳理自改革开放以来我国土地制度改革历程与取得的绩效，整理相关的土地利用理论，以期为社会主义城市土地利用和空间规划研究进行理论铺垫和提供理论依据。

（一）改革开放后我国土地制度改革历程及绩效

1978年12月，我国开始实行关于家庭联产承包责任制的改革，自此揭开了中国改革开放发展的时代序幕。

1980年9月，中共中央在《关于进一步加强和完善农业生产责任制的几个问题》的通知中提出要实行"包产到户"政策，以期进一步解决当时农村严重的贫困问题。随后几年，中共中央继续推动联产承包责任制的发展，以包产到户、包干到户作为农村集体经济发展的重要形式，并以《全国农村工作会议纪要》等1号文件确认，大大鼓舞了人们推行包干到户的热情，家庭联产承包责任制在农村得到了大范围的推行，并在全国范围内的各生产队中得以推广。至1984年底，几乎所有的生产队都实行了以大包干为主要形式的联产承包责任制。

农村采取家庭联产承包责任制的措施，展现了中国当时生产关系和经济基础的改革。这项改革运动的开始，以"拨乱反正"的思想作为改革运动的基础，我国支持并切实推行家庭联产承包责任制，赋予农民包干到户的选择权，逐步建立起以农民群众为主的农业经营体制。我国对农村经营方式和土

地改革的尝试从未间断，随着进入经济起步发展的阶段，农村土地集中经营方式也逐渐解体，这标志着我国近 2 亿农户[①]转变为独立经营的个体，丰富了经济的发展形式。农村土地经营方式的不断改革尝试不仅促进了原本高度集中的政社合一体制（"一大二公"人民公社体制）的解体，同时也为社会主义市场经济体制的建立奠定了坚实的基础。

（二）21 世纪以来我国土地制度改革历程及绩效

2002 年，江泽民同志在第九届全国人民代表大会常务委员会第二十九次会议上对《中华人民共和国农村土地承包法》提出明确的要求，他指出应从各地的实际情况出发，实行自愿、有偿的土地承包经营权的流转。报告中提出了深化农村土地制度改革的新思路，围绕集体所有、家庭经营方面的内容进行了修订，各区域可以根据实际情况打破传统的集体所有制以及家庭经营的框架，增加土地的多元化，促进土地改革的实现。

改革开放以来，我国在土地管理与改革上不断探索并取得了较大的实践成果。我国建立的土地管理体制顺应了基本国情，满足了中国特色社会主义市场经济体制要求，其快速发展有力推动了我国社会经济的全面发展。然而，随着经济的飞速发展，当下土地管理体制下的土地粗放利用模式也导致一系列经济与资源环境间的矛盾。对于人类社会而言，社会的不断进步与经济的增长不应仅仅着眼于当前人民的需求与利益，还应保障子孙后代的权益与发展需要。根据先前土地改革的结果和当前土地使用情况，胡锦涛提议加强土地管理制度，建立和完善严格的土地管理制度。坚持节约土地，落实科学发展观，不仅是一项重要任务，而且是实现中华民族伟大复兴的长远计划。因此，应加强土地资源的管理与协调，珍惜每一寸土地。

2015 年，国务院发布了《关于开展农村承包土地经营权和农民住房产权抵押贷款试点的指导意见》[②]，该文件的发布表明，农村产权的"沉睡的资本"，长期以来被压制，终于被唤醒，农民终于有了可以向银行抵押的商品，这对推进农业现代化具有重要意义。

从新中国成立至今，我国在土地制度的完善和健全方面不断做出尝试和

---

① 国家统计局. 中国统计年鉴（2021）［M］. 北京：中国统计出版社，http：//www. stats. gov. cn/tjsj/ndsj/2021/indexch. htm.

② 孙中华. 关于深化农村土地制度改革的几个问题［J］. 理论学刊，2016，2：40–45.

努力，始终认为土地资源的优化利用关乎人民福祉和子孙后代的利益，是关系着我国经济可持续发展的物质基础，也是保护生态环境的重要途径。因此，在新时代发展背景下，应以长远的大局观以及整体观为理念，科学布局城市发展空间，合理规划城市土地资源，促进社会经济与人口、资源、环境的和谐共促。

（三）土地"三权分置"改革

"三农"问题是我国发展的根本，农地制度作为"三农"问题的核心，不仅关乎着我国政治、经济、民生等社会发展的方方面面，也是我国乡村振兴和城乡融合发展的基础性制度安排。我国自改革开放以来实行的土地归集体所有、农民享有承包经营权的农地"两权分离"制度符合当时的社会发展需要，取得了极大的社会效益与经济效益。然而，随着社会主义市场经济和城镇化的深入推进，经济发展方式和机制亟须转型升级，农地制度逐渐开始难以适应当前社会不断发展的需要。国务院于2014年颁发的《关于引导农村土地经营权有序流转发展农业适度规模经营的意见》中提出实行农地"三权分置"的决定[1]，即形成土地所有权、承包权与经营权三权分置，经营权流转的发展格局。

我国农村土地产权制度主要围绕着产权主体进行演变，农地产权制度不断完善。[2] 我国农村土地产权制度共经历从最初的农地归农户私有与农户经营到农户私有与合作社共用，到农地产权归集体所有，再到农地归集体所有、农户家庭承包经营共四次重大变革。既有基于生产关系的自上而下的变革（土地改革到农村合作化、农村人民公社），也有基于生产力的双向交互变革（家庭联产承包责任制），这些变革都为我国土地产权制度的不断完善奠定了坚实的基础。党的十九大也将农地"三权分置"改革作为我国农村土地制度改革的重要内容，明确要不断完善该制度。在2017年12月的农村工作会议中，中央提出全面实施乡村振兴战略，并对我国农地制度改革方面进行了全面的部署和规划，还对集体所有的农村经营性建设用地开始实行征地制度与直接入市改革，在保证土地集体所有的前提下，激发土地活力，放活土地经

---

① 朱道林．"三权分置"的理论实质与路径［J］．改革，2017（10）：115－119.
② 陈金涛，刘文君．农村土地三权分置的制度设计与实现路径探析［J］．"三农"问题研究，2016，1.

营权，最大限度保障农民的土地收益权，该制度改革也属于"三权分置"改革。

总体而言，自新中国成立以来，我国围绕着土地产权和归属主体不断进行着土地制度改革的探索。我国农地"三权分置"改革变迁是由我国"四化"① 不断深入发展和向前推进的大趋势与客观现实所决定的。农地"三权分置"由20世纪80年代的地方实践逐渐上升成为国家政策，已成为我国农地产权制度深化改革与创新的主要方向和农村经济改革的重要一环，同时也为我国不断推进乡村振兴战略，促进城乡和谐发展，实现农业现代化发展奠定坚实的制度基础。在"三权分置"模式下，农地经营呈规模化发展，极大提高农业全要素生产效率。这种新的产权经营模式是我国农地继家庭联产承包制后的又一大创新举措，推动我国农地产权制度向更深层次发展。不断趋于完善的土地产权制度将直接关系到我国城乡融合发展，推动城市土地的空间安排与规划朝着更加健康的方向迈进，大大推动城市土地资源的优化配置和城市经济发展的提质增速。

（四）集体建设用地入市改革

从历史进程来看，土地始终是我国社会发展的根本，农地产权更是重中之重，不仅影响着城乡融合发展进程，更是我国乡村振兴战略中的重要一环。20世纪60年代初，在党的八届十中全会上通过了《农村人民公社工作条例修正草案》，该草案明确规定农村土地的所有权归集体所有，围绕着"三级所有、队为基础"的具体方式，确定了集体土地所有制的具体形式。

改革开放之初，我国开始了对农地的使用制度的改革，然而集体建设用地的流转方式、流转主体、审批过程等方面受限于相关法律政策的严格约束，其流转效率普遍较低。近年来，围绕着集体建设用地开展的工作不断深入，对于集体建设用地入市的相关政策及管控有所调整放松。2017年，我国的《中华人民共和国土地管理法》修正后明确：允许合规的经营性质的集体建设用地进行租赁、抵押和转让。2019年8月26日，《中华人民共和国土地管理法》② 得以重新修订，其中提及允许具有经营性质的集体建设用地入市流

---

① "四化"指工业现代化、农业现代化、国防现代化和科学技术现代化。
② 中华人民共和国土地管理法．中国人大网，http://www.npc.gov.cn/npc/c30834/201909/d1e6c1a1eec345eba23796c6e8473347.shtml，2019 - 09 - 05.

转，不仅从法律层面保障了我国城乡建设用地一体化发展进程，为构建城乡一体的建设用地市场扫清了制度障碍，结束了长久以来制约我国城乡融合发展的二元体制，也符合经济发展新形势下对"三农"问题进行改革创新的要求，解决农村和传统农业的短板、推动乡村振兴战略的进一步发展。①

允许农村集体经营性建设用地按照国土空间规划确定的经营性用途入市，是新形势下解决农业和农村发展短板、推进乡村振兴战略和城乡融合发展的关键。同时，这一改革举措很大程度上促进经营性的城乡土地拥有市场上同等的交易权，极大程度上提升了土地的利用效益，推动国土空间的转型发展，助力城市土地的优化配置与空间安排。

（五）"两山"理论

"我们既要绿水青山，也要金山银山。宁要绿水青山，不要金山银山，而且绿水青山就是金山银山。"② 习近平总书记提出了新的关于土地管理的理念，随着经济发展进入新时期，应以节约资源和保护环境作为基本国策，既要加强经济的快速发展，同时也要重视生态文明的建设，以绿色发展为基本思想理念，从长远的大局观和整体观出发，致力建成美好家园，促进生态文明的建设与发展，将生态文明建设与我国社会经济、政治、文化等进行全方面的融合，这不仅是社会持续发展的基础，且对子孙后代应享有的权益也提供了可靠保障，是实现中华民族伟大复兴的中国梦的重要内容。

"宁要绿水青山，不要金山银山"强调：当社会经济发展与生态、资源与环境保护产生矛盾，抑或粗放式的经济发展方式激化资源浪费和生态环境破坏问题时，宁可牺牲当下社会经济发展方式暂时所取得的成果，也要竭力确保资源节约与生态环境保护，从可持续发展的根本思想出发尽力保障子孙后代的发展需求和应有权益，切实解决人类代际公平问题，体现了在社会经济发展面前环境优先以及后代永续发展优先的根本宗旨。"绿水青山就是金山银山"思想并非要把经济增长与生态环境置于相互对立的局面，两者之间不矛盾，也绝非发展一方就要牺牲另一方的关系，相反地，在如今全球经济增速下行趋势下，只有重视生态文明的建设，坚持以人为本、资源节约、环

---

① 管必英、王双金. 农村集体经营性建设用地入市：趋向、困境与纾困对策 [J]. 农村经济与科技，2020（14）：134 – 135.

② 习近平总书记系列重要讲话读本 [M]. 北京：人民出版社，2014：134.

境保护、生态优化，方能确保人类社会的永续发展，在此可持续发展视角下，社会进步、经济增长与生态环境保护之间是共荣互促的关系。本书的研究立意正是来源于此，传统粗放型的经济增长模式已无法满足当前社会发展需要，激发了严重的社会、人口、资源与环境间的矛盾，城市蔓延式的土地扩张态势和粗放的土地利用方式也对城市经济发展和空间转型形成严重制约。因此，人们要摒弃旧的唯经济论的发展导向模式，而应从可持续发展的角度，在保护生态环境和节约资源的基础上，不断完善产业结构、积极创新，采取集约、低碳、绿色的经济发展模式来推动经济的持续增长，采用内涵提升式的土地利用方式，严格控制土地增量规模，持续挖潜存量土地的再利用潜能，推动城市土地的空间转型，促进城市发展的提质增速。

第二章

福州市建设用地利用的
现状与问题分析

第一节　福州市建设发展概况

一、自然地理特征

福州市是福建省的省会城市，位于我国东南沿海地区，东部与台湾海峡相连、隔海相望，西部与三明市和南平市接壤，南部与莆田市相邻，北部相靠于宁德市。福州市现辖六区、六县和一县级市，其中六区为鼓楼区、台江区、仓山区、晋安区、马尾区和长乐区，六县包括闽侯县、闽清县、连江县、永泰县、罗源县和平潭县，县级市为福清市。福州市自东向西最长距离达 128 千米，自南向北最长距离达 145 千米，截至 2021 年底，全市总面积为 11 968 平方千米，城区规划面积达 1 043 平方千米，全市总人口规模为 842 万人，市区常住人口为 267 万人，城镇化率为 73%；2021 年，福州市的 GDP 为 11 324.48 亿元。①

福州市境内皆以山地和丘陵为主，自西北部向东南部贯穿着闽江流域（福建省最大河流），由河流中所携带的沙土堆积于闽江下游，最后在福州盆地内形成了市域内最大平原。加之地壳运动、海洋、河流等动力作用，在福州市东部地区形成另一平原，即长乐东部平原。福州市年平均气温 17 ～

---

① 福州市统计局、国家统计局福州调查队．2021 年福州市国民经济和社会发展统计公报［EB/OL］．福州市统计局网站，http：//tjj. fuzhou. gov. cn/zz/zwgk/tjzl/ndbg/202203/t20220331_4336407. htm，2022－03－25.

21℃，降雨量位居全国城市前列。闽江河流的年净流量为全国第七，为福州市带来了极为丰富的淡水资源。总体来说，独特的自然地理条件造就了福州市气候温和、雨量充盈、气候宜人等优越条件，其居住条件良好，土地条件适合多种生物和农作物生长，生物、矿产和能源资源丰富。

二、社会经济发展情况

福州市坐落于我国东部沿海地区，是东南沿海重要的贸易城市和我国海上丝绸之路的门户，在海峡西岸经济区中占据政治、经济、文化中心的重要地位。作为东南沿海重要的交通枢纽和闽东南战略的中心地区，福州市承接着推动海峡西岸经济发展、加快闽东区发展建设的重大使命。福州市市域面积由四大经济区组成，分别是闽江中心经济区、沿海南翼经济区、沿海北翼经济区和西部山区经济区。其中，闽江中心经济区主要包含闽江两岸的市中心区域，作为福州市发展的核心，它集中体现了作为海峡西岸中心城市在经济、金融、文化、教育、科教等领域所发挥的综合职能，在推动市域经济发展上起到关键作用，并为闽台两岸交流合作搭建了广阔的平台；沿海南翼经济区辐射范围包括马尾区、琅岐、长乐市区、青口、上街、甘蔗等城镇，该区域受到中心经济区的辐射影响，不断完善基础设施建设，吸引人口与产业集聚，承接着中心区过度饱和的发展压力，最终形成规模发展，促进闽江口经济发展圈的繁荣；沿海北翼经济区包括航空城、江阴港口、福清湾、罗源湾等，主要利用自身港口优势，内联外引，旨在成为福州市域新的经济增长点；西部山区经济区包含了凤城、罗源、梅城、樟城及渔溪、龙田等城镇，主要根据各自的资源禀赋优势，发展区域特色经济。各经济发展区都旨在成为市域经济发展的新增长点，在发展建设过程中必然要对区域空间进行合理布局，集约利用土地资源，严格控制土地增量规模，注重资源节约与生态环境保护。

福州市市域土地面积为 11 968 平方千米，其行政区划包括六区、六县和一个县级市，截至 2021 年底，建成区面积为 416 平方千米，城市户籍人口为723.36 万人。① 根据《福州市城市总体规划（2011—2020 年）》中对于城区

---

① 福州市统计局，国家统计局福州调查队 . 2021 年福州市国民经济和社会发展统计公报［EB/OL］. 福州市统计局网站，http：//tjj. fuzhou. gov. cn/zz/zwgk/tjzl/ndbg/202203/t20220331 _4336407. htm，2022－03－25.

范围的界定，本书将研究范围设定为福州市的中心城区，其范围包含鼓楼区、台江区、仓山区、晋安区、马尾区和长乐区共6区。

福州市是我国最早实施对外开放的沿海港口城市之一，同时还是著名的历史文化名城、全国宜居城市、全国文明城市。改革开放以来，福州市的经济建设、社会事业建设、产业发展、人口规模等方面都呈现持续发展态势。

（1）经济发展概况。

2019年地区生产总值实现9 392.3亿元，其中，三大产业的增加值分别为526.47亿元、3 830.99亿元、5 034.84亿元。三大产业占福州市地区生产总值的比重分别为5.6%、40.8%、53.6%，如表2-1所示。

表2-1　　　　　2009年与2019年福州市三大产业总值及所占比重

项目	第一产业	第二产业	第三产业
2009年产值（亿元）	241.92	1 108.28	1 253.85
所占比重（%）	9.29	42.56	48.15
2019年产值（亿元）	526.47	3 830.99	5 034.84
所占比重（%）	5.6	40.8	53.6

资料来源：福州市统计局，国家统计局福州调查队编．福州统计年鉴（2009-2019）［M］.北京：中国统计出版社，2009-2019.

2019年福州完成地方公共财政收入（不含基金）749亿元；完成固定资产投资5 330.27亿元，较上年增长5.9%；社会消费品零售总额达到4 549.41亿元，同比增长9.6%。民间投资增长迅猛，不仅提高了自身在固定资产投资中的比重，也有力推动固定资产投资总额的增长。[①]

（2）产业结构变化。

改革开放以来，福州市经济增长持续加快，实力不断增强，经济外向度和市场化程度较高，产业升级步伐不断加快。数据显示，从2010年到2019年，福州市GDP总值由3 123.41亿元增至9 392.3亿元，涨幅高达3倍。其中，第一产业由282.73亿元增至526.47亿元，第二产业由1 401.92亿元增至3 830.99亿元，第三产业由1 438.76亿元增至5 034.84亿元。三大产业

---

① 福州市统计局，国家统计局福州调查队编．福州统计年鉴（2020）［M］.北京：中国统计出版社，2020.

结构由 9.05∶44.88∶46.07 转变为 5.6∶40.8∶53.6。第一产业与第二产业占 GDP 总量的比重持续下降，第三产业占比逐渐提高，自 2014 年以来，福州市第三产业占比居首，成为市域经济总量的最大推动力（见图 2-1）。

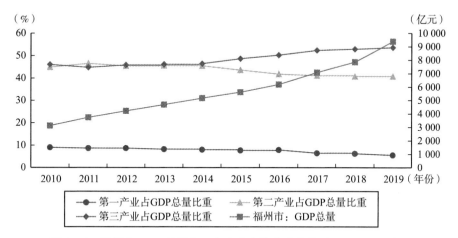

图 2-1 福州市 GDP 总量和三大产业产值比重变化（2010～2019 年）

资料来源：福州市统计局，国家统计局福州调查队编. 福州统计年鉴（2010-2019）[M]. 北京：中国统计出版社，2010-2019.

三大产业呈现出投资结构不断优化的局面，其中工业投资继续保持稳步增长，而第三产业投资目前占据了地区生产总值的主导地位。高科技新型产业的投资增势良好，积极促进产业结构的转型升级。

（3）基础设施。

2010 年以来，福州市基础设施和公共服务设施全面改善，文化事业投入加大，生态文明建设成绩显著。为了响应新型城镇化进程中关于集约利用土地的倡议，福州市的建设用地、道路面积和住宅面积近年来都出现了缓慢增长至零增长，进一步推动城市向内涵式增长模式迈进。

（4）人口增长。

2000 年前，福州市的人口每年都呈快速增长态势，1980～2000 年间，福州市人口由 449.85 万增至 589.23 万，增幅为 30.98%。2000 年以后，城市人口增速放缓，人口自然增长率也大幅下降（见图 2-2）。人口红利在城市发展进程中的优势逐渐减弱，势必要求城市调整发展方式，以结构性改革助推城市实现新一轮的发展。从福州市人口总量（包括市区人口总量）与城镇化率的关系变化可以看出，福州市人口总量增幅较小，比较平稳，而城镇化水平不断提高，增幅较大。

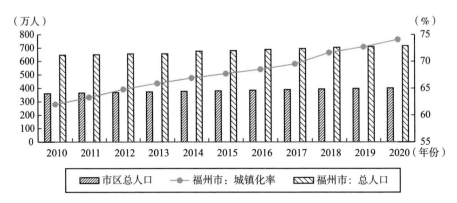

图2－2　福州市人口总量与城镇化率变化（2010～2020年）

资料来源：福州市统计局，国家统计局福州调查队编．福州统计年鉴（2010－2020）［M］．北京：中国统计出版社，2010－2020．

三、城市建设用地利用及发展现状

（一）基本概况

改革开放以来，福州按照"东扩南移"和"跨江面海"的总体规划逐步推进城市建设。关于"东扩南移"规划，《福州城市总体规划（1995—2010）》中明确指出，福州在新时期城市建设中应加快速度发展东向的长乐、马尾等地，并将南面的南台岛作为重点开发对象，大力发展金山、福厦高速沿线一带经济，将其打造成为福州后花园。"跨江面海"规划则于2004年提出，依据这一规划，福州将海峡西海岸拓展为又一经济开发重点区域，致力于打造一个新型滨海城市。《福州新区总体规划（2015—2030年）》中对福州新区建设重新进行了部署，将马尾新城列为发展中心，其开发建设区域由江阴半岛一直延伸到罗源湾，整体建设范围达到1 892平方千米，建设区域内共有马尾、长乐、仓山等6个县市区，涵盖60个乡镇。① 福州新区是福州沿

① 《福州新区总体规划（2015—2030年）》（草案）公示［EB/OL］．福州新闻网，http：//gov. fznews. com. cn/node/11007/20170620/5948963850b90. shtml，2017－06－20．

海开发核心地带，也是福州市建设推进海西战略的重要一环，其发展目标不仅在于将福州打造成为内地新型滨海城市，更在于和平潭对接，以及向台湾地区形成辐射影响。经国务院批准，福建自贸区于 2014 年末正式成立。这一自贸区面积为 51.36 平方千米，涵盖福州多个报税港区，例如江阴等。截至 2020 年底，福州市构建"一主一区两副"的中心体系格局。形成 1 个特大城市（福州中心城区）、2 个大城市（福清市、平潭岛）、2 个中等城市（长乐区、连江县）、4 个小城市（闽清县、永泰县、罗源县、闽侯县）以及若干个小城镇，并构建"一主一区两副"的中心体系格局。

福州市 1978 年城市建设用地面积仅 34.3 平方千米，到 2009 年，城市建设用地面积为 149 平方千米，到 2019 年，城市建设用地面积为 237 平方千米。[①] 在国家政策指引下，福州开始城市建设新阶段，并逐步形成了"东扩南进西拓"的整体发展思路，将"沿江向海"作为城市建设的总体方向。依据城市发展整体规划，福州城市建设规模不断增大，城市化水平得以不断提升。城市化水平的不断提升必然带来城市人口数量急剧增加，工业、服务业也随之迎来了发展高峰期，二、三产业在福州产业总产值中的占比越来越大，成为推动地方经济发展的重要力量。城市为人们提供了生产生活的重要场所，人类需求增加需要城市规模也随之不断扩大。应城市发展之需，福州市的空间规模不断扩张，城市建设用地面积也随之增长，但其城市空间规模的扩张速度远落后于城市经济规模的发展速度，且土地粗放扩张、资源浪费等现象频发。这种情况下，城市建设必须对整体架构进行必要的完善，避免城市发展出现无序状态，这成为当下城市发展需要解决的重要问题之一。

（二）利用现状

2019 年，福州市建设用地总面积 237.00 平方千米，占土地总面积的 5.44%。其中，城镇工矿用地主要分布于仓山区、晋安区、闽侯县、长乐区和福清市，共 327.26 平方千米，占全市同类用地总面积的 66%；农村居民点用地主要分布于长乐区、闽侯县、连江县与福清市，总规模为 334.14 平方千米，占同类用地总面积的 57%；水利交通用地主要分布于长乐区、闽侯县、闽清县与福清市，总面积为 167 平方千米，占同类用地总面积的 64%；

---

① 福州市统计局，国家统计局福州调查队编 . 福州统计年鉴（2020）［M］. 北京：中国统计出版社，2020.

其他用地主要分布于连江县和福清市，总面积为 76. 1 平方千米，分别占福州市其他建设用地与土地总面积的 51. 54% 和 0. 62% 。[①]

福州市建设用地主要有以下几个特征：第一，土地资源十分紧缺。福建省因其多山多丘陵的地貌而被赋予"八山一水一分田"称号，福建省总面积中，80% 以上均被山地、丘陵所覆盖，其人均土地面积仅为全国平均水平的 1/2，土地资源极为贫乏。福州市虽为福建省的省会城市，其土地资源却是全省最为贫乏的设区市之一。第二，城市建设用地多分布于沿江及沿海地区，辐射范围较为集中，其中，以中心城区以及闽侯、长乐、福清等经济水平较高的县市分布最广，占福州市建设用地总面积的近 70% 。第三，福州市耕地后备资源缺乏，但滩涂面积较大，具有一定的开发潜力。山多地少的自然地理条件决定了福州市耕地资源有限，人均耕地面积更是少于全省平均水平，也是全国人均耕地面积最少的城市之一，耕地后备资源有限，大大限制了城市规模的横向发展。随着城镇化的推进，建设用地规模不断扩大的同时也增加了占补平衡的难度。另外，福州市的滩涂面积较为充足，占全市未利用面积总量的四成，滩涂总面积为 62 859 公顷，具有较大开发潜力，一定程度上弥补了耕地后备资源不足的困境，也为未来临港工业的发展提供了充足的空间。[②]

（三）未来城市空间发展规划

在 2020 年 12 月 25 日召开的福州市第十一届委员会第十二次全体会议上通过了《中共福州市委关于制定福州市国民经济和社会发展第十四个五年规划和二〇三五年远景目标的建议》[③]，会上提出要提升省会发展能级，做强做优福州都市圈。其中，关于国土空间规划布局的主要内容如下：

1. 健全完善国土空间规划体系

紧抓目前我国大力发展城市群、都市圈的时代机遇，不断完善城市空间布局，构建高质量、现代化、健全的城市空间开发保护格局。继续强化中心城区的政治、经济、文化中心地位，着重开发滨海新城临港临空经济、数字经济等新兴产业，打造串联港口群、产业群、沿海城市群的滨海发展轴，继

---

①② 福州市土地利用总体规划（2006—2020）［EB/OL］. 福州市人民政府网站，http：//www. fuzhou. gov. cn/ghjh/ztgh/201608/t20160802_136785. htm.

③ 福州"十四五"规划和 2035 年远景目标建议全文来了［EB/OL］. http：//m. fztvapp. zohi. tv/ page_news_list/p/177196. html，2021 - 01 - 05.

续构建闽台两岸的沿江经济发展轴，协同推进环罗源湾港口和临港制造发展翼、江阴湾和福清湾临港产业及滨海休闲发展翼建设，从空间布局上多方面、全方位地构建"大福州"区域发展格局。

2. 以高标准推进新区新城的建设

对标雄安新区的开发建设标准，全力推进福州新区的发展，联合老城区逐步扩大中心城区的辐射范围，发挥各区优势产业和发展潜能，加快滨海新城、福州（长乐）航空城、三江口片区的开发与建设，并统筹闽江口岸、江阴港、福清湾共同形成沿海片状发展趋势，打造人口、产业、城市融合发展的现代化国际大都市。

3. 以城市更新提升城市发展质量

持续加快城市更新进程，统筹城市产业分别和人口分布，提高城市资源要素的优化配置效率。首先，开展新一轮的以老旧小区改造和构建城市品质化中心城区为主要内容的综合提升工作；其次，构建闽江两岸绿化商业景观带，打造贯穿闽江流域的沿江岸线，进一步推进整体环境提升规划；再次，大力保护老城区中的历史区域、文化街道、名流古迹等传统历史风貌，以保护为主对其进行修护、延续和传承，不断完善对这些历史风貌的保护；最后，加大力度改善城市通达程度，加大公共交通的投入，加快轨道运输、高速路网等交通设施修缮工作，优化城市与周边地区、县市和乡村的交通连接，这是城市更新和提质增速的重要保障，也是促进城市与周边资源要素流通的重要渠道。

4. 强化省会能级，全面促进区域协同发展

以我国区域总体规划布局为指导纲领，强化福州市的省会作用，加快构建"大福州"都市圈，以福州为发展中心牵引闽东和闽北地区城市片区共同构建闽东北协同发展体系，促进平潭县的一体化发展，打造闽台两岸的对话窗口与祖国统一的前沿平台，扩大对海上丝绸之路沿线国家的辐射效应，进而推动海峡西岸城市群乃至粤闽浙沿海城市群的共同繁荣。

第二节　福州市建设用地利用特征

城市土地的利用状态随着空间和时间的变化而变化，不同时期随着城市空间部署的差异而呈现不同的利用特征。分析城市建设用地的利用特征与变

化规律,可以让城镇化进程和空间结构变化的规律与矛盾充分展现出来,进而从土地内部变化规律出发挖掘更为合理的土地利用模式,通过土地资源的优化配置进一步提升土地的综合利用效率。在可持续发展视角下,城市用地的空间发展应同时结合增量用地严控与存量用地优化,故本书将城市建设用地变化特征分为存量用地更新特征和增量用地扩张特征。

一、存量用地更新特征

传统的城市发展模式使福州市的城市建设用地存在功能失衡、人口密度大、基础设施用地少、绿化空间不足等问题,福州市二环以内的市中心吸引了大量社会人口的入驻,但三环以外的地区分布着工业区、职工住区和相关配套措施。福建省住房和城乡建设厅(以下简称"省住建厅")发布了《关于固化 2019 年棚改项目清单和公布 2020 年公租房棚改项目清单的通知》,全省共有 92 个项目列入"2020 年公租房棚改项目清单",其中福州市有 16 个项目,这些棚户区主要集中在鼓楼、晋安、台江、马尾和闽清 5 个区县;福州市的工业区主要分布在仓山区、马尾区、仓山区、鼓楼区,城中村主要分布较为零散,分布在仓山、马尾、连江、罗源、长乐和福清等区县。从城市更新的整体情况来看,福州市针对老旧工业区、城乡结合部、城中村、棚户区等地的改造与更新主要围绕着物质空间的改善而展开,如建筑形象的翻新、空间环境的提升、基础设施的加强等,并未切实考虑到城市更新与存量用地再利用综合效益,导致区域用地矛盾较为突出,不利于福州市城市环境的改造以及经济产业结构的调整,反而导致城市交通拥堵的情况较为普遍。具体来说,福州市建设用地存量更新的特征可以总结为以下四方面:

1. 更新目标

福州市针对存量用地展开的城市更新目标呈多样化、复合化特征,不再单一地追求经济效益,而是结合生态环境保护与资源节约的可持续发展理念,追求社会效益、经济效益与生态效益的全面综合提升。在经济目标方面,以经济发展为前提,同时调整产业结构,大力推进绿色产业、现代服务产业、数字产业等新兴产业的发展以提升城市土地的经济利用效益;在社会目标方面,不断完善基础设施与服务功能,创造更多就业机会,优化产业结构,保留文化建筑、加强文化传承,保障民生生活质量;在生态目标方面,控制经营性建筑的开发强度,开发城市生态保护带,增加城市绿化休闲空间,不断升级污染治理技术措施等。

2. 更新对象

福州市的存量用地更新主要围绕着老旧工业区、老城区、开敞空间、城乡结合部、城中村、棚户区等物质空间展开。以物质空间为主要对象的城市改造是城市存量更新的基础，但同时也不能忽视城市历史风貌、文化传承、社会风气、关系网络、政策体制等关乎城市长续发展的无形资产的更新与改造。在物质空间改造方面，老城区的改造主要以建筑风貌的翻新与历史文化建筑的修整为主，老旧工业区的改造主要以重启企业活力、复兴经济或吸引文娱、旅游产业进驻为主，城中村与棚户区的改造与更新主要以明晰产权关系、安置农民工生活就业等为主。福州市积极响应省住建厅《关于固化 2019年棚改项目清单和公布 2020 年公租房棚改项目清单的通知》，结合城市道路征拆房屋，共改造棚户区项目 16 个。

3. 更新手段

福州市对存量土地的更新主要是由政府发起并主导的围绕城市中的老旧工业区、城中村、棚户区等用地进行拆旧重建、空间整顿等，并转为房地产开发用地、公共服务设施、生态绿化用地等，用来安置新流入的社会人口，通过增加社会岗位、完善基础设施建设等解决现存的各种社会问题。比如福州市从 2000 年开始加强了城中村改造，从苍霞棚屋区改造开始，接着进行了南江滨旧屋区改造，2009 年，实行了"1 800 万平方米旧城改造"计划。福州市的城市更新主要围绕着对土地利用空间的拆旧重建和整治翻新的手段展开，主要对象有老城区单体建筑的建筑立面和内部设施、旧居民区、基础设施、公共服务场地、绿化景观、静态交通设施等，总体而言，城市更新与整治工作仍有进一步改善与提升的空间。

4. 更新主体

福州市的城市更新主要由政府、开发商与居民共同发挥作用，其中，政府为主导作用，开发商与居民在相关城市土地利用与空间布局规划下发挥其作用，共同推进城市中的更新、改造与拓展。《福州市中心城区工业企业搬迁改造实施方案》① 规定为了加快推进中心城区工业企业退城入园、改造提

---

① 中共福州市委办公厅市人民政府办公厅关于印发《福州市中心城区工业企业搬迁改造实施方案》[EB/OL]. 福清市人民政府网站，http://www.fuqing.gov.cn/xjwz/ztzl/rqdt/tzzn/201709/t20170917_1685095.htm，2014－06－11.

升、转型发展，优化城市功能布局，拓展企业发展空间，提高土地利用效率，鼓楼、台江、仓山、晋安等中心城区要采取"搬迁一批、关闭一批、提升一批"的方式加强工业企业搬迁改造。预估到 2030 年，全市三环内的城乡结合部、城中村、棚户区等存量用地将完成全部的搬迁和改造工作。福州市在城市更新过程中总体呈现政府主导、开发商和居民处相对被动的状态，这一现象可能导致对城市更新与存量用地再开发后的实施效果无法进行精准的评估。

总体而言，福州市在城市更新与存量用地再利用过程中，应厘清城市现有的存量建设用地规模与再利用范围，具体评估和分析目前存量用地再利用的现状与发展制约，探求城市更新的突破口，挖掘城市存量用地再利用潜力，寻求存量用地再利用和用地效率提升的可行性路径，以期推动城市土地的优化利用与城市空间发展的转型升级。

二、增量用地扩张特征

本部分利用福州市 2005～2019 年城市建设用地数据来统计城市建设用地类型、数量、强度、速度、方向等特征，从而对城市空间的增量扩展特征进行分析。

1. 数量变化特征

研究期内城市建设用地规模上"量"的改变及显现的特征被称为城市用地数量变化特征，其在实证分析指标上常常表征为各类测度指数，本研究采用土地扩张强度、扩张速度、扩张弹性和异速增长系数四个测度（见表 2 - 2）。

表 2 - 2　　　　　　城市建设用地变化特征的测度指数一览

测度指数		解释	公式
速度与强度	扩张速度	通常可以用土地年均面积来表示，体现了城市建设用地利用变化的总体趋势	$V = \dfrac{A_{t+n} - A_t}{n}$
	扩张强度	常用来表示城市建设用地的变化节奏（如强弱、快慢），反映了城市建设用地的利用规模与强度变化	$I = \dfrac{V}{A_t} \times 100\%$

续表

测度指数		解释	公式
合理性	扩张弹性	通常可用来检验人口总量增速与土地利用扩张速度间的关系是否合理	$R_i = \dfrac{A_i}{Pop_i}$
	异速增长系数	通常可用来表征人口总量增速与土地利用的异速增长关系（可用系数 b 表示），若 $b > 0.85$，说明土地扩张速度快于人口增速；$b < 0.85$ 则说明土地扩张速度慢于人口增速	$A_i = aPop_i \times b$

注：公式中，n 代表研究期时间段范围；V 表示土地扩张速度；A_t 和 A_{t+n} 分别代表研究期时间段内城市建设用地总面积或总规模；I 代表 $t \sim t+n$ 时段内土地扩张的强度指数；R_i 为第 i 时段内土地扩张的弹性指数；A_i 为第 i 时段的年均用地面积增长率；Pop_i 为第 i 时段的年均人口增长率；a 为比例系数；b 为异速生长系数。

资料来源：Wang Wei-fang，王维方. 重庆市区域建设用地集约利用：测度，特征及影响机理 [J]. 2013 年海峡两岸土地学术交流会，2013.

（1）速度与强度。

以 2005 年为基准点，通过表 2 - 2 中的公式可以计算出 2006～2019 年的规模变化量、扩张速度、扩张强度指数①：2006～2019 年福州城市建设用地扩张速度为 5.39 平方千米/年，14 年期间整体扩张速度增长了 1.82 倍（由 2006 年的 -11 平方千米增至 2019 年的 9 平方千米）。由表 2 - 3 的数据结果可以发现，2010 年、2017 年和 2018 年这三个年份福州市建设用地总规模出现大幅度波动，这是由福州市针对市域行政区划进行调整所致。通过表 2 - 2 的公式计算得到，2006～2019 年期间，福州城市建设用地的扩张强度指数为 2.38%，扩张的态势呈现先增加后降低的特点。本书将 2005～2019 年这一研究期分成三个时段，根据表 2 - 2 的公式加以计算，得出三个时段的扩张强度指数分别为 18.15%、3.06% 和 2.13%，说明城市建设用地扩张速度与强度呈放缓趋势。出现这种变化态势的原因是福州市在 2010 年之前没有科学规划城市建设用地，导致城市建设用地盲目扩张较为严重，接下来几年，福州市因为盲目扩张导致城市建设用地面积不断减少，只能通过规划来进行扩张，但由于土地资源的刚性约束，其空间扩张程度极为有限。此外，通过与相邻时期用地扩张的年均变化率比较发现，福州市建设用地扩张趋势在 2011 年后逐步减缓（见表 2 - 3）。

———————————

① 福州市统计局，国家统计局福州调查队编. 福州统计年鉴（2005 - 2019）[M]. 北京：中国统计出版社，2005 - 2019.

表2 - 3   2005～2019年福州市建设用地扩张强度指数一览

年份	建设用地总面积 （平方千米）	规模变化量 （平方千米）	扩张速度 （平方千米/年）	扩张强度指数 （%）
2005	158	—	—	—
2006	147	– 11	11	6. 96
2007	147	0	5. 5	3. 74
2008	131	– 16	8. 7	5. 92
2009	149	18	2	1. 53
2010	235	86	15. 4	81. 05
2011	220	– 15	10. 3	4. 38
2012	220	0	8. 9	4. 05
2013	227	7	8. 4	3. 82
2014	233	6	8. 1	3. 57
2015	239	6	7. 9	3. 39
2016	243	4	7. 5	3. 14
2017	273	30	9. 4	40. 87
2018	227	– 46	5. 1	1. 87
2019	236	9	5. 4	2. 38

资料来源：笔者根据《福州统计年鉴》（2005 - 2019）中的数据计算所得。

（2）合理性。

通过深入研究和分析我国城镇化发展进程，中国城市规划设计院将城市建设用地的扩张弹性系数设为1.12。由上述公式测算得到相关数据结果（见表2 - 4），发现大部分研究期中福州市的建设用地扩张弹性系数均高于1.12。只有2011～2016年的用地扩张速度比人口增长的速度快，2006～2019年和2017～2019年的用地扩张速度均比人口增长的速度慢，显得较不合理，而且2017～2019年的用地扩张速度比人口增长的速度慢了很多，处于非常不合理的状态。福州市城市人口增加速度过快，2019年，福州市城镇化率达到了 70.5%①，在福建省仅次于厦门市，城镇规模与城市人口规模不断扩大，但城市土地面积的增加受到制约，城市规模扩张趋于平缓，可以初步判断福州市整体空间发展模式较不合理。但仅由城市用地扩张弹性系数的高低无法完全判断土地扩张态势是否合理，这主要是由于城市人口规模的扩大与建设用地扩张之间是异速增长发展关系，而非简单的线性关系。故而根据表 2 - 2 中的相关公式，采用 SPSS 软件进一步测算出土地异速增长系数 b 的数值为 1.647，Adj. R^2 为 0.847（该数值大于标准系数 0.85），进而论证了福州市在研究期内（2006 ~ 2019 年期间）城市非农人口增长速度高于建设用地的扩张速度，其城市建设用地呈负异速增长状态。

表 2 - 4　　　　　　　　2005 ~ 2019 年福州市用地扩张弹性系数一览

年份	建设用地总面积（平方千米）	非农业人口数量（万人）	面积年均增长率	人口年均增长率	扩张弹性系数
2005	158	145.76	—	—	—
2006	147	237.8	- 6.96	37.45	- 0.19
2007	147	244.97	0	3.02	0
2008	131	262.91	- 10.88	7.32	- 1.49
2009	149	264.01	13.74	0.42	32.71
2010	235	266.35	57.72	0.89	64.85
2011	220	277.79	- 6.38	4.30	- 1.48
2012	220	270.08	0	- 2.78	0
2013	227	265.48	3.18	- 1.70	- 1.86
2014	233	276.37	2.64	4.10	64.39
2015	239	380.85	2.56	37.80	6.77
2016	243	386.63	1.67	1.52	1.10
2017	273	393.21	12.35	1.70	7.26
2018	227	418.62	- 16.85	6.46	- 2.61
2019	236	428.69	3.96	2.41	1.64

资料来源：笔者自行计算所得。

---

① 福州市统计局，国家统计局福州调查队编. 福州统计年鉴（2020）［M］. 北京：中国统计出版社，2020.

综上所述，福州市建设用地的数量变化自 2005 年以来呈现先增加后降低，再突增继而再下降的态势，波动较为明显，之所以在 2014 年出现突增的现象，是因为福州市国土规划局对福州市城市建设用地加大了规划管理力度，福州市为了响应打造"美丽福州"的号召，增加了城市建设用地的扩张规模。就 2019 年的数据结果来看，福州市市域建设用地的年均扩张增速约为 9 平方千米/年，然而其扩张强度仅为 1.64%。通过比较，说明 2019 年后福州市建设用地的外部空间扩张速度高于非农人口规模的增长速度，说明城市建设用地的扩张处于较不合理的状态（见表 2 - 4）。

2. 空间变化特征

城市建设用地在空间上的地理位置、布局、安排、承载的产业形态、建筑物距离等多方面综合作用下形成的空间发展特点与趋势称为城市空间变化。因此，城市空间的发展与城市用地的空间形态、空间布局息息相关。本书围绕着城市土地的空间形态与空间分布对福州市建设用地的变化特征与规律展开分析，为接下来欲展开的城市建设用地利用的影响机制与影响因素的研究进行铺垫。

（1）空间形状变化特征。

在实证研究中，多以紧凑度和分形维数这两个指数来表征城市空间的形态特征与变化规律。其中，紧凑度［式（2.1）］表示一定区域范围内土地在空间上的集中程度和利用密度，也可以一定程度上理解为土地在空间上的集约利用度，取值通常在 0~1 的范围内，若数值越大，则空间形状无限趋于圆形，说明城市建设用地在空间上的集约程度越高，土地的空间利用程度越集中、空间布局越紧凑；数值越小则说明城市建设用地的空间集约利用程度越低、空间形状愈加分散。分形维数（fractal dimension）指数一般被用来定量斑块的分形特征，该衡量参数反映了斑块边界形状的不规则性。在研究中，可将城市用地在空间上的利用形态和空间形状看作各种斑块形状，利用分形维数这一参数来衡量城市土地在空间上的利用是否具备稳定性，进而探究城市土地利用的影响因素及其作用程度，根据公式（2.2）计算所得，取值范围为 1~2，结果数值越大，则建设用地斑块形状越不规则，说明城市建设用地的空间利用受人为影响的程度越大。

$$C_t = \frac{2\sqrt{\pi A_t}}{L_t} \qquad\qquad (2.1)$$

$$D_t = \frac{2\ln\dfrac{P}{4}}{\ln A} \tag{2.2}$$

式（2.1）与式（2.2）中，C_t、D_t 分别代表 t 时期城市建设用地的紧凑度与分形维数，A_t、L_t 则分别表示 t 时期内城市用地的斑块面积与周长。

本书运用 ArcGIS 软件中的地理统计功能，根据紧凑度与分形维数公式 [式（2.1）、式（2.2）] 分别对 2005 年、2010 年、2015 年、2019 年福州城市建设用地的面积和周长进行计算，根据计算结果（见表 2 - 5）可知，研究期内，福州中心城区用地的分形维数均大于 1.5，说明城市建设用地在空间上处于不规则的斑块利用形态，也表明了中心城区用地在利用空间上呈现不稳定的趋势，进一步说明城市建设用地的空间利用和扩张受人为因素的影响较大，且该趋势愈发明显，说明福州市建设用地的空间规模不断扩大，呈现增量土地不断扩张的状态。此外，福州市中心城区的紧凑度指数接近于 1，表示其城市建设用地在空间上呈现的形状趋于圆形，说明中心城区用地的空间利用程度比较集中、空间布局较为紧凑。

表 2 - 5　　　　　　2005 ~ 2019 年福州建设用地紧凑度、分形维数一览

项目	2005 年	2010 年	2015 年	2019 年
紧凑度	0.6805	0.6410	0.6052	0.5963
分形维数	1.5119	1.5197	1.5352	1.5399

（2）空间分布特征。

空间重心这一概念常被用作评价城市建设用地空间形态特征的参考指标之一，其主要评价指标包含重心迁移率和重心迁移距离，总的来说，空间重心是保持城市土地空间均匀分布的平衡点。本书利用空间重心轨迹，围绕研究期内福州市建设用地的空间布局形态进行针对性的定量分析，探究福州市建设用地在空间上的形态与变化特征，以期进一步探析福州市用地的空间利用状态与扩张发展趋势。关于空间重心的具体公式如式（2.3）、式（2.4）所示，结合各研究时期内福州市城市用地的重心坐标，进一步计算出城市重心迁移率与重心迁移距离 [式（2.5）、式（2.6）]。

$$X_t = \frac{\sum\limits_{i=1}(C_{ti} \times X_i)}{\sum\limits_{i=1} C_{ti}} \tag{2.3}$$

$$Y_t = \frac{\sum\limits_{i=1}(C_{ti} \times Y_i)}{\sum\limits_{i=1} C_{ti}} \tag{2.4}$$

$$d = \sqrt{(X_{t+1} - X_t)^2 - (Y_{t+1} - Y_t)^2} \tag{2.5}$$

$$V_{t+1,t} = \frac{\sqrt{(X_{t+1} - X_t)^2 - (Y_{t+1} - Y_t)^2}}{\Delta t} \tag{2.6}$$

其中，X_i、Y_i 表示第 i 个城市地块的几何中心坐标；X_t、Y_t 分别代表重心迁移前的坐标，X_{t+1}、Y_{t+1} 分别代表重心迁移后的坐标；C_{ti} 表示第 i 个地块面积，d 为重心迁移距离，$V_{t+1,t}$ 为在 Δt 内建设用地的年均迁移速率，t 为建设用地重心迁移的时间间隔。

利用 ArcGIS 软件中的 Calculate Geometry 功能，根据公式 (2.3)、公式 (2.4) 分别计算福州市 2005 年、2010 年、2015 年、2019 年建设用地的重心坐标，计算出研究期内 (2005~2019 年) 的重心迁移距离与重心迁移速率 (见表 2-6、表 2-7)。接着，利用 ArcGIS 软件中的 Add XY Data 功能绘制出福州 2005~2019 年城市建设用地重心迁移距离和速率表 (见表 2-7)，根据结果可以看出，福州市城区用地的空间重心转移方向为东向西南逐渐移动；其中，2005~2010 年期间，闽清县开始大力度地开发建设工作，中心城区用地向西迁移距离幅度较大，并在此区位形成较大的人口聚集效应。自 2011 年起，福州市用地开始向南和向东迁移，这一空间位置变化特征正是响应了福州市"北约、南拓、中兴"的空间发展策略。自 2015 年开始，福州市建设用地的空间迁移距离逐渐缩小，这一空间变化说明了福州市中心城区用地的空间开发与建设活动基本完成。

表 2-6 　　　　　　　　　2005~2019 年福州建设用地重心坐标一览

年份	重心坐标 X	重心坐标 Y
2005	5 073 659.984	1 153 005.378
2010	5 072 148.798	1 153 370.118

年份	重心坐标 X	重心坐标 Y
2015	5 072 257. 116	1 152 612. 880
2019	5 072 174. 259	1 152 605. 728

资料来源：笔者自行计算所得。

表 2 - 7 　　　　2005 ~ 2019 年福州建设用地重心迁移距离与速率一览

项目	2005 ~ 2019 年	2005 ~ 2010 年	2011 ~ 2015 年	2016 ~ 2019 年
重心迁移距离（米）	1 430. 909	1 466. 406	757. 238	82. 5467
重心迁移速率（米/年）	95. 386	293. 281	151. 45	20. 6375

资料来源：笔者自行计算所得。

综上所述，在研究期内（2005 ~ 2019 年）福州市建设用地斑块的变化状态呈无规则形，其空间形状趋于圆形，空间变化的稳定性较差；在城市建设用地的空间重心迁移方面，其区位方向逐渐向西南迁移，这是由于西南方向的永泰县基本上是福州市面积最大的县，其人口却不是福州市最多的，福州市中心城区的用地需求可通过加大对永泰地区用地规模的投入得以满足。城市用地的空间迁移距离在 2005 ~ 2010 年研究期内达到最大，其重心坐标于 2015 年后趋于稳定，空间重心迁移距离缩小，该空间变化和迁移趋势也与福州市的空间变迁方向趋向一致。

三、建设用地变化趋势

城市化过程伴随着城市建设用地的动态扩张，这一过程的实现与城市经济增长、劳动人口不断向城市聚集等原因有关，通过对福州市建设用地增量扩张与存量更新的特征进行分析发现，福州市建设用地呈现阶段性增长态势，总体呈现东进南扩的特征。

（一）用地面积呈阶段性增长趋势

福州市建设用地规模扩张呈阶段性增长趋势，用地面积经历了快速增长到平缓增长，再到快速增长的历程。具体来说，2005 ~ 2011 年期间，在城镇化进程的迅速推进下我国大部分城市纷纷开始大规模的开发建设，许多城市建设用地规模不断向外扩张，用地面积呈井喷式增长。该阶段的福州市受政策因素驱动，对经济技术开发区进行大规模投入建设，并对旧城区的工业及仓储用地开展"退二进三"规划，城市建设用地规模不断扩张，建设用地面积快速增长；2011～2015年间，福州市委办公厅发布了《福州市中心城区工业企业搬迁改造实施方案》，呼吁福州市加快推进中心城区工业企业退城入园、改造提升、转型发展，优化城市功能布局，从而促进了福州市工业企业搬迁改造工作，用地增长暂时出现放缓态势；2015年开始，福州市进入新一轮的城市空间规划和发展阶段，根据新的城市空间发展策略，城市建设用地规模又开始快速扩张。

（二）用地重心位置朝多方位扩展

根据上面的研究内容可知，福州市建设用地的空间重心位置向西南方向逐渐迁移，用地扩张方向与扩张速度随着时间的变化存在明显的差异。例如，在2005～2010年研究期内，福州市政府大力开展高新区的土地开发工作，进而促进高新区的用地规模扩张，人口不断增长。2010～2015年间，台江区、仓山区和马尾区的更新与开发进程促使城市建设用地向东迁移扩张，2015年后，由于对福清市与长乐市的开发建设规划得以开展，推动其城市用地向东南部的扩张。总体而言，福州市建设用地扩展方向与用地重心迁移位置呈多样性，随着政府不断对一些定向开发项目如经济技术开发区、投资区、工业区等区域进行大量的土地资源、资金和市政基础设施投入，城市区域经济得以发展，用地结构进一步完善，城市交通系统也不断改善，但是间接反映出福州市建设用地仍处于横向外延的扩张阶段。

（三）用地空间形态呈连续性向外延伸

福州市建设用地的空间轮廓持续不断向外扩大，即城市建设用地在空间上的扩张是沿着其原本的空间轮廓不断向外延伸展，这说明福州市建设用地规模不断向外延伸扩展。福州是我国首批对外开放的沿海开放城市，居于亚太经济圈中国东南的黄金海岸，闽江河流在很大程度上影响着福州市建设用地的空间利用形态及演变，沿闽江河流的南岸与北岸区域间形成日益增强的紧密关系，受城市规划发展的相关政策影响，闽江南岸与北岸地区的建设用地也呈现外延式的扩展趋势，城市建设用地的空间形态分布基本上也遵循着由分散到集中的连续扩张规律。

（四）存量用地更新范围呈动态性变化

通过对福州城市存量更新过程中存量用地空间利用的特征与变化规律总结与分析，可以发现市域范围内的城市更新伴随的空间范围与更新内容呈持续变化趋势，且改造更新内容复杂、不确定性较大。例如，福州市在其城市总体规划体系中划定的旧城区范围过广，且更新项目冗杂，一些仅修建若干余年的新建区级建筑物也被纳入城市更新的规划范围，致使福州市的城市更新与存量空间改造所涉及的范围宽泛、内容繁杂，加大了城市更新的成本且降低了土地再利用效率；此外，福州市存量用地的更新模式和具体做法主要是将工业仓储用地转为城市基础设施用地、公共服务用地、商服用地、住宅用地等，这些用地功能的转变与存量土地的再利用、改造、翻修与更新等性质转变大都是由政府进行主导与规划的。总而言之，福州市在城市更新过程中存量土地利用的特征表现为涉及范围广、更新内容冗杂，总体呈现持续动态变化趋势且伴有强烈的不确定性，这些客观现实要求城市中的存量土地再利用、再开发与更新事宜需不断借鉴我国存量规划范例城市的成功经验以及西方国家关于城市更新的相关案例，综合定性分析与实证研究，把握未来城市更新的发展方向与具体规划，促进城市存量发展模式与空间布局的创新。

（五）用地总量呈兼顾性增长

根据福州市的城市总体规划可以得知，其城市空间规模仍处于扩张态势，虽然城市建设用地的规模与面积总量逐年增加，但近年来，城市用地面积的增长速度不断减缓。相应地，福州市政府意识到存量土地更新的重要性，开始对城市存量建设用地与存量空间展开一系列的更新计划，例如，对城市内旧城区、老工业区、城中村、棚户区等区域的存量土地进行改造与更新工作。以上相关举措意味着福州市土地利用的空间发展模式正逐渐由粗放外延式的增量扩张向内涵提升式的存量优化转型，城市空间布局正由原来的增量规划向存量规划转变。故本书将以城市建设用地的增量扩张转向存量优化、城市空间发展格局由增量规划转向存量规划为基调，深入讨论分析城市建设用地利用与空间规划的相关作用机制、研究方法、调控路径等。

第三节 福州市建设用地利用存在的
问题及原因分析

一、城市建设用地利用存在的问题

随着城镇化发展进程的加快,福州市建设用地面积日益收紧,面临如何权衡不断增长的土地功能诉求与不断收紧的土地面积之间的矛盾。具体问题如下:

(一)土地供需矛盾十分突出

福州新区成立后,成为国家级新区中唯一一个集自由贸易区、21 世纪海上丝绸之路核心区以及两岸经济合作示范区于一体的新区,多区叠加释放政策协同效应,地域空间的扩大能够承载更多产业对接的机会,同时也产生更大的用地诉求。《福州市土地利用总体规划(2006—2020 年)》中将城市增量建设用地供应指标控制在 15 万亩内,"大福州"发展规划中的新区建设发展伴随的用地诉求日益上升,然而增量用地规模受束进一步制约着福州市的空间扩容,且无法通过域内实施耕地占补平衡指标予以解决。福州市多山地、丘陵,少平原的地理限制,导致其耕地储备资源极为匮乏,可供开发的未利用土地多集中于周边的山区县市如永泰县、闽清县等。此外,滨海领域填海造地管控严格,"向海索地"思路已无法走通,福州市域内可供开发的土地资源十分有限。福州市建设用地储备规模相当有限,耕地占补平衡难以实现,供城市发展的建设用地供需缺口不断扩大,成为制约福州可持续发展的突出"瓶颈"。目前,福州市存量建设用地规模扩张速度难以匹配福州市不断增长的人口需求,人口数量和城市建设用地处于失衡状态。如表 2-4 所示,只有2011~2016 年的用地扩张速度高于人口增速,2006~2019 年和 2017~2019 年均表现出反向增长态势,而且 2017~2019 年的用地扩张速度显著低于人口增速。面对如此艰巨的用地空间发展制约,倒逼福州市必须开展以存量优化为主的国土空间转型发展。

（二）新城区土地开发程度不一，整体利用效率较低

福州市的空间发展路径呈现由中心向四周扩散的形态，因此，在土地开发方面较容易出现进度不一的问题。由前述研究可知，2014～2019 年福州市区域建设用地综合利用效率平均值为 0.846，处于中等偏上水平。6 年间福州市区域建设用地综合利用效率平均值介于 0.761～0.863 之间波动上升：2014～2015 年上升，2016 年小幅度下降到 0.816，2017～2018 年又小幅度上升，2019 年下降到 0.779。从各区县市的建设用地综合利用效率差异情况来看，高效利用型的区域有闽清县、长乐区和马尾区，较高利用型的区域有福清市、罗源县、连江县和闽侯县，低效利用型的区域有鼓楼区、台江区、仓山区、晋安区、罗源县、闽清县、永泰县。存量建设用地的利用效率高低受经济、社会、生态等因素的交织影响，通过对影响指标进行筛选，发现主要的影响因素有用地属性、区位条件、经济价值、社会服务、景观环境等。从福州市土地利用空间布局来看，闽清县、永泰县等地区城市建设用地开发以横向开发为主，且土地开发强度较大、时限较长，城区中的建筑密集程度较高，但纵向开发程度较低，源于这些横向规模扩张的城市建筑多以低层形态为主，建筑的排布特征大大约束了福州市城市建设用地的集约利用，引致土地利用率低、居民区入住率低、人口密度低"三低"问题的产生；另外，平潭县土地集约利用程度有待提高。由于规划效率问题，就罗源县、闽清县、永泰县、福清市等地区仍留有大片有待改造更新的棚户区、居民点、农村用地等，这些类型的存量用地也将是未来城市更新与空间改造的重点内容之一。从潜力评价分析可知，在用地属性指数方面，三类居住用地主要分布在鼓楼区、台江区、仓山区、晋安区等老城区范围内，工业用地主要分布在仓山区、马尾区等行政区划内。在区位条件方面，仓山区、鼓楼区、晋安区、台江区的地块均在主干路两侧 100 米范围内，长乐市和马尾区的交通通达性相对较差。在经济价值指数方面，鼓楼区、晋安区、台江区地价较高，仓山区、马尾区地价中等，平潭综合实验区地价较低。在社会价值方面，鼓楼区、晋安区、台江区等市中心配套的教育资源通达性较强，仓山区、马尾区、长乐市次之。在景观环境方面，鼓楼区、晋安区、台江区、仓山区的景观标志丰富且景观通视性较好，同时对区域内的建筑物实行严格的建筑高度管理，相较而言，长乐区、马尾区等区域在景观通视性与典型景观标志物方面较为薄弱。总的来说，罗源县、闽清县、永泰县等边缘地区的再开发潜力较大。

（三）工业园区布局亟待转型升级

实体经济成为拉动城市发展的重要动力源泉，而承载实体经济发展的工业园区布局在提高土地集约利用、优化产业布局、促进经济增长方面起着关键作用，但福州城市工业面临新一轮的转型升级。据统计，福州市不同区域范围内的各工业功能区由于产业形态、发展规制、政策导向等方面存在差异而产生土地利用效率的巨大差异，集中表现在土地出让年限与企业生命周期失衡，引致大量工业用地被迫闲置。例如马尾区内的部分老旧企业或生产效益极低的工厂已处于停产停工状态，原土地被搁置荒废，未产生任何土地效益；市区周边的连江县与福清市范围内也存在着亟须转型发展的传统产业企业，其厂房、企业旧址等所对应的土地也存在着利用效率极其低下的问题；此外，作为我国最早设立的经济开发区——马尾区也因政策倾斜、规划升级、空间布局转型等宏观发展要求而面临产业结构升级、企业转型、土地置换等问题。

（四）粗放使用土地和土地闲置现象共存

福州的工业用地主要分布在各级开发区，其中，一些因经营不善、效益低下而关闭的老旧工厂和工业企业所对应的包括弃用的办公场地、被荒废闲置的居民住宅、宅基地、工厂、未被利用的园区项目用地等在内的存量用地长期处于荒废和闲置的状态。此外，一些土地所有者将土地使用权进行抵押获取流动资金，进一步造成土地的闲置和指标沉淀。福州市区域建设用地的利用普遍存在投入冗余严重、产出不足现象，尤其是建设用地配置和产业人员配备失调、二三产业从业人员的投入过多。但在现实条件下并非要求各区县市要以此为准减少出现冗余的要素投入量，在福州市四大工业园区中，除了金山软件园的土地利用效率相对较高以外，福兴投资区、仓山科技园区和金山投资区中均存在着程度不一的土地浪费、闲置现象。虽然政府规定要对处于闲置状态超过一年的土地征收闲置费，闲置状态超过两年的土地则要无偿收回，然而由于监管力度不善、政策规制漏洞等因素的存在，政策执行效率不高。目前我国《土地管理法》中对闲置浪费土地行为的处置缺乏明确的条文规定，因此，政府通常不会采取无条件收回土地的行动，更多是通过协商、收取赔偿等方式收储这部分存量用地，无形中增加了执行难度和存量用地的改造成本。

二、原因剖析

（一）土地市场优化配置机制不够完善

目前，建设用地指标仍实行国家计划管理、农转用报中央审批的流程。国务院于 2008 年颁发的《关于促进节约集约用地的通知》中指出，要积极开始探索和尝试关于各基础设施（包括水利、交通、能源等）、公共服务、社会公益等社会事业用地的有偿使用途径，特别对以上各类用地中的部分经营性建设用地率先实行有偿使用方案。然而落到实际中的土地规划与利用管理工作中，那些属于划拨用地范围内的土地的获取方式仍然围绕着划拨的方式展开。那些法律条例中早已明确规定的应该公开出让的包含工业用地、居民商品房用地、商业金融用地、娱乐用地、旅游用地等各种形式的社会事业用地或经营性建设用地，仍然大多数采用招标、拍卖、挂牌等一系列公开竞价的方式来出让土地。总而言之，土地市场化机制的缺位引致地方政府责权、事权不相符。

（二）土地规划引领控制作用缺乏有效发挥

截至 2021 年底，《全国土地利用总体规划纲要（2006—2020 年）》[①] 设定的全国城乡用地供应规模刚线早已被突破，该纲要计划到 2020 年我国建设用地总规模应控制在 3 724 万公顷内，然而自 2013 年起我国建设用地整体规模就已突破 2020 年的规划控制值。此后，《全国土地利用总体规划纲要（2006—2020 年）调整方案》颁布实施，重新上调国有建设用地供应规模（4 071.93 万公顷），比原规划中的控制值整整增加了 300 余万公顷。国有建设用地规划的约束性指标不断被突破，供应规模上限不断提高，说明我国土地规划引领和控制作用的发挥效果较差。我国在增量用地空间极为有限的局势下依然不断提高新增建设用地的上限，说明我国新增建设用地并未得到有效控制。此外，我国土地利用总规划在编制过程中大多未将一些开发区、高新发展区等用地规划在内，很大概率上造成"规划征地"现象，多方利益进

---

① 中华人民共和国国土资源部. 全国土地利用总体规划纲要（2006—2020 年）[EB/OL]. http://www.mlr.gov.cn/xwdt/jrxw/200810/t20081024_111040.htm.

行争地博弈也一定程度上挑战和影响着土地总规划的客观性与权威性。在对土地"多规合一"研究过程中需进一步考量基础用地数据和控制指标，并协调规划内容的具体实施进度。同时，土地年度计划利用效率低下、低效闲置土地规模较大等问题依然存在，土地计划利用效益让位于土地计划指标数量造成部分土地批而未供、供而未用等局面。在规划制定过程中涉及土地规模供给指标分配的计划时，未能充分考虑各利益相关方的合理诉求、资金投入产出平衡等方面的因素，且对于各地土地利用与规划管理的奖惩机制仍需进一步完善，从源头严控增量土地，提高国有建设用地的利用效率。

（三）经济稳定增长和节约集约用地之间存在矛盾

受我国三条"红线"（永久基本农田线、城市开发边界线和生态环境保护线）的严格约束，城市用地的增量供应保障力度受限，同时，城市存量用地浪费现象屡见不鲜，土地利用效率低下，生态环境不断恶化。随着我国进入经济增速放缓的新发展时期，各界提倡我国经济增长方式应由"量"转"质"的同时，作为我国经济发展的主体，城市发展模式也应由"粗放式"向"集约式"转变，即城市发展不应再一味追求横向的空间规模扩张，而应走内涵式提升的可持续发展道路。以上客观现实与发展模式的转型需求决定了我国在推进经济稳健发展的同时应兼顾与保障土地的集约化利用。然而，在具体实施过程中，要同时保障两者的和谐发展具备一定的难度，甚至存在着更深层次的矛盾：首先，宏观土地供应管理政策与地方土地招商引资无法兼容。随着各地方政府近年来经济增长率的持续下行，经济发展增速放缓，导致出让金收入出现大幅下降，地方政府在招商引资方面后续动力不足，在具体招商过程中不断放宽土地出让要求与条件，致使大量土地资源被一些发展前景较差的项目占用，进而导致土地效益无法得到提升。其次，产业用地管制要求不断提高与地方政府宽松管理的意愿之间产生冲突。自 2011 年起福州市开始对功能用地和产业用地使用开展具体管制措施，如履约保证金的实施、阶段性批复用地权证等，至今取得了良好成效。然而，在地方经济连同我国整体经济下行的趋势影响下，为了保证土地出让金收入水平以及通过政绩考核，地方政府倾向于采用较为宽松的土地管理体制来进一步提升招商引资的吸聚力，包括在建设用地利用率、土地容积率、出让条件、出让底价等方面都进行了更为宽松的设置，大幅度降低了土地出让门槛。最后，国家实行的差异性工地政策及集约用地的要求与地方政府推行的部分优惠地价政策间存在矛盾。国家在节约集约用地方面做出了政策规制，供地政策的实施主要与不同程度的集约用地情况相挂钩，即在评价土地集约利用程度与利用效率的基础上实行针对性的差异化供地策略。然而，实际的供地操作体系与宏观政策规定仍有较大出入，一些地方政府不断放低土地供应条件与价格门槛，甚至出现大幅低于规定的地价标准、"零底价""价格倒挂"等现象，这将导致国有建设用地进入低效使用的"死循环"，使节约集约用地的可能性不断降低，甚至将严重阻碍我国城市的可持续发展与国民经济的稳健增长。

（四）现行土地制度制约

近年来，随着城镇化进程的不断加快，农村人口在城乡之间非农化流动更为高效，福建省内许多地区的农村人口基于城市发展收益比较自发流入城市，引致福州市城市人口数量规模不断走高，2021 年底达到 842 万人，城镇化率为 73%[①]，不断增加的人口用地诉求与不断紧缩的城市用地规模成为掣肘福州市可持续发展的重要因素。然而，通过对福州市现行土地制度进行调查发现，福州市农村土地集体和个体间的权利边界与权能结构未能理清，农村土地流转制度也存在不健全的问题，导致很多农村土地无法顺利转变为城市建设用地，这不利于福州市城市建设用地在促进经济发展和调整年度用地供应上拥有更大自主权。此外，城镇化过程中进城落户农民原有土地权益与相关法律政策存在冲突，权益处置不够科学合理，使得农民的利益得不到有效保护，不利于农村土地的流转。此外，福州市城市建设用地内部制度也存在着制约，例如，对存量土地的利用缺乏指导方法、存量土地开发机制不够完善，这都不利于城市存量用地利用效率的提升。

---

① 福州市统计局，国家统计局福州调查队．2021 年福州市国民经济和社会发展统计公报［EB/OL］．福州市统计局，http：//tjj. fuzhou. gov. cn/zz/zwgk/tjzl/ndbg/202203/t20220331 _4336407. htm，2022 - 03 - 25.

第三章

福州市建设用地利用效率
评价及影响机制分析

  对城市建设用地进行研究有多种研究方法，包括对用地进行评估、对用地变化进行研究等，然而以可持续发展为基础，对城市增量用地的相关内容进行研究时，使用以上方法则具有局限性，特别是在对模型进行运行、对数据进行获取时。所以，有必要对其方法展开更加深入的了解，进而可以建立一套方法体系，根据上述关于我国城市建设用地利用特征和变化规律等一般性的研究内容，在对大量的相关文献资料、数据进行总结和归纳的基础上，结合福州市建设用地的具体现状与利用特征对相关内容展开具体分析，包括影响因素、规模预测、布局模拟等，进而完成技术体系的构建，使其能够对城市建设用地进行调控，构建体系对以上方法的局限性进行充分考虑，并对不同方法的预设条件进行探究。

第一节　城市建设用地利用效率评价方法

一、DEA 分析法简介

  研究人员经过深入研究分析，提出了数据包络分析（DEA）方法，分析该方法可以明确其涉及多个学科，包括数理经济学、管理科学等，该方法以相对效率为基础，可对相同类型多产出、多投入的决策单元和技术是否有效之间的关系进行评价。在管理科学及系统工程领域，DEA 及其相应的 CCR（C^2R）模型已成为十分重要且有效的分析工具之一，该模型以规模报酬不发生改变为基础，可对部门间的综合效率进行评价，在 20 世纪 80 年代，国外研究学者在

CCR 模型的研究基础上进行了优化，建立了 BCC 模型，其以规模报酬可以发生变化为基础对决策单元的技术效率进行分析，明确其规模效率和纯技术效率的相关情况。为了满足研究人员的需求，研究人员又对这两种模型进行了优化和完善，随着 CCR 模型和 BCC 模型不断广泛的应用，对其研究也变得更加深入。随后诞生了很多不同的模型：ST 模型、C^2W 模型、C^2WH 模型等。

本书在进行研究的时候，以福州市各城区为研究对象，从规模因素等多个角度对该地区 DEA 无效的原因进行分析，明确其存在的不足，并有针对性地提出改善措施。因此本书需要使用上述两个基础模型，并通过使用 DEA 方法验证和分析本书研究区域的建设用地利用效率，全面分析城市建设用地的综合效率、纯技术效率和规模效率。DEA 方法的利用优势在于不用事先给定输入输出指标的权向量，亦不用预先进行参数估计，不受计量单位影响，还可以对非有效决策单元提出调整方向，从而获得更为准确的数据信息。

在使用该方法进行研究分析的时候，不需要对参数进行预估，通过推广单输入、单输出的简单概念，进而可以对多输入、多输出的生产有效性展开分析，该方法让微观经济学中的生产函数理论得到极大丰富并使其利用更加广泛，此外该方法具有误差较小、不受主观因素干扰等优点。

二、相关概念

DEA 方法将一个"可以通过一系列决策，投入一定数量的生产要素，并产出一定数量的产品"的经济系统（或经济人）称为决策单元（Decision Making Unit，DMU）。大体而言，人们可利用 DEA 方法来分析各个单元的投入与产出关系的有效性与合理性。本书的 DMU 是福州市的 13 个区县市，即鼓楼区、台江区、仓山区、晋安区、马尾区、长乐区、福清市、闽侯县、连江县、罗源县、闽清县、永泰县、平潭县，研究范围是各区建设用地。

在对所有决策单元进行评价的过程中，会利用到生产前沿面（production frontiers）效率评价的方法，从而得出有效决策单元和无效决策单元，其中，前者的投入与产出效率最优，组成该有效决策单元的样本为有效样本点，各样本点聚集组成了生产前沿面，被称为数据包络有效面。无效样本点则分布在生产前沿面下方。

生产可能集（production possibility set）是由 n 个决策单元组成的评价系统，每个决策单元都具有 s 个输出项，m 个输入项，$Y_j = (Y_{1j}, Y_{2j}, \cdots, Y_{mj})$

表示输出向量，$X_j = (X_{1j}, X_{2j}, \cdots, X_{mj})$ 表示输入向量。在生产活动中，所有可能的集合用 $T(X) = \{(X, Y)\}$ 表示，则可以认为生产可能集为 $T(X)$，分析公式可明确，其指的是在投入 X 后，可能出现的 Y 结果。

技术效率（Technology Efficiency，TE），通常也被称为综合效率，即对综合利用效率进行评价，其以规模报酬不变为基础，通过 DMU 的产出和投入进行测度，进而充分体现出其利用效率。通过对实际产出与最优产出之间的差距进行对比，若两者间具有较大的距离，则说明具有不理想的效果，即具有较低的技术效率。

规模效率（Scale Efficiency，SE）可对实际规模和最优规模的差异程度进行评价，其是在规模报酬可变的基础上，通过规模报酬可变情况和规模报酬不变情况之间的产出距离完成分析的。通过利用 BCC 模型得出计算数据，若 $SE = 1$，则代表规模效率有效；若 $SE \neq 1$，则代表规模效率无效。

纯技术效率（Pure Technical Efficiency，PTE）可对生产前沿面产出和决策单元之间的距离进行测度，在进行分析时是在规模报酬可变的基础上实施的。可通过使用 BCC 模型完成对该指标的计算。

TE、PTE、SE 之间存在以下关系：

$$TE = PTE \times SE \qquad (3.1)$$

三、基本模型：CCR 模型和 BCC 模型

（一）CCR 模型

DEA 方法将一个"可以通过一系列决策，投入一定数量的生产要素，并产出一定数量的产品"的经济系统（或人）称为决策单元（Decision Making Unit，DMU）。对已知的 n 个决策单元，可用 DEA 方法来判断各个单元投入／产出的合理性、有效性。不同的 DMU 均有输出 s 项和输入 m 项，用投入量表示输入，用 X_j 表示，$X_j = (X_{1j}, X_{2j}, \cdots, X_{mj})^T$，$j = 1, 2, 3, \cdots, m$，产出量用输出表示，即 Y_j，Y_j 第 j 个 DMU 的第 i 种类型输出的产出量用 $Y_j = (Y_{1j}, Y_{2j}, \cdots, Y_{sj})^T$ 表示，第 j 个 DMU 的第 i 种类型输入的投入量用 X_{ij} 表示。

$DMU_j(j = 1, 2, \cdots, n)$ 表示第 j 个决策单元。

对于 DMU 来说，不同输出、输入指标会影响投入产出效率，因此需要明

确其权重。设输出上的权重用 $u_r (r = 1, 2, \cdots, s)$ 表示，输入上的权重用 ν_j $(j = 1, 2, \cdots, n)$ 表示，则可以使用以下公式对 DMU 的相对效率评价指数进行定义，则有：

$$h_j = \frac{u^T Y_j}{\nu^T X_j} (u_1, u_2, \cdots, u_s)^T \qquad (3.2)$$

h_j 表示相对效率评价指数。$U = \sum\limits_{r=1}^{s} u_r y_r$，$V = (V_1, V_2, \cdots, V_m)^T$。总存在这样的 u、v，使得 $h_0 \leqslant 1$，$j = 1, 2, \cdots, n$。所有 DMU 的效率指数 $h_j \leqslant 1$，$j = 1, 2, \cdots, n$。

在所有 DMU 的效率指数 $h_j \leqslant 1$，$j = 1, 2, \cdots, n$ 的约束条件下构成的 DEA 的 CCR 模型的分式规划表示为：

$$\begin{cases} \max h_0 = \dfrac{u^T Y_0}{\nu^T X_0} \\ \text{s. t. } \dfrac{u^T Y_j}{\nu^T X_j} \leqslant 1, \ j = 1, 2, \cdots, n \\ \nu \geqslant 0, \ u \geqslant 0 \end{cases} \qquad (3.3)$$

通过 Charnes – Cooper 变换，得到 P 的线性规划，令 $t = \dfrac{1}{u^T X_0}$，$w = tv$，$\mu = tu$。则线性规划为：

$$\begin{cases} \max u^T Y_0 \\ \text{s. t. } W^T X_j - \mu^T Y_j \geqslant 0, \ j = 1, 2, \cdots, n \\ W^T X_0 = 1 \\ w \geqslant 0, \ \mu \geqslant 0 \end{cases} \qquad (3.4)$$

将公式（3.4）转换为等价的对偶模型，并将松弛变量和剩余变量引入，公式如下：

$$\begin{cases} \min \theta \\ \text{s. t. } \sum\limits_{j=1}^{n} x_j \lambda_j + S^- \leqslant \theta X_{j0} \\ \sum\limits_{j=1}^{n} y_j \lambda_j - S^+ \geqslant y_{j0} \\ \lambda_j \geqslant 0, \ j = 1, 2, \cdots, n \\ S^- \geqslant 0, \ S^+ \geqslant 0 \end{cases} \qquad (3.5)$$

为解决计算和技术上的困难，引进非阿基米德无穷小变量的概念，公式（3.5）等价变形为：

$$\begin{cases} \min\theta - \varepsilon(e \times S^+ + e \times S^-) \\ \text{s. t.} \sum_{j=1}^{n} x_j\lambda_j + S^- = \theta X_j \\ \sum_{j=1}^{n} y_j\lambda_j - S^+ = y_j \\ \lambda_j \geq 0, \ j = 1, 2, \cdots, n \\ S^- \geq 0, \ S^+ \geq 0 \end{cases} \tag{3.6}$$

$\hat{e} = (1, 1, \cdots, 1)_m$，$e = (1, 1, \cdots, 1)_s$，$\varepsilon$ 为非阿基米德无穷小量。

当 $\theta = 1$ 且 $S^+ = S^- = 0$ 时，DMU 为 DEA 有效；当 $\theta = 1$ 且 $S^+ \neq 0$ 或 $S^- \neq 0$ 时，DMU 为 DEA 弱有效，即表示技术无效或者规模无效；当 $\theta < 1$ 时，DMU 为 DEA 无效，说明技术和规模均无效。

（二）BCC 模型

如果计算环境为非 DEA 有效，那么使用 CCR 模型是无法对技术是否有效进行测度的，为了让本书研究目的得以实现，选择在报酬规模可变的基础上，利用 BCC 模型进行计算。对公式（3.5）进行改写，给予其一定的约束条件，则有：

$$\begin{cases} \min\theta - \varepsilon(e \times S^+ + e \times S^-) \\ \text{s. t.} \sum_{j=1}^{n} x_j\lambda_j + S^- = \theta X_{j0} \\ \sum_{j=1}^{n} y_j\lambda_j - S^+ = y_{j0} \\ \lambda_j \geq 0, \ j = 1, 2, \cdots, n \\ S^- \geq 0, \ S^+ \geq 0 \\ \sum_{j=1}^{n} \lambda_j = 1 \end{cases} \tag{3.7}$$

通过使用 BCC 模型，可以对纯技术效率 PTE 进行计算，如果想要对规模效率进行计算，则需要使用公式 $SE = \dfrac{TE}{PTE}$。如果满足 $\sum_{j=1}^{n} \lambda_j > 1$，规模报酬呈现出递减的趋势；如果满足 $\sum_{j=1}^{n} \lambda_j < 1$，规模报酬呈现出递增的趋势；如果满足 $\sum_{j=1}^{n} \lambda_j = 1$，规模报酬不会发生变化。

第二节 福州市建设用地利用效率评价

一、评价指标体系的构建及指标选取和说明

在对福州市建设用地利用效率进行评价之前，需要先对其评价指标进行选择，并构建评价指标体系。评价指标体系是在已有研究的基础上，遵循可持续发展理念，基于满足社会、经济水平发展前提下，在资源环境的承受范围内对城市用地进行最大限度的开发利用，全面提升城市建设用地的综合效率，最终实现土地利用的综合效益最大化。通过对现有相关文献进行研究汇总，发现大多数研究在评价城市建设用地利用效率时大多会采取数据包络分析（DEA）方法，这一方法将评价指标分为产出指标和投入指标，但是关于具体指标的内容，则主要是经济、社会和生态三个层面的指标，因为土地要素处于宏观经济的研究范畴，其利用情况都会对经济、社会和生态产生影响，并通过经济、社会和生态这三个层面来反映其利用情况。因此，本书在汲取学术界优秀经验的基础上，结合福州市的用地实际，从经济、生态、社会方面选取投入产出指标，然后利用数据包络分析（DEA）的 CCR 模型和 BCC 模型来比较分析福州市各区县（市）的土地利用效率。

（一）评价指标选取的原则

在评价福州市建设用地利用效率方面，本书选用的是 DEA 法，这一方法的使用需要事先确定投入、产出指标，这些指标选择合理与否直接影响后续 DEA 评价结果的真实可靠性。投入产出指标的数量需要保持在适度的范围内，过多或者过少都不利于分析评价，数量过多会导致有效的 DMU 个数增加，比较显得较为困难；过少则不利于有效决策信息的获得。为了保障指标的科学合理性，可以按照以下原则来选择投入和产出指标：

（1）科学合理性。准确、全面、客观是指标选择的首要标准，有效反映城市建设用地利用效率的实际水平，这是评价指标选取的基本原则。

（2）目的性。选取的评价指标需要满足评价的目的要求，严格按照评价的目标来限定指标选取的范围。本书在对学术界的研究成果进行参考的基础上，结合福州市实际进行了指标体系构建，有利于分析利用效率低下的原因。

（3）精简性。所选指标还应保障准确简洁，尽量不出现重叠指标，保障运算不会太难，从而提升效率评价结果的准确性。投入产出指标数量要适当，防止指标数量过多出现较多的有效 DMU。

（4）可行、可量性。选取指标应保障数据可以较为容易获取，而且数据的获取更加真实可靠，避免出现无法量化的问题，提升研究的可操作性和评价结果的真实可靠性。

（二）评价指标的选取、指标说明

通过对现有相关文献进行研究汇总，发现大多数研究在评价城市建设用地利用效率方面均采用了经济、生态和社会三个层面的指标，本书也不例外，在汲取学术界优秀经验的基础上构架了以下指标体系：

1. 经济效率指标

在评价福州市各区县（市）经济效率的过程中，根据学术界的研究成果，从土地、资本和劳动三方面提取投入指标，因为城市建设用地为城市经济活动的开展提供了载体，其面积大小可以对地区建设用地的开发利用状况及城市发展速度和程度等加以体现，而第二、第三产业固定资产投资则反映了城市的整体资金投入程度，经分析，最终确定城市建设用地面积、二三产业固定资产投资、二三产业从业人员为经济效率的投入指标，确定财政收入、人均 GDP、地均 GDP、二三产业生产总值、城市居民人均可支配收入等为经济效率的产出指标，二三产业增加值与投入指标中的二三产业固定资产投资相对应，可以对城市经济活力加以体现。

2. 生态效率指标

近年来，人们的环保意识在不断增强，经济的发展也会在某种程度上影响生态环境，比如部分土地用来建设工厂等，可能会导致这部分土地无法用来种植植物，发展经济的同时，可能会导致生态绿化面积减少，因此对生态环境的保护程度也在某种程度上可以反映区域的用地效率。福州市作为福建省的省会城市，其轻工业较为发达，但随之而来的环境污染问题也较为严重。

为做好生态文明示范省的标杆，作为省会城市的福州市必须积极应对和改善工业污染及生态环境问题，实施高效节能的环境保护和治理措施。再加上土地为生态环境建设提供了载体，环境治理需要一定的维护建设资金，本书利用地均区域维护建设资金支出（区域维护建设资金支出与区域建设用地面积的比值）来反映生态环境治理情况的好坏，因为环境治理的效果很大程度上取决于资金投入的多寡。另一个生态投入指标为单位 GDP 能耗［能源消耗总量÷GDP 总量（t 标准煤/万元）］，该指标可以对煤炭资源使用效率加以反映，是一个典型的负向指标，为了方便分析，利用其倒数进行替代。生态效率的产出指标有区域绿化覆盖率（区域绿化覆盖面积占区域建成区面积的比值）和污水处理厂集中处理率（污水处理厂的污水处理排放量占区域污水排放量的比值），前者反映区域绿化水平或绿化能力，后者则反映城市污水处理能力。

3. 社会效率指标

本书选择的社会效率投入指标有区域建设用地面积、区域人口密度（区域常住人口数÷区域面积）、公共财政支出三个指标。其中，区域建设用地与人们的生活密切相关，是典型的经济文化指标，而区域人口密度可以反映区域建设用地的人口集聚水平，城市基础设施、公共服务水平会随着人口密度的增加而增加，公共财政支出则可以促进城市基础设施建设与公共服务水平的完善，最大限度地提升城市居住人口的生活水平。

经分析，本书最终确定的社会效率产出指标包括人均公共用地面积和区域居民人均可支配收入。其中，人均公共用地面积反映了区域居民公共服务需求被满足的程度，因为这些用地是为了满足城市居民出行、文化、教育、娱乐、基础设施等需求的用地。区域居民人均可支配收入则是典型的居民生活水平和生活质量的衡量指标。综合指标评价体系如表 3 - 1 所示。

表 3 - 1　　　　　　　　　　　　综合指标评价体系

目标层	一级指标	二级指标	三级指标	单位
福州市地级市建设用地利用效率综合评价体系	经济效率	投入指标	城市建设用地面积	平方千米
			二三产业固定资产投资额	亿元
			二三产业从业人员	人

目标层	一级指标	二级指标	三级指标	单位
福州市地级市建设用地利用效率综合评价体系	经济效率	产出指标	地均GDP	亿元/平方千米
			人均GDP	亿元/人
			二三产业GDP	亿元
			财政收入	万元
			二三产业增加值	亿元
	生态效率	投入指标	城市建设用地面积	平方千米
			地均城市维护建设资金支出	万元/平方千米
			单位GDP能耗	吨/万元
		产出指标	城市绿化覆盖率	%
			污水处理厂集中处理率	%
	社会效率	投入指标	城市建设用地面积	平方千米
			公共财政支出	万元
			城市人口密度	人/平方千米
		产出指标	城市居民人均可支配收入	元
			人均公共用地	平方米/人

资料来源：戴婷，杨如军. 基于DEA法的城市建设用地综合经济效益评价研究 [J]. 南方国土资源，2013.

二、经济效率测评

根据经济效率评价指标（包括投入指标与产出指标），可计算得出福州市各区县（市）在研究期内（2014～2019年）的城市建设用地利用的经济效率，在这一过程中，利用DEAP Version2.1软件，得出纯技术效率、规模效率以及综合效率，分析如下：

（一）综合效率比较分析

从表3-2可知，2014～2019年，福州市13个区县（市）的平均建设用地经济效率呈现先下降后上升的变化趋势，指标最低出现在2016年，当年福州二三产业增加值过低导致这一结果的出现。

表 3 - 2   2014～2019 年福州市［包括区县（市）］平均建设

用地经济效率

项目	2014 年	2015 年	2016 年	2017 年	2018 年	2019 年
平均值	0.793	0.788	0.785	0.859	0.863	0.889

资料来源：笔者根据表 3 - 1 中的三级指标数据自行计算所得。

表 3 - 3 揭示了各区县（市）2014～2019 年综合效率变化情况，综合效率为 1 的地区有鼓楼区和平潭县，将其划分为高效型利用城市；综合效率在 0.9～1 之间的地区有晋安区、长乐区，将其归为中高效利用城市；低效利用地区有台江区、福清市、闽侯县、连江县、闽清县和永泰县，这些地区的综合效率值在 0.8 以下，综合效率值在 0.8～0.9 之间的有仓山区、马尾区和罗源县，城市土地利用属于中等程度。

表 3 - 3   2014～2019 年福州市（区县市）建设用地经济—综合效率比较

地区	2014 年	2015 年	2016 年	2017 年	2018 年	2019 年	6 年平均值
鼓楼区	1.000	1.000	1.000	1.000	1.000	1.000	1.000
台江区	0.603	0.621	0.579	0.711	0.709	0.871	0.682
仓山区	0.749	0.768	0.781	0.940	0.951	0.932	0.854
晋安区	0.899	0.870	0.910	0.946	0.920	0.921	0.911
马尾区	0.871	0.871	0.839	0.918	0.880	0.908	0.881
长乐区	0.920	0.849	0.929	0.970	1.000	1.000	0.945
福清市	0.799	0.731	0.719	0.778	0.759	0.760	0.758
闽侯县	0.622	0.680	0.596	0.759	0.831	0.860	0.725
连江县	0.502	0.491	0.479	0.578	0.642	0.703	0.566
罗源县	0.829	0.830	0.779	0.850	0.839	0.920	0.841
闽清县	0.621	0.603	0.677	0.720	0.709	0.659	0.665
永泰县	0.569	0.602	0.633	0.649	0.652	0.648	0.626
平潭县	1.000	1.000	1.000	1.000	1.000	1.000	1.000
平均值	0.768	0.763	0.763	0.755	0.838	0.860	

资料来源：笔者自行计算所得。

从各区县（市）的综合效率变化情况可以看出其大体趋势，其中，鼓楼区和平潭综合试验区的综合效率在6年间均保持1，说明其资源要素投入水平高、规模大，空间管理合理性强，土地利用水平普遍较高，各资源要素得到优化配置，出现这一现象的原因可能是经济基础较好、人口集聚度高等，使得当地投入的建设用地、资金、技术等都得到了一定的优化配置。福州市还加强了对平潭县的建设，在建设的过程中也免不了进行高投入，但试验区作为高新技术区，其产出情况也较好，导致投入和产出很容易达到平衡。但综合效率不高的区县（市）多达11个，说明绝大部分区县（市）的经济建设投入没有得到同等的回报，这11个综合效率不高的地区中，台江区、仓山区、长乐区、闽侯县、连江县和罗源县属于上升型，虽然综合效率有待提升，但有提升的倾向。尤其是台江区、仓山区、闽侯县和连江县的上升较为明显，比如台江区从2016年的0.579上升到了2019年的0.871，连江县2016年最低，为0.479，即使到2019年，也只达到了0.703，属于综合效率最低的城市；长乐区的综合效率波动范围仅限于0.8~1，2018年和2019年达到有效状态。

同时，马尾区、晋安区、福清市、闽清县和永泰县属于波动型，而且波动有稳定和不稳定之分。其中波动较为稳定的有晋安区、闽清县、永泰县，福清市的波动最不稳定，综合效率呈现先下降后上升再下降的发展情况，进一步说明其各要素的投入规模有待增加，要素的配置犹需进一步优化。总体来看，波动上升是福州市建设用地利用经济效率的变化情况，福州市城市建设用地的综合效率急需提升，尤其是除鼓楼区和平潭县之外的11个区县（市）。

（二）纯技术效率和规模效率比较分析

综合效率是在规模报酬不变的前提下用以测评城市建设用地利用效率的总体情况，当这一指标反映为无效状态时，无法判断是规模还是技术导致的无效，接下来，在规模报酬变化这一假设情况下评价福州市建设用地的纯技术效率和规模效率。

1. 纯技术效率比较分析

表3-4是福州市建设用地经济—纯技术效率的数据结果。2014年，福州市区域建设用地经济—纯技术效率平均值为0.858，虽然2015年达到了一个最低值，但接着一路上升到了2019年的0.904，说明福州市13个区县

（市）的建设用地经济—纯技术效率较好。

表 3 - 4　　2014 ~ 2019 年福州市［区县（市）］建设用地经济—纯技术效率

地区	2014 年	2015 年	2016 年	2017 年	2018 年	2019 年	6 年平均值
鼓楼区	1.000	1.000	1.000	1.000	1.000	1.000	1.000
台江区	0.669	0.692	0.641	0.729	0.738	0.931	0.740
仓山区	1.000	1.000	1.000	1.000	1.000	1.000	1.000
晋安区	0.910	0.562	0.901	0.952	1.000	1.000	0.890
马尾区	0.950	1.000	0.988	1.000	1.000	1.000	0.992
长乐区	1.000	1.000	1.000	1.000	1.000	1.000	1.000
福清市	0.851	0.859	0.848	0.839	0.810	0.781	0.831
闽侯县	0.760	0.848	0.770	0.866	0.856	0.867	0.828
连江县	0.921	0.928	0.889	0.940	0.879	0.928	0.914
罗源县	0.840	0.842	0.789	0.859	0.849	0.947	0.854
闽清县	0.659	0.602	0.596	0.548	0.612	0.620	0.606
永泰县	0.596	0.6029	0.6367	0.6449	0.668	0.682	0.639
平潭县	1.000	1.000	1.000	1.000	1.000	1.000	1.000
平均值	0.858	0.842	0.853	0.869	0.878	0.904	

资料来源：笔者自行计算所得。

　　虽然福州市建设用地经济—纯技术效率总体水平较高，但真正高效的区县仅有鼓楼区、仓山区、长乐区和平潭县四个，其在研究区内建设用地经济—纯技术效率的值均为 1，建设用地经济—纯技术效率值在 0.8 以下的区县市有 3个，分别为台江区、闽清县、永泰县，建设用地经济—纯技术效率值在0.8 ~ 1 之间的有晋安区、马尾区、福清市、闽侯县、连江县、罗源县。这些结果显示，鼓楼区、仓山区、长乐区和平潭县 6 年来的经济资源投入组合配置效率较高，资源得到了优化利用。马尾区在经济实力和技术方面虽不如这4 个地区，但其 6 年内的建设用地经济—纯技术效率平均值为 0.992，只有2014 年和 2016 年不够有效，其他都处于有效状态，投入产出水平较高。闽清县的纯技术效率从 2014 年的 0.659 变成了 2019 年的 0.620，永泰县的纯技术效率也只从 2014 年的 0.596 上升到了 2019 年的 0.682，这两个城市的纯技术效率虽都有所波动，但都保持在一个较低的水平中，说明其各种资源的配置效率有待提升。不同于其他区县（市）的波动态势，福清市的纯技术效率从研究期（2014年）开始的0.851直接下降至研究期末年（2019年）的0.781，成为纯技术效率呈不断下降趋势的唯一一个城市，这与其综合效率情况较为一致。晋安区、连江县、闽侯县和罗源县的技术效率呈现波动上升的态势，这与其合理利用资源以及加强产业结构调整不无关系。

效率与科技投入和经济增长的关系较为密切，福州市部分区县（市）的纯技术效率不高，主要是因为其科技投入不足，而科技投入很大程度上受到当地经济的影响，因此，经济不怎么发达的几个区县（市）纯技术效率偏低，比如闽清县和永泰县。

总之，福州市区域建设用地经济—纯技术效率处于中等偏上的水平，且呈增长趋势，纯技术效率没有很大的地区差异。

2. 规模效率比较分析

规模效率主要是在技术水平恒定不变的前提下对城市建设用地各投入要素规模的合理程度进行衡量。若该值越接近于1，说明土地利用要素投入的总体水平和效益越高；若该值小于1，则视情况分为规模递增与规模递减两种情况，这两种情况分别表示投入不足和投入有冗余，要想使其达到最优状态，需要对投入规模进行调节。

从表3-5的结果可知，2014~2019年，除了2016年的建设用地经济—规模效率有小幅下降的情况外，这6年基本上保持稳步上升的态势。不同的区县（市）在建设用地经济—规模效率的变化上存在自身的特点。比如鼓楼区和平潭县依然是建设用地经济—规模效率这6年内持续为1的区县，规模均显示有效。晋安区规模有效的年份和长乐区规模有效的年份分别为2019年以及2018年和2019年。其余城市6年来规模效率都处于无效状态，这是由有效经济发展水平不高、产业投资不够合理、劳动力和土地投入不足等导致，即使处于一个较低的水平，但整体呈现上升态势，体现为规模报酬递增的趋势，若要进一步提升规模效率，则需不断加大资源要素的投入力度和程度，保障产出的增加。这6年来，呈现规模效应递减的区县有晋安区、马尾区和罗源县，其规模效率不足是因为用地规模过快扩张、劳动力投入过多等，在这种情况下，产出与投入也很难达到平衡，投入的多余资源没有获得产出。

表 3 – 5　　　2014～2019 年福州市区域建设用地经济—规模效率对比

地区	2014 年		2015 年		2016 年		2017 年		2018 年		2019 年	
	规模效率	规模报酬	规模效率	规模报酬	规模效率	规模报酬	规模效率	规模报酬	规模效率	规模报酬	规模效率	规模报酬
鼓楼区	1.000	—	1.000	—	1.000	—	1.000	—	1.000	—	1.000	—
台江区	0.890	irs	0.902	irs	0.923	irs	0.971	irs	0.980	irs	0.942	irs
仓山区	0.748	irs	0.769	irs	0.780	irs	0.942	irs	0.951	irs	0.933	irs
晋安区	0.998	irs	0.989	irs	1.000	—	0.986	irs	0.922	drs	0.925	drs
马尾区	0.942	irs	0.940	irs	0.953	irs	0.990	irs	0.988	drs	0.980	drs
长乐区	0.920	irs	0.862	irs	0.945	irs	0.976	irs	1.000	—	1.000	—
福清市	0.952	irs	0.851	irs	0.864	irs	0.934	irs	0.952	irs	0.981	irs
闽侯县	0.820	irs	0.814	irs	0.803	irs	0.885	irs	0.976	irs	0.990	irs
连江县	0.525	irs	0.485	irs	0.485	irs	0.581	irs	0.639	irs	0.704	irs
罗源县	0.988	irs	0.990	irs	0.992	irs	0.989	irs	0.990	drs	0.973	drs
闽清县	0.543	irs	0.605	irs	0.642	irs	0.686	irs	0.688	irs	0.709	irs
永泰县	0.632	irs	0.644	irs	0.660	irs	0.702	irs	0.722	irs	0.736	irs
平潭县	1.000	—	1.000	—	1.000	—	1.000	—	1.000	—	1.000	—
平均值	0.840		0.859		0.855		0.880		0.913		0.932	

注：irs 表示规模报酬递增，drs 表示规模报酬递减，—表示规模报酬不变。
资料来源：笔者自行计算所得。

　　综上分析，福州市区域建设用地经济—规模效率总体较高，但只有鼓楼区和平潭县达到了规模有效，晋安区、马尾区和罗源县的规模效率不容乐观。

三、生态效率评价

　　通过 CCR 模型得到了福州市区域建设用地生态效率值，具体如表 3 – 6 所示。2014 年，福州市区域建设用地生态效率为 0.816，到了 2019 年，该值变为 0.905，总体呈现先上升后下降再上升的态势，该值在 2017 年最小，但 2019 年达到历史新高，进一步说明了福州市建设用地生态效率有好转的态势。福州市区域建设用地生态效率总体来说较高。

表 3 – 6　　　　　　2014～2019 年福州市区域建设用地生态效率值

地区	2014 年	2015 年	2016 年	2017 年	2018 年	2019 年	6 年平均值
鼓楼区	0.409	0.448	0.531	0.458	0.489	0.508	0.474
台江区	0.467	0.509	0.554	0.878	0.895	1.000	0.717
仓山区	0.661	0.702	0.819	1.000	0.971	0.850	0.834
晋安区	0.859	0.818	0.927	0.989	0.916	0.912	0.904
马尾区	1.000	0.923	0.901	0.911	0.942	0.830	0.922
长乐区	0.689	1.000	0.612	1.000	1.000	1.000	0.890
福清市	0.795	0.903	0.810	0.800	0.800	0.771	0.813
闽侯县	1.000	1.000	1.000	1.000	0.933	1.000	0.988
连江县	0.961	0.896	0.871	0.838	0.867	1.000	0.906
罗源县	0.870	0.829	0.896	0.901	0.929	1.000	0.904
闽清县	0.929	0.906	0.870	0.840	0.929	0.895	0.895
永泰县	1.000	1.000	1.000	1.000	1.000	1.000	1.000
平潭县	1.000	1.000	1.000	1.000	1.000	1.000	1.000
平均值	0.816	0.841	0.830	0.816	0.897	0.905	

资料来源：笔者自行计算所得。

　　从具体区域来看，晋安区、马尾区、闽侯县、连江县、罗源县、永泰县、平潭县属于生态效率高效的区县，其生态效率值在 0.9～1.0 之间，其次是仓山区、长乐区、福清市、闽清县，其生态效率值在 0.8～0.9 之间，鼓楼区和台江区的生态效率值在 0.8 以下，其情况不容乐观，鼓楼区 6 年的平均值为 0.474，是所有区县（市）最低的地区，需要对生态环境加以改善。

　　这 6 年来，永泰县、平潭县的建设用地生态效率与福州市其他区县（市）相比呈现较高水平，说明用地相关生态资源要素的配置呈现较优化态势，生态方面的投入和产出几乎达到了平衡状态。闽侯县除了 2018 年的生态效率值为 0.933 外，其他年份均为 1，说明其生态环境建设较好，采取了环保建设和环保投资活动，废水处理等方面也做得较为合理。连江县的生态效率值在 2019 年达到有效状态，其余各年在 0.838～0.961 间波动。鼓楼区和台江区的生态效率值较低，而且波动较大，其在生态建设方面存在投入和产出不匹配的问题，总体来说，投入大于产出，导致了资源浪费问题。

根据统计情况可以看出，2014 年和 2016 年两年长乐区水平下降趋势明显，随后几年该地区对建设规模和建设结构进行了调控，保证了建设用地在支撑经济发展的同时也始终保持最佳生态效益。仓山区、晋安区和马尾区波动不稳定，其中仓山区、晋安区 2014～2017 年期间水平逐步增高，但是紧接着有两年下降明显，这主要是因为这两个地区建设资金、用地、能源等方面投入加大，但是技术水平没有同步，导致资源没有得到合理配置，工业污水处理效率较低，产出远落后于投入，从而影响了生态效率。2014 年马尾区已经实现了有效的 DEA，但是其后有 5 年时间生态效率起伏明显，从初期的下降过渡到略有上升，后期又再次下降。

综上所述分析可知，福州市区县（市）建设用地利用的生态效率总体呈现较优水平，相对其他区县（市）来说，永泰县、平潭县的生态效率 6 年均为 1，属于相对有效的地区，其余地区的生态效率较低，波动较为明显，除了鼓楼区等经济较为发达的区域生态效率较低外，其他地区的生态效率在 1 附近波动，但有效情况较好（见表 3－6）。

四、社会效率评价

学术界在分析城市建设用地效率的过程中，通常会选择经济、生态、社会三个方面，但是关于社会效率的评价很少有定量分析，大多研究是从定性角度，导致研究成果不够深入和细化。鉴于建设用地对社会方面的作用主要体现在人口和社会发展方面，这不利于定量评价，本书利用与社会经济相关的定量指标来进行评价，得出了如表 3－7 所示的结果。

表 3－7　　　　　　2014～2019 年福州市区域建设用地社会效率对比

地区	2014 年	2015 年	2016 年	2017 年	2018 年	2019 年	6 年平均值
鼓楼区	0.859	0.999	0.920	0.650	0.719	0.751	0.816
台江区	0.738	0.699	0.738	0.738	0.821	0.709	0.740
仓山区	0.608	0.819	0.671	0.699	0.741	0.628	0.694

地区	2014 年	2015 年	2016 年	2017 年	2018 年	2019 年	6 年平均值
晋安区	0.551	0.648	0.579	0.562	0.588	0.540	0.580
马尾区	1.000	1.000	1.000	1.000	1.000	1.000	1.000
长乐区	1.000	1.000	1.000	1.000	1.000	1.000	1.000
福清市	1.000	0.990	0.939	0.930	0.988	0.991	0.974
闽侯县	0.759	0.789	0.820	0.822	0.799	0.690	0.780
连江县	0.806	0.812	0.856	0.844	0.895	0.763	0.829
罗源县	0.648	0.841	0.730	0.670	0.641	0.698	0.705
闽清县	0.714	0.869	0.740	0.703	0.729	0.705	0.738
永泰县	0.611	0.652	0.640	0.711	0.660	0.618	0.644
平潭县	0.769	0.798	0.802	0.709	0.736	0.751	0.761
平均值	0.835	0.890	0.853	0.824	0.847	0.809	

资料来源：笔者自行计算所得。

表 3-7 的数据结果显示，2014 年，福州市区域建设用地社会效率为 0.835，到了 2019 年，该数值变为了 0.809，总体来说，呈现下降态势，在下降的过程中，出现了一定的上升波动，最大值出现在 2015 年，2019 年该值又出现下降。

从区域来看，不同的地区在社会效率的变化方面存在很大的不同，平均值在 0.9~1 这一区间的区县市有马尾区、福清市和长乐区，说明这几个地区的社会效率较高。其次是鼓楼区、连江县，其社会效率平均值在 0.8~0.9 这一区间内。但依然有为数不少的地区社会效率在 0.8 以下，这些区域急需采取措施来提升社会效率，这些处于低效利用区域的区县市有台江区、仓山区、晋安区、闽侯县、罗源县、闽清县、永泰县、平潭县等。

虽然大部分区域的社会效率变化较为明显，但依然有部分地区的社会效率一直维持在高效地区，比如马尾区、长乐区社会效率 6 年来持续为 1，较为稳定，这也进一步说明其社会服务的投入和产出较为均衡，基本上保持在一个平衡的状态中，这有利于提升居民的社会生活水平；福清市的社会效率在 1 附近波动，说明其社会投入和产出接近平衡状态，社会服务水平相对较高。但福州市大部分区县（市）的社会效率明显低于这三个地区，鼓楼区、台江区、仓山区、晋安区、闽侯县、罗源县、永泰县、平潭县的社会服务投入并没有满足当地社会的发展需求，社会投入严重不足，产出效率也相对较低，使得居民的社会生活服务需求没有得到基本的满足。社会效率不高的典型区域是鼓楼区，这一区域虽然经济发展程度较高，但土地面积较小，人口密度较高，人居占有土地的面积基本上处于福州市各区县（市）的末尾，虽然政府公共财政支出较高，居民人均可支配收入也较高，但公共投入和产出离平衡和有效还有一定的距离，需要采取一定的措施来加以调节。比鼓楼区社会效率更低的地区有台江区、仓山区、晋安区、闽侯县、罗源县、闽清县、永泰县、平潭县，这些地区在扩张土地面积的过程中也加大了对公共财政支出的投入力度，但这些投入没有得到有效利用，这就导致了社会效率不高的情况发生。

总之，福州市的各县区（市）中，只有马尾区、福清市、长乐区这三个地区的社会效率较高，但真正做到 6 年全部有效的区域只有马尾区和长乐区，其他地区的社会效率明显偏低，这不利于福州市的社会发展，需要在公共设施建设以及居民生活质量提升方面下功夫。

五、无效决策单元投影分析

利用 DEA – BCC 模型计算出松弛变量值，对数据进行无效决策单元投影分析，对于非 DEA 有效决策单元的无效情况，这些无效情况可分为投入过多和产出过少两种类型。在具体分析的基础上可以提出平衡投入和产出的对策。

模型运行结果显示，投入过多的问题普遍存在于各类投入要素中，这种投入冗余问题会加重资源浪费的情况。表 3 – 8 的结果显示，投入冗余率呈现下降态势，最大值出现在台江区，这一值为 74.2%（2014 年）。在福州市加大城市建设力度的过程中，城市土地利用结构也随着产业结构的调整出现了一定的调整，这种调整促进了投入冗余率的降低，使得该值在 2019 年降到了 24.8%；投入冗余率最低的区县是连江县，除了 2014 年和 2016 年分别为 5.0% 和 13.2% 外，在其他年份并没有出现投入冗余的问题。对投入冗余的具体方面进行分析发现，建设用地面积和二三产业从业人员投入冗余率较高，但二三产业固定资产投资的投资冗余率较低，这归功于第三产业的发展，在发展第三产业的过程中，第二产业的比重出现了显著的下降。在这一过程中，台江县的投入冗余率从 2014 年的 32.9% 降到了 2019 年的 6.9%，是投入冗余率下降最明显的地区，这归功于其第三产业的发展，比如物流服务业、文化旅游业、养老服务业等，其投入产出是从 2018 年开始达到平衡的。

表 3 - 8　　　　　无效决策单元的投入冗余率和产出不足率　　　　单位：%

决策单元	投入冗余率			产出不足率
	Input1	Input2	Input3	Output1
A2	74.2	32.9	72.0	
A4	38.0	9.5	25.0	
A5	32.9	8.0	35.0	
A7	45.9	13.8	15.5	
A8	24.9	24.9	24.9	18.8
A9	5.0	5.0	5.0	81.2
A10	35.9	17.0	25.8	
B2	66.2	31.9	62.8	
B4	29.0	12.9	18.0	
B5	15.8	6.8	21.2	
B6	18.0	1.5	1.5	
B7	24.8	14.0	14.0	
B8	37.9	16.0	16.0	0.6
B10	25.5	15.8	37.0	
C2	59.8	35.9	66.0	
C4	24.7	10.0	14.8	
C5	10.9	10.9	27.0	
C7	31.8	14.9	14.9	13.5
C8	50.7	23.3	23.3	27.2
C9	13.2	1.0	1.0	103.0
C10	51.8	21.0	42.0	
D2	27.9	27.0	31.8	
D4	7.5	5.0	5.0	
D5	5.8	5.8	27.9	

续表

决策单元	投入冗余率			产出不足率
	Input1	Input2	Input3	Output1
D7	27.9	16.0	16.0	
D8	47.2	13.5	13.5	
D10	44.8	14.7	14.7	
E2	34.8	25.9	25.9	
E5	12.1	12.0	41.9	
E7	49.8	18.7	39.1	
E8	45.0	13.8	13.8	
E10	43.0	15.0	15.0	
F2	24.8	6.9	6.9	
F5	6.6	6.6	39.8	
F7	49.9	23.0	23.2	
F8	25.0	12.8	12.8	
F10	31.9	4.8	4.7	

注：Input1－Input3分别代表城市建设用地面积、二三产业固定资产投资和二三产业从业人员；A～F分别代表2014～2019年；1～13分别代表鼓楼区、台江区、仓山区、晋安区、马尾区、长乐区、福清市、闽侯县、连江县、罗源县、闽清县、永泰县、平潭县。

资料来源：笔者自行计算所得。

此外，产出不足的地区主要有闽侯县、连江县和福清市这三个区县（市），在这6年中，闽侯县在前三年的产出不足率呈现先下降后上升的波动变化；2015年出现了一个较低值，为0.6%。连江县的产出不足率较高，除了2014年和2016年产出不足率分别为81.2%和103.0%，随后几年均呈现低值。

从以上的分析可知，投入冗余以及产出不足的问题在福州市各区县（市）较为明显，投入过多的项目体现在建设用地面积、二三产业从业人员两方面，这为福州市减少投入冗余问题奠定了指导基础。福州政府应从多个方面重点协调，对内部各种要素投入结构进行优化。具体可以从加强高新技术产业以及服务产业发展等方面着手，将工矿废弃地用于修建产业园区，或者发展商业服务等，使得这些存量用地可以得到优化利用。

六、综合利用效率比较分析

对三种效率指标进行加总取平均值，计算得到表 3-9 所示的综合利用效率。2014～2019 年福州市区域建设用地综合利用效率较高，最大值为 0.863，出现在 2018 年，最小值为 0.761，出现在 2014 年，平均值为 0.818。6 年间整体呈现波动状态。

表 3-9　　　2014～2019 年福州市区域建设用地综合利用效率评价结果

地区	2014 年	2015 年	2016 年	2017 年	2018 年	2019 年	各年平均值
鼓楼区	0.760	0.818	0.814	0.699	0.742	0.749	0.770
台江区	0.611	0.620	0.633	0.782	0.850	0.872	0.730
仓山区	0.672	0.770	0.748	0.878	0.890	0.798	0.793
晋安区	0.772	0.781	0.820	0.852	0.814	0.790	0.802
马尾区	0.971	0.942	0.911	0.962	0.939	0.912	0.933
长乐区	0.859	0.951	0.828	0.970	1.000	0.998	0.934
福清市	0.871	0.869	0.837	0.859	0.860	0.862	0.860
闽侯县	0.802	0.819	0.805	0.863	0.849	0.852	0.832
连江县	0.820	0.831	0.779	0.810	0.878	0.899	0.836
罗源县	0.752	0.762	0.734	0.739	0.706	0.810	0.751
闽清县	0.702	0.795	0.721	0.812	0.833	0.825	0.782
永泰县	0.773	0.777	0.824	0.836	0.811	0.803	0.802
平潭县	1.000	1.000	1.000	1.000	1.000	1.000	1.000
平均值	0.761	0.835	0.816	0.855	0.863	0.779	

资料来源：笔者自行计算所得。

各区县（市）的建设用地综合利用效率差异较为明显，长乐区、马尾区、平潭县是综合效率值在 0.9~1 之间的高效利用区域，基本上六年的综合效率稳定在 1，其用地效率不受区域经济发展水平的影响，只要经济、社会、生态三方面的要素均衡投入，其总体投入和总体产出就可以保持平衡状态。六年间在 0.9~1 之间小幅波动的区域是马尾区，其综合利用效率因为经济效率不足从而在 2014～2016 年出现了下降，即使 2017 年有小幅提升，但接下来因为经济和社会效率的共同影响从而在 2018 年又开始下降，2019 年继续下降到 0.912；长乐区整体也呈上升趋势，经过前 4 年的不稳定上升后到 2018 年和 2019 年进入最优状态。长乐区的经济发展情况较好，开始从市上升为区，并入福州市城区，这都是其经济快速发展的结果，经济效率、社会效率都较高，促进了其综合效率的提升。第二类是较高利用型，介于 0.8～0.9 之间，区域有晋安区、福清市、连江县、闽侯县和永泰县，福清市因为受到经济效率和生态效率的双重影响而呈现"上升—下降—上升—下降"的连续波动状态，连江县和闽侯县则呈现"先上升后下降再上升"的态势。第三类是鼓楼区、台江区、仓山区、罗源县、闽清县等综合利用效率在 0.7～0.8 间的低效利用区域。2014～2017 年，台江区、晋安区的综合利用效率均呈现上升态势，但到 2018 年后，则分别呈现上升和下降的态势。鼓楼区和仓山区的综合利用效率都是因为生态效率较低而呈现"N"型波动，仓山区呈"M"型波动，主要是由社会效率拉低的。鼓楼区作为福州市的市中心，其面积相对较小，其城市建设用地大多覆盖着较为老旧的建筑，这些建筑不允许拆迁，在保留的过程中导致福州市的城市建设用地缺乏变化空间，直接影响其城市建设用地的综合利用效率。

第三节 城市建设用地利用的影响因素

作为全球可持续发展与生态环境保护的热点之一，土地利用问题深受国际社会的关注与重视，同时也是我国城市空间布局和转型升级的重要一环。前述较为深入地剖析了我国城市建设用地的利用特征、规律以及原因，本节结合定性和定量方法共同研究我国城市建设用地利用的主要影响因素，继续挖掘提升城市建设用地利用效率的具体方法，为城市土地利用规划的制定及空间布局的安排提供可供指导的理论依据，以缓解城市用地日益激化的供需矛盾，促进城市的可持续发展。

城市建设用地利用效率的高低是受多种多样影响因素综合作用的结果，不同的城市在不同经济发展时期受到各种因素的影响程度不同，所体现出的用地变化特征及规律也各有不同，从而导致城市与城市间在空间形态和用地结构上都存在着很大的差异，因而导致城市建设用地利用效率的差异。根据国内外学者以往对城市建设用地利用的相关影响因素研究，可以大致将其归类为自然地理因素和人文社会因素。其中，自然地理因素包括地貌、地形、气候等因素，为城市的发展提供物质基础与基本保障，自然环境的优劣将对城市发展壮大产生最直接的影响；而人文社会因素包括人口规模、经济发展水平、技术水平、宏观政策等，在相对稳定的自然因素基础上，城市人口数量的不断扩张、经济发展水平的不断提高、工业化与城镇化进程的不断推进、科技水平的不断进步将从根本上大大提高城市的发展水平，也将对城市建设用地的规模结构与空间布局起到决定性作用。

一、自然地理因素

自然地理因素包括气候、地形、地貌、土壤等因素，城市间不同的自然地理及环境特征为城市建设与发展奠定了基本的物质基础，并直接影响着城市的规模、空间布局以及发展功能，自然地理环境在一定程度上主导着城市建设用地的利用及其变化特征。城市的土地结构及空间形态受到城市先天形成的地形与地貌影响，地形的分布决定着城市的扩张及发展方向，而地面分割程度则影响着城市各类用地的结构安排，城市用地利用方式也随之产生改变。以北京市为例，北京市属于典型的平原城市，因其地势平坦开阔，为城市建设用地的开发和城市的扩张提供了良好的先天条件，城市从中心以同心圆的方式向各个方向均衡扩张；而像重庆市这样的山地城市，其城市扩张模式较北京市而言则完全不同。由于受山水阻隔，城市开发建设成本高、难度大，建设用地扩张受崎岖地势的影响较大，土地被丘陵、山体或江河分割，被长江、嘉陵江分割的同时，又受到铜锣山和中梁山的阻隔，因而整个城市形成了沿河流带状的"多中心组团式"的发展格局。由此可见，自然地理条件以及先天环境因素对城市建设地利用变化以及土地利用效率有着重要的影响作用。

二、经济发展因素

经济发展是城市发展的根本动力，也是城市用地结构调整和用地规模变化的内在动力，本章选取的经济发展因素主要包括经济发展水平、发展规模、固定资产投资以及产业聚集与产业结构调整。

1. 经济发展水平及发展规模

城市发展的过程本身就是经济发展的过程，城市规模的扩张离不开对资源要素的开发与利用，土地资源作为城市经济发展的重要依托和基本生产资料，其利用效率取决于区域经济发展水平，土地利用水平同时也将直接促进或抑制城市的发展进程。经济的发展与进步客观上需要对土地资源加大投入，进而产生土地利用效率的变化。要使城市经济平稳、健康、可持续发展，就必须对土地进行集约、高效利用，不断优化城市用地结构与用地规模，以提升城市用地效率，使城市空间布局趋于合理化；同时，随着城市建设用地结构的不断完善，土地利用效益不断提高，又能进一步推进城市经济的可持续发展，两者相辅相成、相互促进。因此，城市的发展规模越完善，经济发展水平越高，对城市建设用地结构的完善以及土地规划的驱动力就越强。

经济规模特指某一地区在特定时间内能够生产出来的财富总量，代表了一个地区的生产水平和创造财富的能力。经济规模的提高表现为经济发展辐射范围的扩大以及经济增长速度的提升。社会经济的发展和经济规模的壮大离不开对资源要素的开发与利用，城市建设需要以土地作为基本载体，城市经济的发展与进步需对土地资源加大投入和使用。城市用地利用效率取决于区域经济发展规模，土地利用情况同时也将直接促进或抑制城市发展进程。然而，经济的发展空间趋于无限，而土地资源的利用趋于有限，城市的发展需要考虑到有限土地资源的不可再生性，必须在土地可承受范围内对其进行可持续利用，对土地资源进行优化配置，才能实现土地利用的最优效用。在新型城镇化和生态文明建设的要求下，要使城市或城镇经济平稳、健康、可持续发展，就必须对城市建设用地进行集约、合理、高效利用，优化土地利用结构，控制增量土地的扩张规模，不断挖掘存量土地的再利用潜能，以提升土地的综合利用效率。

2. 固定资产投资

固定资产投资作为城市空间规模扩张的重要手段之一，表现在通过对金融资本、技术设备等要素的投入促使城市通信、交通、医疗机构、公共基础设施等方面的发展与完善；在空间上表现为城市规模不断扩大、城市地域不断外延；在用地性质上体现在越来越多的农业用地转化为非农用地。城镇化过程中，要素投入水平的高低是土地利用产出水平的决定性因素，要素投入与土地产出比率直接影响城市用地效率。固定资产投资作为促进区域经济发展和提高国民生活水平的重要有效手段之一，很大程度上体现着城市的发展潜力与发展价值，其投资量直接反映出对一座城市的投资力度和投资规模，同时也与城市建设用地结构调整、用地规模的变化和土地规划利用有着十分密切的关系。

3. 产业聚集与产业结构调整

在城镇化进程中，城市经济不断发展，吸引各生产要素纷纷向城市集中，进而逐渐形成区域间的产业聚集，带来城市的规模效益。随着各个产业在城市的快速聚集甚至急剧膨胀，客观上要求城市空间规模的迅速扩张，而城市建设用地作为产业发展的基本物质载体，其规模理应得到相应的扩大。区域经济发展引发产业结构的调整，随着城镇化进程的不断推进，城市产业结构间也相应出现重大转变与升级趋势。各产业部门出于自身需要对土地资源进行重新分配，对土地资源的占用程度也各不相同，由于各经济部门对土地利用的效率不同，所产生的土地生产率也不同，因此在产业结构调整过程中便形成了相应的城市土地利用结构的调整。具体来说，不同性质的产业所需土地区位有所不同，各产业在不同区位聚集发展，彼此之间形成有机联系的产业链或产业群，对城市的空间布局、用地结构的形态以及动态变化有着较大影响。

在我国经济发展的不同阶段，土地利用也呈现不同结构。在前工业化阶段，以农、牧、渔为主的第一产业占比最大，土地利用以农业用地为主，城市（包括城镇）建设用地和工矿交通用地等比例很低。到工业化阶段，随着工业化建设与城镇化发展加速，第一产业比重下降，农村人口迁移至城市，大量农业人口转变为非农业人口，第二、第三产业比重不断上升，农业用地数量大幅减少，工矿交通用地、建设用地和公共用地比例不断上升。到了后工业化阶段，经济发展进入中高速增长时期，工业用地比重逐渐下降，第三产业逐渐取代工业成为城市经济发展的主要推动力，配套的商业办公用地、生活居住用地、公共交通用地、旅游用地、生态用地等数量持续不断增加，并占据着城市的中心位置和黄金地段。工业用地也相应地搬离城市中心，并在城郊处聚集。因此，在不同发展时期，随着产业结构的变化，城市建设用地的规模和数量也发生着变化，城市空间布局也随之调整。

从我国目前经济发展形势和城镇化快速发展的态势来看，在今后很长一段时间内，产业聚集和产业结构升级将成为我国城镇化发展的主要特征之一。当前，在我国经济新常态背景下，随着新型城镇化的提出，人们开始重视经济发展与资源环境的和谐共促，这时期的土地利用结构也将随之发生调整与转变，产业结构转型与土地利用结构之间相互影响、相互作用，最终将达到"双赢"局面，一方面，产业聚集和产业结构升级需要一定的城市建设用地供给来实现；另一方面，产业的转型升级也将促进城市土地的集约、高效与可持续利用。

三、城市发展因素

1. 人口增长

城镇化的基本特点之一表现为农业人口向非农业人口转变，而实现这一转变的基本途径则是农村人口向城市的不断聚集，充足的劳动力资源为城市的建设和发展提供基本支持。这一人口迁移过程有助于消化多余的农村剩余劳动力，降低了农业人口在我国总人口中的占比，工业、服务业、新兴产业等人口比重大幅上升。城市发展过程中人口的聚集效应将促进第二、第三产业的进一步发展，带动区域经济呈规模化增长。

作为城市社会经济活动最重要的主体，人口成为城市发展进程中最具决定性的因素，也是城市规模以及城市规划的最主要衡量指标之一。城市人口规模与城市建设用地的规模有着直接联系，随着越来越多的劳动力聚集于城市，激增的劳动人口出于自身工作、生活、医教、娱乐等需要，对城市的基础建设和公共服务设施提出了更高的要求，由此对相应的城市建设用地的需求也不断增长，而这一需求必须通过扩大城市土地利用范围和强化土地利用程度得以实现。因此，城市发展伴随着大量农业用地转变为城市建设用地、公共服务用地、住宅用地及绿化用地等。这就使得城市土地结构以及空间布局的变化有了最原始的推动力。在城市发展过程中，城市人口规模的扩大直接促进了城市规模和建设用地规模的扩张，两者之间保持着正向关系，发展趋势始终趋于一致。

2. 城镇化发展水平

城镇化是资本、劳动力、技术、产业等要素不断向城市聚集的过程。城镇化是社会发展的必然结果，其发展水平与城市发展有着非常紧密的联系，且城镇化的发展总是伴随着城市土地形态和结构的变化。土地作为城镇化发展的基本载体和重要支撑，其利用方式也随着城镇化所处的各个阶段和不同特征而发生改变。在城镇化初期，各要素向城市迅速集聚，城市规模不断向外扩张，城市建设用地利用过于粗放，用地效率十分低下；当城镇化发展到一定程度时，随着生产要素的不断投入，城市聚集程度不断提高、聚集规模不断扩大，土地产出增加，土地利用效益进一步提升；城镇化后期发展中，传统粗放型的经济发展方式及土地利用方式带来的严峻生态环境问题日益显现，人类开始反思，用绿色、低碳、可持续发展的理念来对待城市经济发展与自然的关系，主要表现在完善产业结构、加大科技投入、升级土地利用方式、优化土地资源配置、完善城市空间布局等，以提高城市发展进程中的土地利用效率。

城镇化水平很大程度上体现了一个城市的经济发展水平，当城市发展到一定程度时，由于土地资源的不可再生性以及我国严守耕地红线的客观要求，决定了城市规模不能无限扩张。在此背景下，应严格控制城市（特别是特大城市和大城市）的增量土地扩张规模，城市土地利用模式应由增量规划转为存量规划，不断挖掘城市存量建设用地的再开发和再利用潜力，摒弃旧的粗放式的土地开发方式，而是以内涵式挖潜的方式寻求城市土地综合利用效率的提升，完善城市的空间布局。

城镇化过程中总是伴随着产业结构的变化，因而，城市土地结构与利用形态也随之发生变化。以我国部分特大城市为例，改革开放 40 多年来，随着我国经济的飞速发展，城镇化也一直处于高速发展态势，我国的一些超级城市与特大城市城镇化水平几乎追赶至发达国家城市化水平，与之相对应的城市建设用地面积在城镇化高速发展阶段也不断增长。

3. 交通建设情况

目前，城市发展的一大特点就是由主要交通干道延伸形成带状蔓延，或者围绕着主要道路形成片状发展。道路建设越完善、交通体系越发达的城市，其通达性越高，也越有利于城市总体投资环境的改善，并促进城市建成区范围的进一步扩大。交通建设条件的提高对我国城市规模的扩大和建设用地的扩张有着直接的推动作用。随着城市交通干道向周边地区和郊区延伸，在其周围集聚了大批相应的住宅办公地和公共配套设施，进一步扩张了我国大部分城市的空间范围，城市建设用地规模也不断扩大。

四、政府规制

在社会主义土地市场中，政府的宏观政策对城市土地利用规划和城市空间布局提供了有力保障。政府通过制定相应政策和条令进一步完善土地管理机制，更好地规范和约束大众的土地利用行为，以宏观政策的约束作用使土地资源得到更科学、更合理的利用规划，促进土地利用结构得到进一步完善。

政府规制是指政府为实现某种目标而对社会经济主体采取的一系列规范措施，通过规制手段对社会经济行为进行约束和修正。政府规制体现了政府对经济活动实行某种干预的能力，进而对城市建设用地也产生了很大的影响作用。政府规制对城市建设用地的影响表现为三个方面：首先，城市建设与发展离不开宏观层面的规划与布局，而土地作为城市发展必不可少的生产要素，在城市发展过程中充当极其重要的基础载体角色，对城市用地的利用和配置离不开政府施加的有效规制手段。政府通过对城市土地资源进行合理的利用规划，实现对土地的最优化配置，通过人为干预不断完善土地的空间布局和利用结构，最大限度减少城市建设用地的闲置、浪费与消耗。其次，城镇化过程中会吸引产业不断向城市和城镇聚集，不同产业通过向同一区域的迁移和聚拢使产业的聚集密度不断提高，当聚集密度到达一定程度时，将产生产业聚集的规模效应。产业聚集和发展必然要涉及对城市土地的利用，政府通过制定相关政策与规定来引导产业集聚及发展方向，用政策引导提高产业集聚的速度和效率，从而提高城市土地的投入产出比率，提升城市用地的利用效益。最后，城市经济的发展与土地利用是相互影响和相互制约的关系，城市建设和经济发展必须以土地作为基本载体和物质支撑，土地集约、高效地利用也将进一步加快城市建设的步伐，提升经济发展的速度和质量。人们对城市经济发展的意愿是无限的，即人们希望经济发展得越快越好，城市规模越大越好，但土地作为不可再生的稀缺资源，其供给量是有限的。经济的发展与土地的利用之间是人类主观意愿与客观现实的对立矛盾的表现。如果城市建设发展建立在对土地粗放利用和毫无节制的浪费消耗上，将给人类赖以生存的生态环境造成不可逆的破坏和伤害，最终也将反作用于经济发展。在此基础上，政府可以通过一系列规制措施对缺乏理性的人类主观行为进行约束和调节，例如，提高对环境污染治理的支出、加大对破坏生态环境行为的惩罚力度等，纠正经济发展过程中对土地浪费及对环境破坏的行为，在不破坏资源环境的前提下发展城市社会经济，进一步提高土地利用的生态效益，完善城市的整体空间布局，促进城市的可持续发展。

城市规划与发展政策在其发展过程中起到十分关键的引导作用，这些规划指引着城市发展总方向，通过对城市功能、产业结构、空间布局的把控与引导，对城市的用地结构与土地形态产生直接影响，宏观部门依照严格的土地规划与土地管理制度控制着城市土地建设用地的结构以及规模的变化，防止土地浪费与破坏，使城市建设用地得到优化利用，从而完善城市的空间布局。

在可持续发展理念指导下，城市建设用地利用是受自然环境、经济、社会、政策等多种因素综合作用的结果，在社会经济发展的同时必须十分重视资源节约与生态环境保护，保证社会经济与生态环境的可持续发展。本章定性总结了城市建设用地利用的一般性规律和主要影响因素，为之后结合福州市实际，基于科学性、可量化性、数据可得性等原则从经济、人口、社会、环境四个角度出发选择相关指标奠定了基础。

第四节　城市建设用地的影响因素分析方法

本章在进行研究时选择使用统计分析软件，通过利用 SPSS 22.0 可对影响城市建设用地的相关因素进行回归分析。第一，通过对影响建设用地的因子的信度和效度进行分析，进而明确该指标体系的可靠性和稳定性是否较高，通过对有效因子进行筛选的方式，进而使其能够进入多元线性回归模型。第二，运用相关方法对系数进行计算，明确城市建设用地和不同影响因子之间的关系。第三，以多元线性回归模型为基础，对影响因子和城市建设用地的关系进行具体化，通过对函数进行拟合的方式完成自变量和因变量的关系分析。

一、信度与效度分析

本方法使用克朗巴哈（Cronbach）a 系数对数据相关可靠性和稳定性进行计算 [见式（3.8）]，进而使不具有较强相关性的指标可以被删除，如果具有一定的指标数目，在具有较高相关系数均值的时候，说明项目具有较高的内在信度，具有较高克朗巴哈 a 系数，其值与 1 接近。在明确某个指标的克朗巴哈 a 系数后，如果对其进行剔除，可让其具有更高的克朗巴哈 a 系数，则说明该指标对其他指标无明显影响，通过对该指标进行剔除，可以提升其他指标的总体相关性。

$$\alpha = \frac{k\,\bar{r}}{1+(k-1)\bar{r}} \tag{3.8}$$

本章在进行研究分析时，选择使用 SPSS 22.0 软件对影响城市建设用地的因子的可靠性和稳定性进行分析，对不同的因子的相关系数进行计算，并完成巴特利特（Bartlett）球形检验等。

二、相关分析

在对不同事物之间的关系进行分析的时候，可对其关系强弱程度进行统计，此时可选择使用相关系数 r ［见式（3.9）］，当 r 比 0 大时，说明两者为正相关；如果比 0 小，则说明两者为负相关；如果 $|r|$ 比 0.3 小，则说明变量之间的线性关系较弱；如果 $|r|$ 比 0.7 大，则说明自变量和因变量之间的线性关系较强。

$$r = \frac{\sum\limits_{i=1}^{n}(x_i - \bar{x})(y_i - \bar{y})}{\sqrt{\sum\limits_{i=1}^{n}(x_i - \bar{x})^2 \sum\limits_{i=1}^{n}(y_i - \bar{y})^2}} \tag{3.9}$$

三、多元线性回归分析

在对变量进行分析的时候，经常会使用多元线性回归模型，其可以对变量数量变化规律进行统计分析。城市空间发展是一个复杂的过程，具有较多的要素和较多的层次。空间利用影响因素之间的关系十分复杂，其具有非线性的关系，同时也有线性的关系，对于非线性模型来说，可通过替换变量的方式让其转化为线性模型。城市建设用地会受到多种要素的影响，对这些要素进行分析的时候，可以选择使用多元线性回归模型［式（3.10）］，进而明确不同影响因素和城市建设用地面积之间的关系。当完成多元线性回归方程的构建后，首先需要对其指标进行检验，包括显著性、拟合优度等。0～1 是拟合优度 R^2 ［式（3.11）］的取值，如果和 1 比较接近，则说明具有较好的拟合优度；如果与 0 比较接近，则具有较低的拟合优度。通过对方程进行显著性检验，可以明确构建的线性曲线是否能够对自变量和因变量之间的关系

进行恰当描述 [式 (3.12)]，如果具有较高的拟合优度，则说明具有较好的显著性。此外，通过对回归系数显著性进行确定，可以明确自变量是否需要在回归方程中得到保持，此时需要使用 t 检验进行分析 [式 (3.13)]，和显著性水平 a 相比，如果小于 0，则拒绝假设，说明零和回归系数之间存在统计性差异，自变量需要在回归方程中得到保留。

$$y = \beta_0 + \beta_1 x_1 + \beta_2 x_2 + \cdots + \beta_p x_p + \varepsilon \tag{3.10}$$

$$R^2 = \frac{\sum\limits_{i=1}^{n} (\hat{y}_i - \overline{y})^2}{\sum\limits_{i=1}^{n} (y_i - \overline{y})^2} = 1 - \frac{\sum\limits_{i=1}^{n} (y_i - \hat{y}_i)^2}{\sum\limits_{i=1}^{n} (y_i - \overline{y})^2} \tag{3.11}$$

$$F = \frac{\dfrac{\sum\limits_{i=1}^{n} (\hat{y}_i - \overline{y})^2}{p}}{\dfrac{\sum\limits_{i=1}^{n} (y_i - \hat{y}_i)^2}{(n - p + 1)}} \tag{3.12}$$

$$t_i = \frac{\hat{\beta}_t}{\dfrac{\hat{\sigma}}{\sqrt{\sum\limits_{i=1}^{n} (x_{ij} - \overline{x})^2}}} \tag{3.13}$$

上式中，p、β、ε 分别代表解释变量的个数、回归模型中的回归系数和随机误差（也称为随机变量）。R^2 为拟合优度，F 为显著性检验，t 为回归系数显著性检验。

第五节　福州市建设用地利用的影响机制

一、影响因素的选取原则

城市建设用地利用影响因素指标体系的构建需要坚持以下几方面的原则：

1. 全面性

影响建设用地规模的因素较多，在确定影响因素方面，需要尽可能将各种因素考虑进来，让指标全面覆盖多个方面，从而做到对被测变量的综合影响评价。

2. 客观性

预测建设用地规模的过程中，需要充分结合当地的经济社会发展情况，因素的选择不能过于主观或者绝对。

3. 可获取性

在数据可得性方面，需要保证各指标可以被科学量化，而且可以直接获取或者通过间接的方式计算得到，从而保障数据站得住脚。

4. 动态性

在社会经济不断发展的过程中，影响建设用地的因素也可能在发生变化，为了保障评价结果的准确性，在评价的过程中，需要对影响因素进行动态调整，确保结果可以随时保持准确合理。

二、选取影响因素

城市建设用地存量更新的目的是基于可持续发展视角，全面提升城市的经济价值、社会价值和生态价值，具体体现在提升城市经济产值、承载人口数量、改善城市基础设施建设、提升城市基础设施的共享程度和利用效率、提升城市用地环境质量等方面。本章结合福州市的实际发展情况，从用地属性、区位等基础条件和经济、社会、环境等方面构建了增量扩张影响因子体系和存量更新影响因子体系。

（一）增量扩张影响因子体系构建

根据上述研究内容以及参考学术界的相关研究成果，城市建设用地的利用效率可以通过经济、社会、生态三方面加以体现，但同时也受到来自这三方面因素的影响。鉴于这三方面包括的内容较为丰富，一般层次分析法的利用主要构建三个层次的指标，但因为本章涉及的指标类型和数量都较为丰富，因此构建了"目标层—准则层—要素层—指标层" 4 个层次的城市建设用地变化影响因子的指标体系（见表 3－10）。其中，在经济影响因素方面，经济发展主要体现在经济增长和产业转型升级方面，于是本书认为经济产出效益和产业升级是城市建设用地变化的经济影响因素；在社会影响因素方面，人口和居民的生活与建设用地的利用息息相关，于是本书将人口承载和居民生活水平两方面作为城市建设用地变化的文化影响因素；在生态影响因素方面，城市建设用地扩张会导致生态环境发生变化，生态环境的保护则会影响城市建设用地的利用情况。因此，本章从经济、社会、生态三个方面构建了城市建设用地变化影响因子体系。具体指标如表3-10所示。

表3-10　　　　　城市建设用地增量扩张的影响因素指标体系一览

目标层	准则层	要素层	指标层
增量扩张的影响因素	经济系统	经济效益	人均GDP、地均GDP、全社会固定资产投资、房地产开发投资额
		产业升级	第一产业比重、第二产业比重、第三产业比重、第二产业/第三产业产值之比、城镇个体私营就业人数比重
	社会系统	物质生活	市区人均住房面积、市区人均道路面积、市区每万人拥有卫生床位、市区每万人公交车辆
		人口承载	城乡居民恩格尔系数比、城镇化率
	生态系统	生态环境	市区人均公共绿地面积、建成区绿化率、环保投资比重、工业固体废物综合利用率、空气优良指数

资料来源：吴新玉. 中国城市建设用地扩张现状及其影响因素研究［M］. 北京：人民出版社，2014.

（二）存量更新影响因子体系构建

城市更新就是城市建设过程中对资源进行可持续利用的过程，当城市更新规划发生变化时，城市存量土地的利用也必须要随之变化，同时要求城市空间也随之更新。本书以可持续发展视角下的城市更新过程中出现的土地资源有限、城市规模超出生态底线扩张等问题为研究对象，对城市更新目标调控作了深入探讨，指出城市更新必须着眼于土地利用率的提高，必须要在扩大城市规模的同时，综合考虑城市用地功能合理，通过城市建设不仅要使城市空间绩效最大化，而且要使社区环境质量得到改善。

1. 提高土地利用效率

2019年，福州市的城镇化达到了70.5%，这一数值随着福州市的经济发展还在不断提升，在这种情况下，福州市需要加强土地的集约化利用，保障土地利用效率的提升，在用地总量有限以及存量规划视角下"严控增量，盘活存量，优化结构，提升效率"①。因此，福州市需要在城市内部首先考虑进一步提升城市建设用地的利用效率，然而，土地利用效率受到多种经济因素的影响，包括城市居民密度、基础设施与公共服务设施规模、资本投资总额、土地出让市场化程度等。

2. 提高城市开发规模

在土地资源有限的福州市，采取土地增量的方式促进城市发展显然不可取，福州市需要挖掘存量土地的价值，将一些闲置用地、低效用地等重新开发出来，从而加以利用，提高城市的开发规模。开发规模由各地块规模、开发强度等指标来衡量。

3. 调整城市用地功能

福州市建设用地中，大部分是划拨用地，这些用地中闲置用地、低效用地的规模较大，对此，福州市需要调整城市用地结构与功能，促进土地利益的提升。由于福州市的工业用地占比较大，随着城市不断推进产业结构的调整升级，削减第二产业占比，大力发展第三产业，从而使得工业用地进一步减少，工业用地闲置的情况得到了显著的改善。总的来说，城市建设用地功能的改善需要从城市闲置和低效用地方面入手。

4. 提升内部空间绩效

福州市 2009 年的城市建设用地面积为 149 平方千米，到 2019 年，城市建设用地面积为 237 平方千米，年均增长率在 2.5% 左右，城市建设用地的面积在逐年增长，而福州市地区生产总值的增长率维持在 7.5% 以上②，城市内部空间绩效急需要提升，当前的这种发展方式不够有序，使得土地功能显得较为单一，从而加重了城市交通拥堵情况，在公共基础设施不足的情况下福州市市民的通勤距离得不到缩减，不利于城市空间要素的优化。为了提升城市空间绩效，福州市需要解决城市建设用地中低效配置、配置不合理、用地失衡发展等问题，在优化教育用地，完善医疗卫生、教育、文化、公共设施等社会服务体系的前提下合理调整空间布局，进而提升内部发展空间利用

---

① 2013 年 12 月，中央城镇化工作会议上提出："要提高城镇建设用地利用效率。要按照严守底线、调整结构、深化改革的思路，严控增量，盘活存量，优化结构，提升效率，切实提高城镇建设用地集约化程度。"详见中央城镇化工作会议在北京举行 ［EB/OL］. 共产党员网，https：//news. 12371. cn/2013/12/15/ARTI1387057117696375. shtml，2013 - 12 - 15.

② 福州市统计局，国家统计局福州调查队编. 福州统计年鉴（2010 - 2020）［M］. 北京：中国统计出版社，2010 - 2020.

效率。

5. 改善社区环境质量

福州市部分地区人口老龄化程度较高，失业率居高不下，社区服务水平有待提升，城市存量更新需要对这些问题加以解决，保障该地区的环境质量和空间品质得到显著提升。其中，人们通常利用区域绿化覆盖率、景观通视性等因素来衡量环境质量的优劣。

综上所述，确定了福州市城市建设用地存量更新评价指标体系，具体如表 3 – 11 所示。

表 3 – 11　　　　　城市建设用地存量更新目标与影响因子对应一览

存量更新目标	影响因子
调整城市用地功能	建筑质量、土地闲置率、改造成本
承担城市开发规模	地块规模、建筑密度、容积率
提高土地利用效率	人口密度、投资总额、就业岗位、土地出让市场化程度
提升内部空间绩效	公共服务设施可达性、公共交通可达性
改善社区环境质量	绿化覆盖率、景观通视性

资料来源：吴新玉．中国城市建设用地扩张现状及其影响因素研究［M］．北京：人民出版社，2014.

三、筛选主要影响因子

利用统计分析与定性分析的方法从城市建设用地的增量扩张和存量更新的影响因子体系中筛选增量扩张和存量更新的影响因子，并对其影响城市建设用地的增量扩张和存量更新的机制进行分析。

（一）增量扩张影响因子的筛选与分析

根据上述城市建设用地扩张的影响因子确定方法，采用福州市 2005 ～ 2019 年的相关统计数据，对 20 项驱动因子指标进行数据整理，对第二产业/第三产业产值之比、城乡居民恩格尔系数比、城镇化率等无效指标加以剔除后，得出剩下指标的 Cronbach α 系数均大于 0. 7，效度检验的 KMO 值大于 0. 7，说明指标的信度可以接受，并且有较强的显著性（见表 3 – 12），剩下的 17 项指标可以进一步进行多元线性回归分析。

表 3 – 12　　　　　　　影响因子体系的信度与效度分析

	指标有效性检验项名称		检验结果
信度检验	Cronbach α 系数		0.892
	基于标准化的 Cronbach α 系数		0.969
	显著性		0
效度检验	Kaiser – Meyer – Olkin（KMO）	测量取样适当性	0.728
	Bartlett 的球形检定	近似卡方分布	123.65
		自由度	15
		显著性	0

资料来源：由软件输出所得。

对部分指标进行自然对数处理后，运用 Pearson 相关分析法分析各影响因子与城市建设用地变化量之间的相关关系，得出了表 3 – 13 的计量分析结果，该结果显示，第二、第三产业占比、每万人公交车辆、建成区绿化率、环保投资比重、工业固体废物综合利用率和空气优良指数与福州市建设用地变化量之间呈现弱相关关系，从而认定这些因素对福州市城市空间扩展的影响可以被忽略。结果还显示，经济系统中的影响因素与福州城市建设用地变化量之间都呈现强相关关系，说明这些因素对福州市城市空间扩展影响较大，社会系统中的住房、道路、交通等基础设施因素能够推动城市空间进一步扩展；生态系统中的相关系数均小于 0.7，说明该系统中的相关因素对城市建设用地规模和城市空间扩张的影响作用较弱。

表 3 – 13　　　　　　　相关性分析结果一览

	影响因素	相关系数	显著性	样本数
经济系统	人均 GDP $X1$	0.769 **	0.001	15
	地均 GDP $X2$	0.770 **	0.019	15
	全社会固定资产投资 $X3$	0.911 **	0.0011	15
	房地产开发投资额 $X4$	0.857 **	0.0028	15
	第一产业比重 $X5$	− 0.910 **	0.0010	15
	第二产业比重 $X6$	− 0.031	0.781	15
	第三产业比重 $X7$	0.680 **	0.0018	15
	城镇个体私营就业人数比重 $X8$	0.812 *	0.0012	15

影响因素		相关系数	显著性	样本数
社会系统	市区人均住房面积 X9	0.940 **	0.000	15
	市区人均道路面积 X10	0.791 **	0.000	15
	市区每万人拥有卫生床位 X11	0.738 **	0.0021	15
	市区每万人公交车数辆 X12	0.482	0.060	15
生态系统	市区人均公共绿地面积 X13	0.888 **	0.0019	15
	建成区绿化率 X14	0.360	0.162	15
	环保投资比重 X15	0.672 **	0.005	15
	工业固体废物综合利用率 X16	0.650 **	0.0046	15
	空气优良指数 X17	0.233	0.472	15

注：** 相关性在 0.01 层上显著（双尾）；* 相关性在 0.05 层上显著（双尾）。

资料来源：由软件输出所得。

对 2005~2019 年福州市城市空间扩展情况进行调查发现，福州市这 15 年来一直采取外延式扩张的方式来拓展城市空间。《福州中心城区空间发展规划》（以下简称《规划》）提出福州市"东进南下"的城市空间扩展计划，根据用地条件，进一步拓展滨江滨海的空间发展规模，逐步形成"一轴、两城、六组团"①的空间发展格局。在福州市的空间发展规划过程中将受到多方因素的影响。

1. 经济影响因素

福州市在资本投入方面体现为，在研究期内（2005~2019 年），全市固定资产投资额和投资规模呈现持续增加的态势，资本投入规模的不断扩张进一步推进城市空间规模的扩张，城市建设用地面积也持续增加。研究期内，资本投入极大地驱动了城市建设用地的扩张速度，福州市的经济产业结构也得到了调整和优化。相比 2005 年来说，福州市 2019 年的第一产业和第二产业的比重出现了显著的下降，第三产业的比重出现了显著的提升，第三产业的发展依赖大量基础设施建设的投入，但福州市 2019 年对第三产业的投资比

---

① "一轴"为东进南下、滨江滨海的城市空间发展轴；"两城"为闽江南北两岸共同构成的主城和长乐—滨海新城共同构成的副城；"六组团"指三江口组团、闽江口组团、甘蔗荆溪组团、旗山组团、青口组团、吴航组团六个组团。详见《福州中心城区空间发展规划》正式出炉［M］. 新华网，http：//m. xinhuanet. com/fj/2017 – 11/18/c_1121975666. htm，2017 – 11 – 18.

重较低，不利于福州市建设用地空间结构的优化。经济效益是城市建设用地扩张的主要影响因子之一，两者是相互促进的关系。比如 2008～2019 年，福州市建设用地增加量呈现先增加后减少的态势，这期间的人均 GDP 和地均 GDP 也呈现相似的变化趋势。但转折点出现在 2011 年，人均 GDP 和地均 GDP 在这一年出现了较大的变化，这归因于第一产业和第二产业比重的明显下降，使得第三产业比重达到 45.04%，为福州市经济增长提供了新的动力（见图 3-1）；2019 年，福州市三大产业对全市 GDP 的贡献率分别达 5.6%、40.8%、53.6%。在这种背景下，一些制造企业也开始加快转型升级的进程，在遵循城市绿色发展基调前提下，严格控制增量用地，并更加优化利用存量用地。利用企业存量用地与新增工业用地进行合理的空间布局，促进工业生产空间的优化整合。

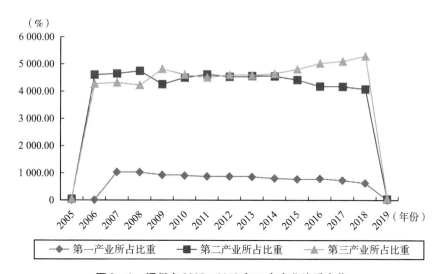

图 3-1 福州市 2005～2019 年三大产业比重变化

2. 社会影响因素

自 2015 年起，福州市在完善"一主一区两副"① 网络格局的基础上，中心城区采取"东扩和南进"的方式，在城市建设中构建了"一区三轴八新

---

① "一主"包括福州中心区、长乐市区—滨海新城和连江，是中心城建设用地拓展的核心地区；"一区"即平潭县；"两副"即福清市、罗源县城 2 个副中心城市，福州市区是福州南翼的中心城市，罗源县城是福州北翼的中心城市。

城"的整体布局，其中"一区"是指在城市三环以内设置一个具有行政、商贸、文化等多种功能的中心区域，以此强化经济发展带中轴线两侧的公共设施服务效能，由中心区向外辐射建立鳌峰洲金融街等六个公建中心；"三轴"是指前期城市公共服务中轴线、城市建设"东扩"规划实施轴线、城市建设"南移"规划轴线；"八新城"是指具有新城中心培育功能的八个区域，包括大学城、马尾、新店等，在这种情况下，福州市的公共服务基础设施不断完善，城市交通状况得以改善的同时城市边缘地域劣势消失，新区建设条件更为充分。城市边缘公共服务水平提升，也促进了城市要素向其转移，进一步扩张了城市建设用地面积。

3. 生态影响因素

城市建设用地规模扩大，向某个方向扩展，以及扩展的形态、格局等一定程度上会受到自然生态因素的影响。福州市的自然资源数量、种类及分布，以及城市景观形态和格局等，都是当地"南移"城市扩张战略形成的基础，是当地城市建设用地加速向南扩展的直接促成因素。另外，自然资源条件也在一定程度上制约着城市建设用地的开发和扩展。福州市环保节能投资额与建设用地增加量的变化趋势基本一致。

4. 行政区划调整与城市发展策略影响因素

福州市于 1970 年、1973 年、1980 年、1983 年、2008 年分别对行政区划进行了调整，增设了永泰、福清、平潭、长乐、永泰、闽清，随着辖区面积的增大，福州市人口数量逐渐上升。福州市城市建设用地不断增加，和城市建设中对行政区划进行相应调整有很大关系。城市行政区域发生改变，进一步扩大城市空间，进而影响城市建设用地的规模。

（二）存量更新影响因子的筛选与分析

根据前述分析，城市建设用地存量更新的影响因子有用地属性、区位条件、经济价值、社会服务和景观环境五个方面（见表 3 – 14）。

表 3 – 14　　　　城市建设用地存量更新的影响因子体系一览

方面	影响因子
用地属性	地块性质、建筑质量、容积率、坡度
区位条件	与主干道距离、与公交站距离

方面	影响因子
经济价值	改造成本、人口密度
社会服务	与中小学距离、与医疗卫生站距离、与商业中心距离
景观环境	绿化覆盖率、景观通视性、与中心绿地距离

1. 用地属性

在评价城市建设用地的再开发潜力方面，需要首先明确用地属性。根据规划内容可知，2019 年，福州市城市建设用地由 40.67% 的居住用地和 20.36% 的工业用地以及其他土地构成（见表 3 – 15），居住用地集中分布在福州市各区县（市），但工业用地则主要分布在平潭县、高新技术开发区等，这些区域还包含了工业用地、公共服务用地、商业设施用地、绿地与广场用地等。工业用地和居住用地，甚至不同等级的居住用地等，再开发潜力均存在差异。再开发潜力较大的是工业用地和三类居住用地，再开发潜力较小的是一、二类居住用地和绿地。此外，地块内的建筑物质量和容积率也会影响存量用地的再开发潜力。总之，城市建设用地的再开发潜力受到多种因素的影响，结合文献材料的研究结果，本书筛选几个主要的用地属性因子来评价福州市建设用地的再开发潜力。

表 3 – 15　　　　　　　　福州现存建设用地平衡表（2019 年）

代码	名称	面积（平方千米）	占城市建设用地面积（%）
R	居住用地	96.00	40.67
A	公共管理与公共服务设施用地	28.27	11.98
B	商业服务业设施用地	8.57	3.63
M	工业用地	48.05	20.36
W	物流仓储用地	3.28	1.39
S	道路与交通设施用地	27.54	11.67
U	公用设施用地	6.37	2.70
G	绿地与广场用地	17.30	7.33
合计	城市建设用地	236	100.0

资料来源：福州市统计局，国家统计局福州调查队编. 福州统计年鉴（2020）[M]. 北京：中国统计出版社，2020.

2. 区位条件

区位条件在城市内涵式增长的过程中也起到关键性作用，主要表现在对再开发区域的选择方面。市区内道路交通系统较为完善。在城市建设用地方面，福州市会优先考虑与主干道更近的地块，因为交通条件越好的地块改造潜力越大。因此，福州市加大了对公交站点、地铁站点周边用地的再开发力度。

3. 经济价值

在城市空间发展模式向存量规划转型的背景下，利益再分配与资源的有效利用是城市存量更新的重中之重，而这两个因素都属于经济层面的因素。作为城市建设用地的主体，居民、政府、开发商等存在利益博弈行为。但现阶段福州市城市建设用地制度还存在一些问题，就业岗位和人口空间分布不匹配等问题较为严重，直接导致一些影响城市建设用地的经济因素出现了变化，从而会降低城市建设用地的经济价值。福州市城市总体规划划定了福清市、长乐区、仓山区、闽侯县、晋安区5个行政区的城镇工矿用地，以上区域的存量用地更新空间改造仍由政府作为主导力量，由政府分派专业部门对旧城区的建筑物及周边环境改造、翻新产生的成本进行具体估算，并将福州市内平均地价、建筑容积率等相关因素与相应地块的开发事宜相结合进行综合考量。

4. 社会服务

在城市建设用地的开发方面，还需要完善公共服务设施，在中小学、医院、文化设施、商业中心等地方建设需要的公共服务设施，实现公共服务设施的均等化，促进社会效益的提升。在开发的过程中，需要优先考虑公共服务社会没有覆盖的区域，如公共管理设施用地和公共服务设施用地（A），以及商业服务业设施用地（B），依据这部分区域涵盖的服务半径决定区域外优化开发地块。

5. 景观环境

在城市社会经济可持续发展的视角下，福州市在经济发展的同时必须十分注重城市资源环境的保护，在这方面，福州市需要增加绿化面积，在城市建设用地的开发中，多增加公共绿地布局。2019年底，福州市总的绿地面积为 12 334 公顷，其中建成区的绿地面积为 6 554 公顷，绿化覆盖面积和公共绿地面积分别为 7 182 公顷和 2 149 公顷，按照福州市人口来计算，人均公共绿地面积仅为 10.61 平方米。其中，福州市 2 149.21 公顷的公共绿地总面积中分布着45处公园绿地和景区①，主要位于福州市的北峰、鼓山风景区及周边区域。福州建成区人口密度高、绿地面积少，这些客观因素均不利于城市存量用地的再开发利用，因此，在对存量用地进行再开发的过程中，需要从与公共绿地距离较近的地块区域着手。

四、影响机制

（一）城市建设用地增量扩张的影响机制

影响城市建设用地增量扩张的因素不仅包括上述所提及的社会因子、经济因子等，还包含自然因素、生态环境因素、政府政策与规制、空间可达性等。这些因素对城市建设用地扩展的影响机制具体如下：

1. 经济因子

上述的福州城市建设用地增量扩张影响因素分析结果显示，全社会固定资产投资（FAI）、人均GDP、地均GDP、第一产业/第三产业占GDP比重等对城市建设用地扩张的影响较为显著，属于可以促进城市建设用地扩张的因素，其他因素则是阻碍城市建设用地扩张的因素，包括房地产开发投资额、二产比重和城镇个体私营就业人数比重等。

福州城市建设用地与人均GDP变动趋势较为相似，都是呈现不断增加的态势，但全社会固定资产投资额的增加呈现先快速增加后平稳增加的态势，与城市开发建设规模的变化趋势不尽一致，说明固定资产投资额不是影响福州市城市开发建设的主要因素。福州城市建设用地与房地产开发投资额的变动趋势也较为一致，这是因为房地产业本身是福州市国民经济的重要支柱产业，这将很大程度上影响城市的经济发展，而城市建设用地作为房地产业最重要的物质基础，房地产业发展态势将很大程度上影响城市建设用地的变化。鉴于第三产业的发展与城市建设用地增长趋势较为一致，进一步确定两者呈现显著的正相关关系，进一步说明第三产业的发展是促进城市建设用地扩张的因素（见图3-1）。表3-16的结果也显示，福州城市建设用地的扩张与三产比重增长态势基本一致，都是呈现先快速增长后平稳增长的特点。福州

---

① 福州市统计局，国家统计局福州调查队编．福州统计年鉴（2019）［M］．北京：中国统计出版社，2019.

地区生产总值增长主要靠第三产业拉动，并且带动作用在不断增强。在福州产业结构转型过程中，第二产业的工业用地被第三产业的公共服务基础设施用地所取代，从而促进了第三产业产值的增加。

表 3－16　　　2005～2019 年福州三次产业对地区生产总值增长拉动情况　　单位：%

年份	地区生产总值	第一产业	第二产业	第三产业
2005	－4.71	1.39	5.88	6.77
2006	12.68	0.88	5.8	7.0
2007	18.70	0.89	5.6	7.46
2008	15.72	0.87	5.19	7.1
2009	14.14	0.9	4.78	7.4
2010	20.01	0.92	6.18	7.0
2011	18.70	0.82	5.5	6.3
2012	13.50	1.2	4.3	4.9
2013	11.40	0.9	3.6	4.7
2014	10.55	0.82	2.2	4.4
2015	8.70	1.72	3.7	4.9
2016	10.32	0.8	2.7	6.9
2017	14.62	0.7	2.8	7.3
2018	10.60	0.9	2.2	6.9
2019	8.6	0.6	2.0	7.0

资料来源：笔者自行计算所得。

福州市建设用地受到经济因素的影响在不断降低，但经济因素中的全社会固定资产投资总额在研究年限内的变动较大，福州市建设用地规模的增加幅度受到经济因素的影响较大，但随着城市发展目标向多元化演变，城市建设用地的增加对这一经济因素的依赖性开始下降，从原先的以经济投入为主导的外延式扩张模式变为内涵式增长模式。

2. 社会因子

在本书所选的福州市建设用地增量扩张社会层面的影响因素中，会促进福州市建设用地扩张的因素有人均住房面积、人均道路面积、万人拥有卫生床位等指标。利用曲线拟合的方法分析这些影响因子对城市建设用地扩张的影响程度，发现城市人均道路面积、人均住房面积、万人卫生床位数等因素会较大程度地促进建设用地增量扩张。其中，城市道路交通的建设与城市建设用地的开发是相互影响的关系，固定资产投资额在其中发挥协调作用。但两者在研究年限中的变化趋势基本相同，都是先快速增长后缓慢增长。同理，人均住房面积的增加和居民居住条件的改善都将大幅促进福州市空间规模的扩张和建设用地面积的增加，城市空间进一步向郊区延伸，逐渐形成圈层发展模式。当城市建设用地扩张达到一定规模时，福州市卫生床位数量会进一步增加，但这些变化在中心城区更为明显。总之，经济因素对福州市建设用地的影响主要表现在道路、住宅、医疗等基础设施建设方面，这些因素对城市建设用地的影响是显著的。

3. 生态因子

地形地貌、坡度高程、水系河流等是影响福州市建设用地增量扩张的生态因素，坡度、高程等条件一定程度上会限制人类的活动，从而决定城市生活人口的活动方式，城市空间布局结构、组合方式以及发展方向等。城市土地资源的坡度、坡向、高程等条件存在差异，因此也导致城市空间结构布局出现差异，当这些要素发生变化时，城市空间结构布局也会相应发生改变。按照土地利用规划编制所采用的坡度分级标准，福州市建设用地及后备宜建设用地主要集中于海拔 500 米以下、坡度处于 $6° \sim 15°$ 之间的土地类型[1]。此外，其他地理因素也会对福州市建设用地扩张带来影响。

4. 影响机制分析

在城市建设用地与影响因子拟合关系基础上构建回归模型［公式(3.14)］。根据模型公式可知，Y、X 分别表示城市建设用地面积和城市建设用地变化影响因素，回归系数分别用 a，b，c，d，e，$\cdots$，n 表示，常量为 S。

$$Y = aX_1 + bX_2 + cX_3 + dX_4 + \cdots + nX_n + S \qquad (3.14)$$

运用上述公式，对福州市 2005 $\sim$ 2019 年各年度城市建设用地面积及其扩张影响因素之间关系进行回归分析，得出 Y 与 X 的多元回归拟合关系结果。结果显示，在本书所选的 17 个影响因素中，只有全社会固定资产投资 X_3、第三产业比重 X_7、市区人均道路面积 X_{10} 和建成区绿化率 X_{14} 这四个因子对福

---

① 张转转，范胜龙，唐南奇. 基于 GIS 技术的福州市后备宜建设用地空间分布及潜力研究［D］. 福建省土地学会会议论文集，2016：1 – 7.

州市城市建设用地面积有显著的影响（$P < 0.01$），回归方程的 R^2 为 0.989（见表 3 – 17）。

$$Y = 6.708 + 0.356X_3 + 3.982X_7 + 0.063X_{10} + 2.789X_{14}$$

表 3 – 17　　　　　　　　　影响因子的回归分析结果

	非标准化系数 B	标准误差	标准系数 Beta	t	Sig.	共线性统计量容差	VIF
C	6.708	0.631		10.521	0.000		
X_3	0.356	0.045	1.348	7.948	0.000	0.038	27.195
X_7	3.982	1.001	0.309	3.989	0.001	0.171	5.697
X_{10}	0.063	0.008	0.468	4.699	0.001	0.099	9.687
X_{14}	2.802	0.433	0.435	6.605	0.0012	0.2706	3.755
整体模型	$R^2 = 0.989$；Adj. $R^2 = 0.993$；F = 20.225（$p = 0.001$）						

资料来源：由软件输出所得。

从这一模型可以看出，福州市全社会固定资产投资总额每增加 1 个单位，福州市建设用地就可能增加 0.356 个单位；福州市第三产业比重每增加 1 个单位，福州市建设用地就可能增加 3.982 个单位；福州市市区人均道路面积每增加 1 个单位，福州市建设用地就可能增加 0.063 个单位；福州市建成区绿化率每增加 1 个单位，福州市建设用地就可能增加 2.789 个单位。这四个因素是导致福州市建设用地增量扩张的主要因素。其中，第三产业比重对福州市建设用地的影响最大，其模型回归系数为 3.982，该影响因子属于经济系统中的影响因子。

上述四个影响因子——经济系统中的全社会固定资产投资（X_3）、第三产业比重（X_7），社会系统中的市区人均道路面积（X_{10}）和生态系统中的建成区绿化率（X_{14}），对福州市增量用地扩张的影响作用十分显著，进一步说明经济、社会以及生态因素将显著影响福州市城市空间和增量用地的扩张。出现这种结果的原因可能是：经济因素影响城市经济活动的集聚与分散，为城市建设用地的增量扩张提供资金支持，社会因素中的道路交通情况决定了道路的可达性，而建成区绿化率则直接影响城市建成环境的品质高低。

（二）城市建设用地存量更新的影响机制

城市存量用地的更新进程会受到许多因素的影响，包括土地属性、地理位置（区位）、经济产出价值、社会服务、景观环境等，且以上因素在影响福建省城市建设用地存量更新方面呈现一定的规律。

1. 用地属性因子

作为福州市存量更新的基础性影响因素，城市建设用地的部分属性可能对城市存量更新存在一定的阻碍作用，比如城中村、棚户区等老旧居住区以及工业区等可能会阻碍福州市的城市化进程。目前，福州市鼓楼区就有很多多层、中低层住宅，建筑物质量较差，建筑密度较大，不利于福州市的存量更新。仓山区、马尾区、鼓楼区等工业用地中，存在厂房建筑闲置、容积率低等问题，急需要对这些地块进行再开发。

2. 区位条件因子

区位条件作为内部驱动因素很大程度上影响着城市空间的形态变化。城市发展初期，区位优势明显的地区优先生长，进而产生一定的空间、经济、资源及人口等效应，进一步影响周边地区的空间发展形态。当前发展阶段要求城市空间发展格局应尽可能地缩减城市增量用地指标，控制增量土地的扩张规模，转而推进城市存量用地的优化利用，促进城市用地结构的优化，提升城市存量用地的再开发潜力与再利用效率。区位条件这一因素是城市空间优化和存量土地再开发利用潜力评价需要重点考虑的内容，这一因素由多方面细分指标构成，比如空间可达性等，一般可达性较强的区域城市道路网更加完善，道路沿线未充分开发的地块就有很大的再开发潜力，是需要优先开发的地块。很多离市中心很近的地块满足这方面的条件，区位优势较为明显，空间绩效较高，但相比之下，城市边缘区的土地缺乏再开发潜力，因为这部分土地的交通网络和空间可达性都较差。可见，分布在城市边缘区但距离城市中心 5 000 ~ 9 000 米的圈层是具备开发潜力的地块。

3. 经济价值因子

城市存量用地的更新和再利用潜力开发过程涉及包括政府、开发商、居民等多方主体在内的共同利益，根据博弈论，每个利益主体在博弈的过程中都倾向于实现自身利益最大化的目标。但经济价值因子会对城市存量更新产生决定性影响，因为地块的再开发难度很大程度上取决于地块的改造成本和拆建比，在改造成本一定的情况下，地价越高，再开发难度越大。此外，容积率也会对地块的经济价值产生影响，如果实际容积率低于拆建比与现状容积率相乘得到的容积率，会导致用地更新与再开发的经济价值趋于零。在没有经济价值或者经济价值很小的情况下，建设用地就没有开发的必要了。在福州市城市建设用地中，工业用地的地面地价水平值最低且容积率较低，对其进行再开发，可以促进经济价值的提升；商业用地的地面地价水平值最高且容积率也较高，其可获取的经济价值较小。

4. 社会服务因子

社会服务因子对城市建设用地的扩张也有很大的影响，这种影响也是通过具体的影响因子来实现的，其中，公共服务设施的完善程度会一定程度上影响着城市区域的空间布局和存量更新活动。城市基础设施和公共服务设施越完善的地块再开发成本较低，再开发潜力较大，这是因为这部分地块可以更方便地获得教育、医疗、商业服务以及公共服务，无须通过城市更新与区域改造的方式增加公共服务设施的额外投入。公共服务设施的空间可达性可以用来衡量城市对这些服务或设施的迫切性和必要性，从而判断城市公共服务压力的大小，因此，距城市公共服务设施越近的地块，其再开发潜力也就越大。

5. 景观环境因子

城市绿地系统是否优化关乎到城市环境提升水平的高低，除了可以显著改善城市环境外，它还具有为居民提供休闲场所、连接各功能斑块等功能，是福州市城市建设用地存量更新与再开发的重要环节。一般来说，距离城市公共绿地越近的地块，其再开发和再利用的潜力越大，城市空间品质提升效率也将越高。福州市很多地块的绿地覆盖率偏低，急需进行再开发。

总之，用地属性、区位条件、经济价值、社会服务、景观环境等都可能对城市存量用地的更新与再利用产生较为显著的影响，在对福州市城市建设用地存量进行更新的过程中，需要全面考虑这些因素的变化。

第四章

福州市存量用地再开发潜力分析

第一节　存量用地特征及再开发对象

通过上述分析可知，福州市建设用地的利用效率还有一定的提升空间，尤其是一些面积较大而开发程度不高的区县（市）。土地资源的稀缺性决定了土地供给量远无法满足城市发展对其无限的需求量，因此，我国大部分城市迈入存量土地开发时代，不断挖掘城市存量土地的再开发与再利用潜力，内涵式提升土地的综合利用效率，促使城市空间布局不断完善，推进城市社会经济的可持续发展。对于空间发展限制较大的福州市而言更是如此，向外扩张增量用地显得不太可能，因此，需对福州市存量用地进行再开发，以集约化的土地利用方式和科学的土地空间布局提升城市土地的综合利用效率。在对城市存量用地再开发之前，需要对城市再开发潜力展开具体评价。

一、存量用地类型

增量用地和存量用地是我国对用地的两种分类形式，但不同于存量用地，增量用地完全受到政府的控制，源于农用地征用和未利用地，处于土地链中的"一级市场"；存量用地则是在土地用户的交易中产生的，处于土地供应链中的"二级市场"，这类土地交易有时间限制，但在交替或储备等的基础上可以向增量土地方向转化。总之，存量用地具体分为以下几种。

1. 批而未供土地

批而未供土地指已经批准但尚未开发和使用的土地。这就存在批而未征和征而未供两种形式，前者是已经取得省级政府农转用审批手续但还没有出让给开发建设单位的集体农用地。后者一般是拆迁和土地征用过程中遇到困难，或者是因为投入不足，导致项目落地不理想。一定数量的"批准但未供地"属于城乡发展过程中不可避免的资源统筹的产物，但随着城镇化过程中土地出让金的数量不断增长，会导致城市用地指标不断趋于紧张态势，同时，土地未批先建的违法占地经常以一种不正常的方式消化这部分指标，长此以往造成恶性循环。

2. 闲置土地

"闲置土地"在《闲置土地处置办法》中有明确定义，是指国有建设用地使用权人超过国有建设用地使用权有偿使用合同或者划拨决定书约定、规定的动工开发日期满一年未动工开发的国有建设用地。已动工开发但开发建设用地面积占应动工开发建设用地总面积不足 1/3 或者已投资额占总投资额不足 25%，中止开发建设满 1 年的国有建设用地，也可以认定为闲置用地。目前，由于土地的大量供应和房地产市场的萎靡不振，我国各大城市在工业园区、开发区、新城等地闲置土地的情况尤为普遍。

3. 低效利用土地

"低效用地"是指城乡建设用地利用不足，土地利用效率低，不符合环境保护和景观保护要求的土地，具有再开发潜力和满足城乡发展要求的再开发需求。低效利用土地在存量土地中占比大，但在定义上比较模糊，包括废弃未利用的土地、利用率和投资强度较低的土地、产能较低需改良技术设备的工业用地，以及单位或者组织因为被撤销资质、破产或者更换地址等产生的无主地或废弃地等。

二、存量用地再开发对象

福州市存量用地主要源于叠加棚改计划、低效企业用地、沿江清理用地等方面，在空间上主要分布于晋安区、闽侯县、连江县和罗源县，鼓楼区、台江区和仓山区的再开发潜力有限，马尾区、永泰县和闽清县虽具备一定规模的可建设、可利用土地资源，但潜力较小。福州市较高利用潜力和较高利用潜力的后备宜建设土地和再开发利用的土地资源主要分布于福州市的南部和北部，中等利用潜力的后备宜建设可利用土地资源主要分布于东南部，低利用潜力及较低利用潜力的后备宜建设可利用土地资源主要分布中心城区及西南部，区域后备宜建设可利用土地资源潜力空间分布不均衡。

福州市存量用地整体以城中村、棚户区、破产企业的闲置地等为主，应充分利用已开发的土地资源，使土地效益最大化；积极引导城市建设用地向地上、地下发展，积极拓展建设用地新空间，使土地效益最大化；在保护生态环境的前提下，优先开发交通条件便利、离绿化地带较近的地块，加强对棚户区、老旧工业区的改造，促进福州市建设用地开发效益的提升和城市更新效率。存量土地再开发工作涉及多方利益，比如政府部门、土地使用者、开发商等，要想有效调动资金的利用，需要对各方利益加以综合考量，使存量土地可以得到最大化利用。最后，加强公众的参与，丰富公众参与的方式，使土地再开发的需求得到充分满足，保障土地整体效率得以提升，从而使存量土地再开发建设工作得到有序进行。

第二节　存量用地再开发潜力评价框架建立

对城市存量用地进行分析，通过使用多因子叠加方法对其再开发潜力进行评价，进而明确不同区域具有的潜力分区，以未来用地规模限制为基础，完成对存量用地调整对象的提取，明确 2035 年本书研究区域存量用地的调整规模，进而为城市扩张用地控制过程提供相关资料，也为对路径进行调控奠定空间基础。本书研究思路和技术路线如图 4-1 所示。

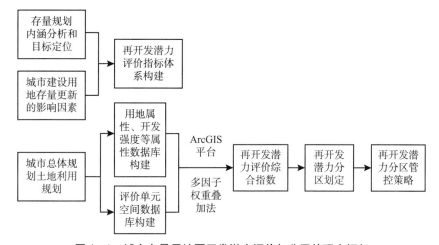

图 4-1　城市存量用地再开发潜力评价与分区的研究框架

资料来源：田雨，蒋伶. 基于 GIS 的存量用地潜力评价方法研究——以南京市鼓楼区为例［J］. 城市住宅，2019，289（3）：152-153.

在研究的过程中，首先参考相关的研究成果，结合福州实际情况，依据存量规划目标明确福州市建设用地存量更新的影响因子，确定各指标的评价标准，运用层次分析法确定各评价指标权重。接着对存量用地再开发潜力进行评价，在评价的过程中，按照福州市城市总体规划的具体内容，可将城市存量用地再开发潜力评价分为几个基本的单位，在 ArcGIS 上进行矢量化处理，对各评价指标进行属性赋值，构建福州市建设用地的存量用地空间数据库。基于此，再对各单元各单因子的再开发潜力进行测评，然后对这些因子进行叠加，计算出各单元的再开发潜力综合值，进而计算出福州市总的存量用地再开发潜力。最后，运用空间分析法确定城市存量用地的再开发潜力综合指数等级，划定存量用地再开发潜力分区。这些结果可以方便福州市政府预测出 2035 年需要调整的存量用地规模，从而制定科学合理的内涵式增长的城市规划策略。

第三节　城市存量用地再开发潜力评价方法

城市建设用地的存量用地调整相当于是"增量扩张"向"存量优化"转化过程中的具体实施路径。城市存量土地调整的主要对象是城市发展过程中已规划或已占用的土地，包括已使用和未使用或被闲置浪费的土地，存量土地优化利用主要是通过对城市已规划、已占用或闲置土地进行重新布局和功能优化升级来完成城市更新与转型发展。针对不同发展区域、不同用途、不同性质的存量土地进行再开发潜力等级分类，并对不同等级的存量用地展开差异化和针对性的调整方案与利用策略。研究范围内已经建成的城市建设用地的再开发潜力可以通过模型计算得到，在此基础上用来评价再开发潜力的等级，排列出用地优劣顺序，可以为城市调整存量土地利用规划提供依据。模糊综合评价法、主成分分析法、层次分析法、数据包络分析法、判别分析法、因子分析法、熵值法、人工神经网络法等是城市存量建设用地再开发潜力评价的常用方法，本章之所以选择模糊评价法，是因为该方法的数据更方便获得，并且模型更容易操作，用此种方法得出的建成区各地块再开发潜力综合指数也较为准确可靠。该方法在使用的过程中，先构建评价指标体系，接着建立层次的隶属度函数及隶属度矩阵，在模糊计算的基础上得到综合评价矩阵，最后得出综合评价结果。具体评价过程如下：

一、建立评价指标因子集及评语集

对城市存量用地相关评价指标体系进行构建，完成对其再开发潜力的确定，确保评价结果更加科学可靠，所以本章在对福州城市进行研究的时候，若想要评价存量用地的再开发潜力，需要对决策评价对象、性质等进行全面分析，构建多层次的指标体系，使其能够对反问题进行准确全面的反映，$U_i(i=1, 2, 3)$ 为指标层单要素子集，$U_B = \{U_{B1}, U_{B2}, U_{B3}, \cdots, U_{Bn}\}$ 为准则层要素集合，详见式（4.1）。

$$U_{B1} = \{B_{11}, B_{12}, B_{13}, \cdots, B_{1n}\}$$
$$U_{B2} = \{B_{21}, B_{22}, B_{23}, \cdots, B_{2n}\}$$
$$U_{B3} = \{B_{31}, B_{32}, B_{33}, \cdots, B_{3n}\} \tag{4.1}$$

以实际评价需求为基础，对评价等级指标进行构建，其中包括5个等级，分别为：非常不适宜，分值为1；不适宜，分值为3；一般适宜，分值为5；比较适宜，分值为7；非常适宜，分值为9，如果具有较高的分值，则说明该块土地具有较大的再生潜力，因此可以对其进行开发。公式（4.2）所示的是评价指标因子的评语集。

$$V = \{V_1, V_2, \cdots, V_n\}$$
$$= \{非常适宜，比较适宜，一般适宜，不适宜，非常不适宜\}$$
$$= \{9, 7, 5, 3, 1\} \tag{4.2}$$

二、确定评价指标的权重分配

在对模糊矢量评价指标进行分析时，可采用多种方式明确其权重，经常使用的方法是层次分析法（AHP），其是一种定量分析法，步骤包括：第一步，对相关评价指标体系进行构建，进而使其结构模型能够实现多层次分析；第二步，以德尔菲法原理为基础，让专家对相关指标进行打分，进而完成对判断矩阵方向向量的计算，以此为基础，可明确不同指标和上一层指标的关系，即给予指标权重值。完成体系构建之后，需要针对判断矩阵校验一致性指标 CI。详见公式（4.3），如果满足 $\lambda_{max} = n$，$CI = 0$，则说明该判断矩阵一致性良好。为衡量 CI 的大小，引入随机一致性指标 RI。在判断矩阵一致性是否令人满意的时候，可选择使用随机一致性比例 CR 完成，如果满足 $CR = \dfrac{CI}{RI} < 0.10$，则可以认为该判断矩阵具有令人满意的一致性。

$$BW = \lambda_{\max} W \qquad (4.3)$$

$$\lambda_{\max} = \sum_{i=1}^{n} \frac{(AW)_I}{nW_i} \qquad (4.4)$$

$$CI = \frac{\lambda_{\max} - n}{n - 1} \qquad (4.5)$$

式中，$\lambda_{\max}$ 为判断矩阵的最大特征根，W 为对应于 $\lambda_{\max}$ 的正规化特征向量，W_i 就是对应指标单排序通过 AHP 方法确定的权重值。

三、构建隶属度函数和模糊矩阵

完成对不同评价指标再开发的赋值之后，对其进行模糊评价，以隶属度函数为基础，对指标因子集中的单因素 $u_i (i = 1, 2, 3, \cdots, n)$ 进行分析，对其评判等级的隶属度进行评价，即 u，从此可以获得以下判断矩阵 R。

$$R = \begin{bmatrix} R \mid u_1 \\ R \mid u_2 \\ \vdots \\ R \mid u_P \end{bmatrix} = \begin{bmatrix} r_{11} & r_{12} & \cdots & r_{1m} \\ r_{21} & r_{22} & \cdots & r_{2m} \\ \vdots & \vdots & \vdots & \vdots \\ r_{p1} & r_{p1} & r_{p1} & r_{pm} \end{bmatrix} \qquad (4.6)$$

四、计算评价指标障碍度

之所以需要分析分类指标和评价指标的障碍作用，其根本目的是明确在城市发展过程中阻碍存量用地再开发的关键性因素，在调控城市存量用地时，需要对因素进行判断，明确对城市存量用地再开发造成影响的主要因素，以这些因素为出发点提出合理的调控措施和手段，进而使城市存量用地可以得到消化，激发城市发展潜力。

在对障碍因子进行计算的时候，需要从三个维度进行，包括障碍度、因子贡献度和指标偏离度。在分析总目标和单个因素之间关系的时候，则可以选择使用因子贡献度（U_j）实现，通过使用该指标可明确单因素对点目标的权重（w_i）；在明确再开发目标和单项指标关系的时候，可以选择使用指标偏离度（Z_{ij}）；在研究再开发目标和单项指标分类指标之间关系的时候，可以选择使用障碍度（F_i），通过对数值大小进行排序的方式，明确在城市开发中对其造成阻碍作用的因子的重要程度，可通过以下公式进行计算：

$$U_j = w_j \tag{4.7}$$

$$Z_{ij} = 1 - y_{ij} \tag{4.8}$$

$$\begin{cases} y_{ij} = \dfrac{x_{ij}}{m_{ij}}, & \text{正向指标} \\[3mm] y_{ij} = \dfrac{x_{ij}}{m_{ij}}, & \text{逆向指标} \end{cases} \tag{4.9}$$

$$F_{ij} = \frac{z_{ij} w_j}{\sum\limits_{j=1}^{n} z_{ij} w_j} \tag{4.10}$$

式中，w_j 为指标权重，y_{ij} 为标准化值，x_{ij} 为指标原始值，m_{ij} 为理想值。

第四节　存量用地再开发潜力评价体系构建

在构建存量用地再开发潜力评价体系之前，需要先明确构建该体系的原则，从而使得该体系的构建过程更加科学合理，在此基础上建立评价指标体系，进而计算各指标的权重，最后在对各指标进行打分的情况下得出最终的再开发潜力值。

一、评价体系构建原则

城市存量用地的再开发潜力评价主要是帮助城市识别出低效用地、闲置用地等利用情况，并预测城市建设用地未来的发展潜力，但这种潜力值是相对的，它仅能反映城市建设用地在存量系统的综合发展状况以及城市存量用地各部分的发展差异。为了保障再开发潜力评价体系构建的合理性，福州市在构建存量用地再开发潜力评价体系时可以遵循以下原则：

1. 目标性原则

城市土地资源与空间规模是有限的，这就决定了城市新增土地规模同样受到了限制，不可能无限增加，扩张的土地规模需要在这一限制下进行，并且不能超过生态系统承载力限制，在不影响地块功能、性质和开发强度的情况下保障城市整体生态、社会和环境效益等不受到较大的负面影响，从而在优化用地功能和空间结构的基础上保障各项因素都得到充分改善。

2. 综合性原则

城市存量用地再开发是一个较为复杂的系统，这一系统包括多方面的因素，这些因素共同作用，导致城市存量更新受到影响，而且主观因素和客观因素都存在，在构建存量用地再开发潜力评价体系的过程中需要将这些因素综合起来，让结果尽可能真实准确。

3. 可操作性原则

在对存量用地再开发进行评价的时候，选择的指标包括客观量化类型和主观判断类型。在对量化指标进行选取的时候，应该对本章研究区域的具体情况进行充分分析，进而使其能够衔接相应的规范标准。在获取客观类量化指标的时候，可以从相关部门和相关机构获取数据统计分析结果；以实地调研为基础完成对主观判断类数据的收集，尽可能量化该类型评价指标，让本章研究区域城市用地的实际情况得到客观反映，进而提升本章评价指标体系的操作性。

4. 层次性原则

分析城市存量用地可以明确，这是一个复杂的系统，无论是再开发还是更新，都会受到多种因素的影响，这种影响具有层次性。因此，在对其进行分析的时候，可以以系统论为指导基础，对不同影响因子系统进行区分，在明确子系统要求和目标的基础上，完成对评价指标的选取。对相关研究资料进行分析，构建三层次指标评价体系，选择的准则层子系统为影响城市存量用地更新的因素，根据因子的变化规律完成对评价指标的选取。

二、评价指标体系建立

本节主要评价 2019 年福州市建成区存量用地的再开发潜力，综合利用层次分析法和模糊评价法来评价福州建成区各地块的土地利用效率、用地功能、空间绩效、环境品质改善等方面，在对各地块评价结果进行叠加的基础上得出总的再开发潜力值。

（一）评价指标体系框架

以本书前述研究获取的建设用地的影响因子为基础，对评价指标体系框架进行构建，其包括三个层次，其中，本书选择研究对象用地的再开发潜力综合指数为目标层；准则层为用地属性、区位条件、经济价值、景观环境、社会价值五个维度；每个维度的指标层指标有 3～5 个，这些指标能够全面反映福州城市建设用地的再开发状态，从而确定存量更新目标是否实现。

（二）评价指标的选取

福州市的建设用地更新目标在于提高城市土地利用效率和存量空间绩效，使得城市用地功能得到改善，为实现这一目标，本章选择了用地属性、区位条件、经济价值、社会价值和景观环境这五个维度指标来反映城市存量用地再开发的影响因素，然后针对每个维度的指标来确定细化的指标。在这方面，笔者咨询了多位专家和学者，并在阅读相关文献的基础上最终筛选出了 14 个评价指标，其中，用地属性准则层包括的指标有 4 个，如容积率、建筑质量等；区位条件准则层包括的指标有 2 个，如与主干道距离等；社会价值则是对其附近是否具有便利的周边设施进行考虑，其一共由 3 个指标构成，包括与商业中心的距离、与中小学的距离等；景观环境则是对其生态效应进行考虑，包括的指标有 3 个，分别是绿化覆盖率、景观通视性和与中心绿地距离（见表 4－1）。但定性指标和定量指标同时存在，定性指标无法进行直接量化，需要先进行一定的量化处理。

表 4－1　　　　存量用地再开发潜力评价指标体系构成一览

目标层	准则层	指标层
再开发潜力	用地属性	地块性质、建筑质量、容积率、坡度
	区位条件	与主干道距离、与公交站距离
	经济价值	改造成本、人口密度
	社会价值	与中小学距离、与医疗卫生站距离、与商业中心距离
	景观环境	绿化覆盖率、景观通视性、与中心绿地距离

（三）再开发潜力评价指标权重的确定

上文已经阐述了，对本书研究对象存量用地进行分析评价，在评价再开发潜力的时候选择使用 AHP 法，通过使用该方法完成了模型构建判断矩阵的确定，明确了不同评价指标的权重。

1. 构建多层分析结构模型

本章在进行研究分析的时候，通过构建指标体系的方式，完成对用地再开发潜力的评价，通过对其进行层次化划分，进而使其形成层次结构模型，该模型包括的层次数量有三个（见表 4 - 2），分别是目标层、准则层和指标层。

表 4 - 2 评价指标权重

A 目标层	B 准则层	权重值	C 指标层	权重值
再开发潜力 A	B1 用地属性	0.2307	坡度 C1	0.0578
			容积率 C13	0.0351
			建筑质量 C12	0.0692
			4 地块性质 C11	0.0701
	B2 区位条件	0.1154	与公交站距离 C22	0.0406
			与主干道距离 C21	0.0738
	B3 经济价值	0.1923	人口密度 C32	0.0798
			改造成本 C31	0.1097
	B4 景观环境	0.1153	与中心绿地距离 C43	0.0478
			景观通视性 C42	0.0340
			绿化覆盖率 C41	0.0341
	B5 社会价值	0.3462	与商服中心距离 C53	0.0701
			与医疗卫生站距离 C52	0.1160
			与中小学距离 C51	0.1609

2. 构建判断矩阵

本章在研究过程中构建了两个判断矩阵，分别为 A—B 和 B—C。在判断矩阵中，X_{ij} 是针对目标层 A 中，各准则层 B 指标 B_i 对 B 的相对重要性值，

或针对准则层 $B1$ 中，各指标层 Ci 对 C 的相对重要性值。在通常情况下，不同层次的因子具有一定的数量限制，通常不会超过 9 个，进而避免过多的因子在进行两两对比时提高判断难度，为了让判断矩阵的准确性提升，向多位专家确认，最终明确不同指标两两对角的相对重要性。

3. 权重计算

以层次分析法为基础，对本章研究对象进行分析，明确其用地再开发潜力指标权重，计算公式详见式（4.11）和式（4.12）。

$$BW = \lambda_{max} W \tag{4.11}$$

$$\lambda_{max} = \sum_{i=1}^{n} \frac{(AW)_i}{nW_i} \tag{4.12}$$

在公式中，对应指标单排序的权重值用 W 的分量 W_i 表示，对应 λ_{max} 的正规化特征向量用符号 w 表示，B 的最大特征根用符号 λ_{max} 表示。

通过以上方式可对指标标度的乘积 M_i 进行计算，进而可完成 M_i 的 n 次方根 $\overline{W_i}$ 的计算，通过归一化向量 $\overline{W}$，即可完成对特征向量 W 的计算（见表 4 - 2）。在对最大特征根 λ_{max} 进行计算的时候，可利用式（4 - 2）实现，进而可对本章研究对象（土地）再开发评价指标进行最大特征根的计算。

4. 一致性检验

在明确不同指标的权重值之后，需要对其进行一致性指标 CI 检验，进而明确其是否具有令人满意的一致性。表 4 - 3 所示的是对比随机一致性指标 RI 和一致性指标 CI，通过分析可以明确一致性比例 CR。通过专家咨询的方式，完成对本章研究结果判断矩阵的一致性检验，结果显示其均比 0.1 小，因此说明本章构建的判断矩阵具有良好的一致性（见表 4 - 4）。

$$CI = \frac{\lambda_{max} - n}{n - 1}$$

在公式中，对应指标单排序的权重值用 W 的分量 W_i 表示，对应于 λ_{max} 的正规化特征向量用符号 W 表示，B 的最大特征根用符号 λ_{max} 表示。

表 4 - 3　　　　　　　　平均随机一致性指标（RI）赋值

阶数	8	7	6	5	4	3	2	1
RI		1.59	1.58	1.56	1.54	1.52	1.45	1.45
阶数		15	14	13	12	11	10	9
RI	1.41	1.32	1.24	1.12	0.90	0.58	10	0

表 4 – 4　　　　　　　　评价指标判断矩阵一致性指标得分

矩阵	CR	RI	CI	$\lambda_{\max}$	阶数
$B5 – C$	0	0.58	0	3	3
$B4 – C$	0	0.58	0	3	3
$B3 – C$	0	0	0.15	2.07	2
$B2 – C$	0	0	0.15	2.07	2
$B1 – C$	0.008	0.90	0.0078	4.02	4
$A – B$	0.1	1.24	0.1201	5.51	5

分析不同指标相应的权重，可以明确在本章研究对象的用地再开发潜力中，具有最大影响作用力的因素是社会服务 $B5$，然后是用地属性 $B1$，影响力最小的是景观环境 $B4$，经济价值 $B3$ 和区位条件 $B2$ 分别位于第 3 位和第 4 位，因此可以认为对于城市发展来说，对其用地再开发潜力具有重要影响力的因素是：其附近是否具有良好的公共服务设施、区域性质、建筑质量等。在进行研究和分析的时候，由于无法定量研究人口密度和改造成本，因此导致对于用地再开发来说，经济价值不会对其产生重大的影响作用，此外区位条件、景观环境等也不会影响其再开发潜力，该情况反映出在建设城市的时候，应该让其相应的公共设施得到完善，应该注重对用地性质、改造质量等方面的调节。从具体层面进行明确可以知道，对于城市建设用地来说，对其发展潜力有重要影响的因素包括与中小学的距离 $C51$、改造成本 $C31$ 等，因此可以认为，在城市发展过程中，应该让其内部空间绩效得以提升，即应该提升空间绩效和土地利用效率，进而实现城市的内部更新。

三、评价标准确定

（一）单因子评价标准

构建福州市城市存量用地的再开发潜力评价指标体系方面，按照多因子叠加评价方法的基本要求，选择使用模糊综合评价法确定各评价指标的数值，从而对福州市城市存量用地的再开发潜力做到量化评价。这就需要在式（4.2）权重指标确定的基础上｛非常不适宜，不适宜，一般适宜，比较适宜，非常适宜），并赋值为 ｛1，3，5，7，9｝，这可以方便得出具体的数值，从而对福州市城市建设用地再开发潜力等级进一步量化。

1. 用地属性

不同规划单元的基本情况即为建设用地的用地属性，共包括坡度、容积率、建筑质量和地块性质4个参考指标。根据土地集约利用与土地再开发的相关文献可以明确，土地再开发建设与改造主要涉及的地块性质为工业用地和三类居住用地；出于城市更新的目的，一些建筑质量较差或极差的地块也需要再开发与再利用，在对一些较小容积率的地块进行是否再开发利用的评估时，往往需结合其用地性质和建筑质量的联合评估，出于这些地块的容积率获取难度大的因素考虑，一般通过二手交易网站的官方数据以及参考谷歌地图的建筑投影来获取该类型数值和平均建筑层数。而土地坡度则是根据建筑的适宜性进行标准划分，其等级分为3%、8%、15%和25%，表4–5所示的是本书研究过程中使用的相关指标赋值。

表4–5 用地属性准则层指标赋值

指标层 C	再开发潜力赋值				
	9	7	5	3	1
坡度 C14	>25%	15%~25%	8%~15%	3%~8%	<3%
容积率 C13	<0.5	0.5~1.0	1.0~1.5	1.5~2.0	>2.0
建筑质量 C12	极差	较差	一般	良好	优秀
地块性质 C11*	R3、M	—	W、S、B	—	R2、R1、G、U、A

注：城市规划管理部门根据城市总体规划的需要，对某种具体用地所规定的用途。居住用地 R、公共管理服务设施用地 A、商业服务业设施用地 B、工业用地 M、物流仓储用地 W、道路与交通设施用地 S、公用设施用地 U、绿地与广场用地 G。

2. 区位条件

在对城市用地再开发潜力进行评价的时候，需要把其道路进行分割，进而使其成为不同的单元，对各地块区域条件进行分析的时候，首先需要对其是否有利于再开发进行分析，如果其具有较好的区位条件，那么则应该对其进行开发和利用。对各地块进行分析，如果其和城市主干道之间具有较短的距离，那么就适宜对其进行再开发；可根据其实际情况对区位条件的划分标准进行规划。表4-6所示的是以以上两个条件为基础划分的各地块情况，本章在获得主干道分布情况时，是以道路矢量数据为基础进行的；根据百度地图相关数据获取公交站点的分布情况。如果区块地和上述两者具有较小的距离，比如小于50米，则认为其具有较好的区位条件，因此可对该区域进行再开发；如果距离比400米大，则认为其区域条件一般，可以根据实际情况对其再开发顺序进行确定。

表4-6　　　　　　　　区位条件准则层指标的再开发潜力赋值

指标层 C	再开发潜力赋值				
	9	7	5	3	1
与公交站距离 $C22$	<50 米	50~100 米	100~200 米	200~400 米	>400 米
与主干道距离 $C21$	<50 米	50~100 米	100~200 米	200~400 米	>400 米

3. 经济价值

本书第四章的第五节中对影响存量更新的因素进行了分析，因此可以明确，在决定存量用地是否需要再开发时，首先需要考虑其经济价值。对于存量用地再开发来说，经济价值取决于其改造成本，如果具有较低的改造成本，那么其就具有较高的再开发性。分析改造成本，可发现其会受到多方面的影响，包括人口构成、土地价格等。由于这些要素比较难以进行量化，因此，在对其改造成本进行分析的时候，主要以二手房产交易价格和地标价格为基础。此外还需要考虑人口密度因素，如果一个区块地具有较大的人口密度，那么就需要花费较多的资金用于人口搬迁，因此其再开发价值较低。表4-7所示的是经济价值准则层相关量化值。

表4-7　　　　　　　　经济价值准则层指标的再开发潜力赋值

指标层 C	再开发潜力赋值				
	1	3	5	7	9
再开发成本 $C31$	一级	二级	三级	四级	五级
人口密度 $C32$（单位：人/平方千米）	>5 000	2 000~5 000	1 000~2 000	500~1 000	<500

4. 社会价值

在判断建筑用地是否适合再开发时需要考虑的另一个因素就是社会条件，其包括多个方面的内容，如商业文化、教育环境等。对这些公共设施的空间可达性特征进行分析，可体现其社会价值，所以在进行研究和规划的时候，应该以公共设施规划等相关文件为基础，根据区块地和商业中心中小学的距离等情况进行评价，进而确定社会价值准则层的评价指标。本章在对相关信息进行获取的时候，通过使用百度地图进行数据抓取，进而完成对以上位置的空间确认。表4-8所示的是社会价值准则层的量化值。

表4-8 社会价值准则层指标赋值

指标层 C	再开发潜力赋值				
	9	7	5	3	1
与市级商业设施距离 C53	<1 千米	1~2 千米	2~3 千米	3~5 千米	>5 千米
与市级医疗设施距离 C52	<1 千米	1~2 千米	2~3 千米	3~5 千米	>5 千米
与中小学距离 C51	<200 米	200~500 米	500~1 000 米	1 000~2 000 米	>2 000 米

5. 景观环境

在对存量用地进行规划的时候，一个主要目的就是希望可以提升景观环境质量，如果某个区块地具有较差的环境质量，那么则需要对其进行优先开发，可通过营造绿色空间等方式对存量用地进行规划。如果存量用地具有较小的绿化覆盖率等，那么可以对其进行再开发建设，进而使其观景环境质量提升。表4-9所示的是该指标层的赋值情况。

表4-9 景观环境准则层指标赋值

指标层 C	再开发潜力赋值				
	9	7	5	3	1
与中心绿地距离 C43	<500 米	500~1 000 米	1 000~1 500 米	1 500~2 000 米	>2 000 米
景观通视性 C42	差	—	中	—	好
绿化覆盖率 C41	<5%	5%~15%	15%~25%	25%~35%	>35%

（二）综合评价标准

对国外相关文献进行研究可以明确，在对地理空间进行分类的时候，可以采用多种分类方式，包括分位数法、定义间隔法、几何间隔法、自然间断点分级法、标准差法等。定义间隔法指的是对间隔大小进行指定，进而对相关范围进行界定，在对间隔进行取值的时候，是以主观判定为基础进行的。分位数法指的是对不同区域具有相同要素的数量进行划定，在使用该方法进行分类的时候，容易在不同区域放置相似的要素，或者在相同区域放置具有较大差异的要素，因此该方式不具有较高的准确度。自然间断点分级法指的是对区域进行分析，并以其最小差异为基础进行分区，不同区域之间具有较大的差异，该方法可对具有特定类型数据的区域进行分区，如果区域具有多个基础信息，则不适宜采用该方式进行分类。几何间隔法是指在对区域进行划分时，是以几何系列组距为基础进行的，其可对连续数据进行处理。标准差法可对平均值和要素属性值之间的差异进行显示，在对标准差比例进行设定的时候，是以主观为基础进行的。对比以上几种分类方式可以明确，在以上分类方式中，最基本的方式为几何间隔法，其通过对间隔进行设置的方式完成分类，在研究区块域是否具有再开发潜力时，适宜使用该方法。本章在进行研究和分析的过程中，对相关划分标准和文件内容进行搜寻与归纳，以地理空间标准分类方式为基础，选择使用几何间隔法。通过使用 ARCGIS 软件平台，设定分类功能类别为 4，对再开发潜力综合指数进行划分，共包含（1，3），（3，5]，（5，7）和（7，9]四个等级。

第五节　存量用地再开发潜力评价模式构建及分析

一、存量用地再开发潜力数据来源

城市建设用地存量用地数据库具备多种功能，可对本章研究对象的城市用地规划进行收集和存档。此外，还可以用于评价和分析用地是否具有再开发潜力。通过对本章研究规划单元属性赋值，可以完成对内部存量用地是否具有再开发潜力的评价。

（一）存量用地的矢量化

本章采用的空间数据以 2013 年的规划图和 2019 年的城市主城区现状图为基础。第一，通过相关软件把本章收集的现状图（.dwg）导入 ArcGIS 系统，借助软件中的工具，对图像进行校准和重叠。第二，通过使用软件的相关模块将 CAD 文件转化成面，并根据本章研究对象进行数据分层，在进行规划的时候把其分为六个区，包括鼓楼区、仓山区、晋安区、马尾区、长乐市、台江区。第三，矢量化编辑相关操作单元，对不同单元的 ID 进行编辑和输入，进而为后续研究奠定基础。

（二）存量用地的属性赋值

在对空间特征进行描述的时候，可以通过属性数据明确其数据类别，使用空间数据可视化体现空间要素。在 ArcGIS 中，空间数据和属性数据是分开存储的，在对两者进行关联的时候需要使用 ID 码，通过使用 ID 码可以让其实现共同显示、共同查询等。在属性表中存储与属性相关数据，该类型数据中包括字段和记录。以相关原则为基础，可对本章研究涉及对象的存储用地进行数据库设计，在进行编码的时候，可根据不同行政区的缩写进行编码，比如 CS－01 代表仓山区等，其可作为 ID 码，让空间数据和属性数据实现关联。在明确是否具有再开发潜力的时候，选择使用人口密度（POPS）、规划用地性质（LANDO2）等设计字段。在矢量化内部存量时，以相关评价指标体系为基础，可对属性信息进行输入，进而使其能够在相应的属性表中得到保存，在完成不同区块相关信息的赋值之后，可在属性表中输入相关数据。完成上述操作之后，即完成了对本章研究对象的数据库建立，通过编辑和字段选择的方式，进而使数据可视化。随后可利用 Spatial Analyst 工具完成对本章研究对象再开发潜力的分析。

二、存量用地再开发潜力测算与分析

在对福州市存量用地再开发潜力进行测算方面，主要按照以下的步骤进行：

（一）用地属性指数计算

对本章研究对象情况进行研究可以发现其主要是工业用地和居住用地，前者占比为 20.36%，后者占比为 40.67%。笔者通过调查研究发现，老城区是三类居住用地的主要分布区域，包括仓山区、台江区等，工业用地主要分布在仓山区、马尾区等行政区划内。根据评价指标的量化标准，从用地性质的空间分布来看，仓山区、台江区、马尾区适宜再开发的城市建设用地分布较为集中。在对建筑质量进行判断的时候，需要从多个角度进行，包括建筑单元的破损程度、建筑所使用的材质等，以此为基础完成对等级的划分，进而可以获得评价分布图。从空间分布层次研究可以发现，闽侯区具有较差的建筑质量，该区域主要是棚户区等，采用的建筑材质以钻木居多。在对现有用地的开发强度进行研究的时候，可选择使用地块容积率，其和开发成本之间存在密切关系。从各地块容积率来看，容积率较低的地块主要分布于永泰县、闽侯区、长乐市、福清市等，其中，福清市主要以多层、低层住宅为主，闽侯区主要以工业厂房为主，长乐市大部分用地为未利用地，具有较大再开发潜力。

（二）区位条件指数计算

本章选取福州市进行研究和分析，对缓冲区长度进行计算时，利用主干路快速路的空间分析实施分析空间分布，可以发现块地在主干路两侧 100 米的为台江区、仓山区等。具有相对较差的交通可达性的区域是马尾区和长乐市。分析交通区域条件可以明确，具有较优交通区域条件的区域包括台江区、仓山区等，因此在进行再开发时，是以上述区域为中心进行再开发；具有较差再开发条件的区域是马尾区和长乐市，在对该区域进行开发时，首先需要对其交通网络进行优化，因此导致其具有较高的再开发难度。

本章在对数据进行提取的时候，选择使用在线地图 POI，在此基础上完成了对本章研究对象的公交分布情况的数据获取。分析空间分布要素可以发现，具有较好公交站点可达性的区域包括台江区、仓山区等，具有较差公交站点可达性的区域为马尾区和长乐市。分析公共交通条件可以明确，在对老城区进行再开发的时候，其适宜进行再开发，而在对新城区进行开发的时候，由于其不具有较高的城市交通覆盖率，因此需要对其进行优化。

（三）经济价值指数计算

在存量用地经济价值衡量过程中，其中一个重要的衡量指标即改造成本，其包括拆迁费用等。有多种因素可对该指标造成影响，包括建筑质量、人口流动等。因不能对本章研究区域中的拆迁费进行准确计算，因此需要以综合地价标准为基础进行计算，结果显示，具有较高地价的区域包括台江区、晋安区等，具有中等地价的区域为马尾区和仓山区，平潭县地价较低，这是因为平潭县还没有被完全开发。以区块地改造成本为基础，可对其进行等级划分，共包括 5 个等级，如果具有较高的地价，则说明需要投入较多的成本用于改造，因此其就不适宜进行再开发。根据改造成本对不同区块地进行序列排布，其再开发潜力则与之相反。

在对经济价值进行衡量的时候，需要从成本—损耗等角度进行考量，本章在进行研究和分析的过程中，通过人口密度完成对单位产品消耗量的表达，进而明确该地区的人口数量承载量，完成对利用效率的表达。如果具有较小的人口密度，那么就具有较小的承载人口数量，那么该区域则具有较小的集约利用程度，因此也不具有较高的经济产出效率，则可对其进行再开发。根据相关资料可以明确，2019 年福州鼓楼区、晋安区、台江区、仓山区、马尾区、长乐市的人口密度分别为 7 826.24 人/平方千米、7 065.16 人/平方千米、6 523.65 人/平方千米、6 023.96 人/平方千米、5 763.97 人/平方千米、5 071.11 人/平方千米。[①] 总的来看，鼓楼区、晋安区、台江区、仓山区、马尾区、长乐市的人口密度较小，再开发潜力较大。

（四）社会价值指数计算

在分析社会价值相关指数过程中，本章通过网络地图提取数据，进而明确本章研究区域内商业中心和中小学校的分布情况。分析中小学分布情况可知，具有较强中小学可达性的区域包括台江区、晋安区等，具有较少教育设施布局的区域包括长乐市、马尾区等。分析市级医疗设施分布情况可明确，具有较高医疗设施可达性的区域是市中心区域，具有较差医疗设施可达性的

---

① 根据公式：人口密度（人/平方千米）＝人口数（人/平方千米）÷面积（人/平方千米），资料来源：福州市统计局，国家统计局福州调查队编．福州统计年鉴（2019）［M］．北京：中国统计出版社，2019.

区域是长乐市和马尾区。分析市级商业设施分布情况可以明确，在这些区域中，仅长乐市不具有较强的商业设施可达性。分析商业设施和公共设施社会价值可明确，本章研究区域具有较强的再开发潜力，在对长乐市进行开发的时候，首先需要给予相关的配套设施建设的保障，进而促进其空间可达性的提升。

（五）景观环境指数计算

对相关数据进行研究和分析可以明确，到 2021 年底，本章研究对象——福州市建成区拥有 43.09% 的绿化覆盖率[①]，通过对比 NDVI 数据和遥感影像可发现，仓山区的绿化覆盖率较低，相反，长乐市以及部分城市新区的绿化覆盖率较高，这间接反映出福州市中心的城市建设用地再开发潜力较大，应以提高空间品质为主要目标。此外，本章通过使用景观视线分析法，对研究区块域的各项指标进行分析，包括建筑物高度、开发强度等，进而得到了不同区域的评价因子结果。分析空间分布可以明确具有较好的景观通视性的区域包括仓山区、晋安区等，对其进行设计分析可以发现这些区域具有丰富的景观标志，并且能够严格管理建筑物高度分区，而长乐市等区域则具有较少的景观标志物或者是瞭望点，因此其并不具有良好的景观通视性，在对其进行处理的时候，则需要提升其空间品质。

本章在进行研究和分析的时候，通过使用百度地图完成对相关数据的抓取，进而完成对研究区域的绿地空间分布评价。本章研究表示，中心绿地主要沿闽江两岸布局，长乐市等的中心绿地较为丰富。就中心绿地的空间可达性而言，距离中心绿地越近的地块，其空间可达性越好，则该体块在空间品质提升方面就越具备潜力，也越具备用地再开发的优先性。

---

① 福州市统计局，国家统计局福州调查队编. 福州统计年鉴（2021）[M]. 北京：中国统计出版社，2021.

第五章

福州市增量用地控制规模预测

第一节 城市建设用地规模的预测方法

城市空间发展的重要载体是土地，其在"量"上的表现即为城市建设用地规模。城市建设用地规模是城市总体空间规模的重要衡量标准之一，具体指在市域范围内所占的土地资源面积、行政规划的用地范围等。因此，城市所占用地决定了城市建设规模的大小，也可以用来评价城市规模的大小。然而，城市发展是自然条件、外部资源、环境因素、政治、经济、文化等多方面作用的综合结果，当城市规模不断扩大，用于交通、市政、环境治理等方面的成本也将持续上升，政府在相应发展项目上的投入资金也相应增加，但由于土地资源的刚性约束和对耕地的保护，城市规模不可能无限增加，城市空间也无法无限横向蔓延，土地成本的增加也非无限的。鉴于城市发展规模存在极限性，基于国土空间发展由增量扩张转向存量优化的发展阶段，本研究分别结合经济学理论与生态承载力理论内容，基于城市社会经济发展的一般规律，从多个维度较为精准地预测福州市 2035 年城市建设用地规模，以期充分反映城市发展的自然规律与趋势。

一、基于承载力理论的极限规模预测

对承载力理论进行研究，通过使用生态足迹模型 [见式 (5.1)] 对生态生产性土地进行计算，通过利用生态承载力模型 [见式 (5.2)] 对生产性土

地的全球平均水平进行分析，在明确以上两个参数之后，通过叠加生态承载力的方式，让其除以人均生态足迹，即可完成对极限人口的计算［见式（5.3）］，图 5－1 所示的是本章计算过程。

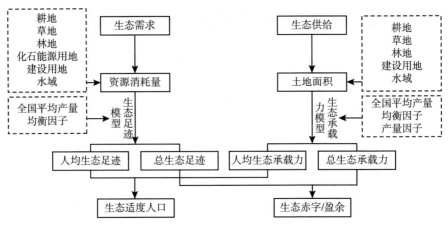

图5－1 基于生态足迹的城市极限规模预测流程

资料来源：邹兵. 增量规划向存量规划转型：理论解析与实践应对［J］. 城市规划学刊，2015，18（5）：12－19.

$$EF = \sum_{j=1}^{6} \sum_{i=1}^{n} (q_i c_i / p_i), \, j = (1, 2, 3, \cdots, 6) \tag{5.1}$$

$$EC = \left(\frac{1}{P}\right) \sum_{j=1}^{5} q_i \times A_j \times y_j, \, j = (1, 2, 3, \cdots, 5) \tag{5.2}$$

$$P_0 = \frac{EC}{ef} \tag{5.3}$$

在上述公式中，产量因子用符号 y_j 表示；耕地、水域等的面积用符号 A_j 表示；总人口数用符号 P 表示；人均生态承载力用符号 EC 表示；j 类生物生产性用地的均衡因子用符号 q_i 表示，表 5－1 所示的是不同用地的均衡因子水平；第 i 种消费资源的世界平均产量用符号 p_i 表示；J 类用地中第 i 种消费资源的人均年消费量用符号 c_i 表示；消费资源类别用符号 i 表示；生物生产性用地类别用符号 J 表示；生态足迹用符号 EF 表示。

不同类型土地的均衡因子参数如表 5－1 所示。

表 5 - 1 不同类型土地的均衡因子参数一览

要素	耕地	林地	草地	化石燃料用地	水域	建设用地
均衡因子	2.8	1.1	0.5	1.1	0.2	2.8

资料来源：刘某承，李文华．基于净初级生产力的中国各地生态足迹均衡因子测算［J］．生态与农村环境学报，2010．

二、基于经济学模型的理论规模预测

在对城市建设用地进行研究和分析的时候，可以用经济学模型对其进行预测，在经济模型中应用较为广泛的一种模型即为 C—D 函数模型。该模型对产量和劳动要素、历史统计资料之间的关系进行研究，进而完成对城市生产函数的构建，见式（6.4）。

$$Y = AL^\alpha K^\beta \tag{5.4}$$

以 C—D 函数为基础，对投入劳动力、投入资本量、产出因素 GDP 等之间的关系模型进行构建，对用地规模进行间接计算，则有：

$$GDP = AK^\alpha M^\beta L^\gamma e^U \tag{5.5}$$

在上述公式中，资本产出的弹性用符号 β 表示，劳动力产出的弹性用符号 α 表示，资本的投入量用符号 K 表示，劳动力投入量用符号 L 表示，建设用地投入量用符号 M 表示，技术因子用符号 A 表示，经济产出的总量用符号 Y 表示。

三、基于灰色系统理论的城市规模预测

对一个系统进行分析，如果其具有不确定性，则需要使用灰色系统对其进行分析和研究，包括分析、建模、控制等。分析城市规模可以明确对其产生影响的因素具有不确定性和灰色性，因此在对其进行预测的时候适宜使用灰色系统模型。本章在进行研究的时候选择使用灰色系统理论的 GM（1，1）模型，该模型可以让原始数据无序混乱等状态得到有效改变，让预测结果具有更高的准确性，因此可用于城市规模预测。在对城市规模进行预测的时候，需要经过 5 个步骤，包括对原始数据进行累加和处理、构建数据矩阵、检验模型精度等，在进行上述步骤的时候，均需要使用 Excel 软件。

第二节　增量用地控制规模预测

一、基于经济学模型的理论规模预测

城镇化进程促使劳动力、资金和产业不断向城市迁移与聚集，当城市人口总量超过了城市空间极限时，城市不得不向外扩张，致使城市空间规模不断扩大。土地规模扩张是城市社会经济不断发展的基础，城市规模扩张会促使城市提供更多的产品或服务，这些都将提高城市发展的经济效益。当城市发展的边际成本与边际效益相等时，则说明城市空间发展规模处于较为适度的状态，我们称之为适度发展规模，城市发展规模的适度性并非绝对值，而是相对区间内的取值。本节主要基于经济学理论基础，从生产成本—收益视角出发，采用 C – D 生产函数—成本—效益曲线及相关内容初步界定城市建设用地的规模条件，进而采用加权最小二乘法构建较为合理的城市建设用地规模预测模型，该模型主要用来测算调控体系下目标年份（本章设 2035 年为目标年）城市增量用地的规模。

（一）基于经济学模型的理论规模函数构建

在经济学理论中，各要素资源随聚集程度和组合方式存在差异而形成不同生产效应，相应地，城市发展过程中包括劳动力、土地、资本等在内的生产要素也随组合方式的不同而产生差异性的经济效益。要素资源的整合会导致城市空间规模发生变化，而城市空间规模的变化也将导致城市用地的经济效益出现相对应的变化。为了构建城市建设用地的成本—效益曲线图，需要在如下假设的情况下对两者的递减关系进行分析。

假设一：在诸多外部生产环境要素中，只有城市建设用地水平会发生变化，资本、生产技术、劳动力水平等条件不变；

假设二：研究范围内的生产资本、生产技术水平、劳动力水平等要素均为均质条件，相应报酬不变。

分析图 5 – 2 可以明确在该图中，边际成本曲线用符号 MC 表示，地均成本用符号 AC 表示，边际效益用符号 MP 表示，地均效益用符号 AP 表示。如

果具有较小的地均成本和较大的地均效益，那么此时城市建设用地规模 P2
是使用者的理想规模；如果边际成本和边际效应相等，那么此时建设用地规
模 P3 为决策者理想规模，城市建设用地合理规模为两者之间的规模。我国
现有城市空间规划主要由政府进行调控，因此可以认为企业建设用地合理规
模为 P3 规模，本章对相关模型进行构建，对用地效益函数曲线进行拟合，
并对边际成本进行分析，通过对城市发展水平进行预测，完成对边际成本和
边际效益相等时城市建设用地规模的获取。在本章研究分析的过程中，建设
用地规模选择用 land 表示，总收益选择用 P(land) 表示，劳动力用符号 L 表
示，资本投入用符号 K 表示。

$$P(land) = A \times K^{\alpha} \times L^{\beta} \times land^{\lambda} \tag{5.6}$$

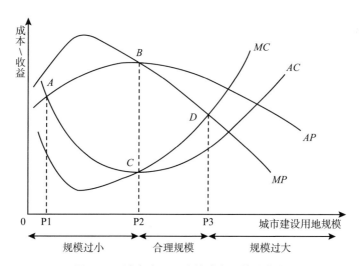

图 5 - 2　城市建设用地的成本—效益曲线

资料来源：叶长盛. 基于洛伦茨曲线和基尼系数的江西省城市建设用地空间结构分析 [J]. 资源
与产业，2011，13 (4)：37 – 42.

　　在公式中，城市建设用地产出弹性用符号 λ 表示，劳动产出的弹性系数
用符号 β 表示，资本产出的弹性系数用符号 α 表示，现状技术水平用符号 A
表示。对上述公式进行改写，可完成对边际效益 ln(P) 的计算，则有：

$$\ln(P) = \ln A + \alpha \ln(L) + \beta \ln(K) + \lambda \ln(land) \tag{5.7}$$

　　在扩张城市建设用地时，边际成本 C(land) 包括两个方面的内容，一个
是开发成本，用符号 D 表示；一个是征收成本，用符号 U 表示。

$$C(land) = D + U \tag{5.8}$$

在未来的发展中，随着技术水平的提升，边际成本和边际效应会处于相等的状态，此时具有最大的净效益，可利用以下公式，对 land 进行计算：

$$land = \left(\frac{D + U}{A \times K^{\alpha} \times L^{\beta}} \right)^{\frac{1}{\lambda}} \tag{5.9}$$

1. 边际效应

根据以上的理论，本研究在广泛搜集 2005~2019 年全国及福州市的相关经济社会统计资料①基础上进行整理和分析，从中获取了城市建设用地规模（建成区面积）（land）、劳动力（L）、资本投入（K）、总收益（P）的数据。其中，劳动力（L）主要来源于第二、第三产业中的指标规模，资本投入（K）代表社会固定资产投资总额，边际效益 P 则由第二、第三产业总产值来表征。完成数据采集后，本章运用 Eviews 6.0 在对 land、L、K、P 四个变量进行平稳性检验过程中发现：其检验值均小于临界值、即 5%（具体数据见表 5 - 2），这说明可以对这四个变量进行 Johansen 协整检验。协整检验结果显示（见表 5 - 3），第二、第三产业总产值与社会固定资产投资额、劳动力规模、城市建设用地规模（建成区面积）间呈现持续性的稳定状态，且稳定程度较高，说明可以进行下一步的回归分析。在回归分析过程中，采用研究期内（2005~2019 年）的时间序列数据，将 $\ln(P)$ 作为被解释变量，其余三个则作为解释变量，得出多元回归结果（见表 5 - 4）。由表 5 - 4 中数据可知，该回归模型系数 adj. R^2 为 0.901983，F 为 59.641103，两者均呈现显著特征，DW 为 1.271023，对照标准 DW 检验值介于 1.14 和 1.65 之间，因此存在非自相关的关系。此外，各解释变量的系数均在 5% 的显著性水平下通过 t 检验，最后分别得出 A，α，β、λ 的值（见表 5 - 5）。

$$land = \left(\frac{225.63}{4\,685\,578.8 \times k^{0.09} \times L^{-2.63}} \right)^{\frac{1}{0.81}}$$

表 5 - 2 变量平稳性检验结果

变量	检验形式	ADF 统计量	1% 临界值	5% 临界值	10% 临界值
LN - K -	CT2	- 2.965198	- 3.7501208	- 3.019828	- 2.689059

① 经济社会统计资料包括：2005~2019 年的《中国城市统计年鉴》《福州统计年鉴》《福州市国民经济和社会发展统计公报》。

续表

变量	检验形式	ADF 统计量	1% 临界值	5% 临界值	10% 临界值
LN – L –	CT1	– 4.800256	– 3.7399802	– 2.989055	– 2.599678
LN – LAND –	CTO	– 6.549286	– 3.720256	– 3.001556	– 2.595862
LN – P –	CT2	– 2.966543	– 3.748659	– 3.001982	– 2.649075

资料来源：软件输出所得。

表 5 – 3　　　　　　　　　　　**数据协整检验结果**

原假设	Fisher 联合迹统计量（P 值）	Fisher 联合 λ – max 统计量（P 值）
0 个协整向量	32.6003（.0201）	28.5958
至少有 1 个协整向量	13.4896（.3198）	20.5310

资料来源：软件输出所得。

表 5 – 4　　　　　　　　　　　**多元回归分析结果**

	Coefficient	Std. Error	t – Statistic	Prob.
C	13.51982	3.2401223	4.7501208	0.0001
LN – L –	– 2.629693	0.528011	– 4.996983	0.00019
LN – LAND –	0.8239965	0.227012	3.570125	0.00149
LN – K –	0.0959956	0.130012	0.740256	0.4995
R^2	0.626001	Mean dependent		6.601121
Adjusted R^2	0.901983	S. D dependent var		1.41161
S. E. of regression	0.449805	Akaike information criterion		1.401123
Sum squaredresid	4.570121	Schwarz criterion		1.599631
Loglikelihood	– 14.297092	Harman – Quinncriter.		1.460122
F-statistic	59.641103	Durbin – Watson stat		1.197926
Prob（F-statistic）	0.000000			

资料来源：软件输出所得。

表 5 - 5　　　　　　　　　　　　　边际效益模型估计

项目	A	α	β	λ	R^2	DW
估计值	14.97**	-2.61**	0.079	0.77**	0.895629	1.271023
t 值	(4.75951)	(5.05263)	(.7402)	(3.5893)		

注：** 表示在 5% 显著性水平上显著。
资料来源：软件输出所得。

2. 边际成本

《福建省征地补偿和被征地农民社会保障办法》规定，自 2017 年 3 月起，福建省实行按征地区片综合地价进行征地补偿。全省以县级行政区为单位（包括福州市在内），划分为四个征地区片，其综合地价最低标准分别为一类区 38 750 元/亩、二类区 37 750 元/亩、三类区 36 750 元/亩、四类区 35 750 元/亩①，换算后即为一类区 5 812.5 万/平方千米、二类区 5 662.5 万元/平方千米、三类区 5 512.5 万元/平方千米、四类区 5 362.5 万元/平方千米。对以上不同区片的征地成本进行加权平均，发现每增加 1 平方千米规模的城市建设用地，则需要增加 16 000 万元的征地成本，因此，将福州 2005 ~ 2019 年福州市建设用地扩张的地均征收成本 U 按 16 000 万元/平方千米计算。根据 2005 ~ 2019 年福州市区中投入于城市基础建设的财政支出增长总额（16 896 万元）以及城市建设用地供给的增长规模（233.52 平方千米）②进行估算，发现每增加 1 平方千米规模的城市建设用地，则对城市基本建设的财政投入需额外增加 10 560 万元，因此，将 2005 ~ 2019 年福州市建设用地扩张的地均成本 D 按 10 560 万元/平方千米计算。根据式（5.3）得出 2005 ~ 2019 年研究期间福州市建设用地扩张的边际总成本为 26 560 万元/平方千米。

3. 合理规模检验

上述对福州市建设用地扩张的总成本和边际效益函数进行了测算与预估，根据公式（5.1）评测 2005 ~ 2019 年福州市建设用地规模的扩张情况，基于此获取建设用地扩张的实际规模与扩张的合理度 η [式（5.10）]。若 η 越接近于或无限接近于 1，则说明城市建设用地的扩张规模越为合理。如上文所

---

① 福建省征地补偿和被征地农民社会保障办法 [EB/OL]. 福建省人民政府网站，https://www.fujian.gov.cn/zwgk/zfxxgk/zfxxgkzc/fjsgzk/202112/t20211216_5794837.htm.

② 福州市统计局，国家统计局福州调查队编. 福州统计年鉴（2015 - 2019）[M]. 北京：中国统计出版社，2015 - 2019.

提及的，可以在一定区间范围内评价城市用地扩张的规模是否合理适度，若规模适度性数值在合理区间内波动，则说明城市建设用地的扩张规模均在适度范围内，在此前提下，可将扩张规模的合理度分为四个等级：若 η 大于 0.9，则说明城市建设用地扩张规模趋于无限合理（合理上限）；当 η 值在 0.8~0.9 之间，则说明城市建设用地扩张的规模比较合理；当 η 介于 0.6~0.8 之间，代表城市建设用地扩张规模缺乏足够的合理性或较不合理；当 η 小于 0.6 时，代表城市建设用地的扩张规模不合理。通过计算，得出研究期内福州市建设用地扩张规模的合理性如表 5-6 所示。

$$\eta = 1 - \frac{\left| land_{实际} - land \right|}{land_{实际}} \quad\quad (5.10)$$

表 5-6 　　　　2005~2019 年福州城市建设用地规模的合理度一览

年份	实际规模（平方千米）	用地规模 land（平方千米）	合理度 η
2005	148	123.68	0.8012
2006	150	93.22	0.6195
2007	151	90.13	0.6102
2008	129	78.86	0.6103
2009	139	69.90	0.5015
2010	240	50.25	0.2306
2011	232	46.84	0.2523
2012	230	69.28	0.3503
2013	231	66.46	0.3045
2014	241	70.35	0.3359
2015	245	68.56	0.2996
2016	250	97.24	0.4003
2017	269	134.30	0.5024
2018	236	120.31	0.5355
2019	245	90.26	0.4064

资料来源：软件输出所得。

将以上合理度数值与实际规模进行比较，除了 2005 年的合理度数值较高以外，研究期内其他年度的合理度值明显较低，无论是理论上还是实际上，城市建设用地规模都有所偏离，程度各不相同。说明长期以来福州市没有科学规划城市建设用地，导致城市建设用地规模虽然明显扩张，但是合理度较低。针对这一情况，在城市建设用地规模扩张分析中运用边际成本理论，首先对各个年度城市建设用地征收成本进行均值化处理，在此基础上进行动态修正。一般而言，城市用地扩张涉及征地，随着社会经济发展水平的不断提高以及土地资源的刚性约束导致土地供给呈现不断减弱的趋势，征地成本也将随之持续增加；此外，城市增量用地的扩张往往涉及城市周边的农村耕地，因此在系数修正过程中应将本地粮食需求量的比值考虑到城市建设用地规模扩张的成本之中，以此获得一个新的征收成本 U：

$$U_{t+1} = U_t \times \delta_{t+1} = U_t \times \frac{Q_{t+1}}{Q_t} \tag{5.11}$$

在公式中，$t+1$ 年本地粮食需求量用符号 Q_{t+1} 表示，第 t 年粮食需求量用符号 Q_t 表示，$t+1$ 年的修正系数用符号 δ_{t+1} 表示，第 $t+1$ 年修正后征收成本用符号 U_{t+1} 表示，第 t 年征收成本用符号 U_t 表示。

经过修正的福州市建设用地扩张的边际成本 C 以及城市用地规模 $land$ 的结果可由上述计量模型得出。表 5 - 7 的数据显示了修正后的城市建设用地扩张规模的合理度，可以发现，修正后的福州市建设用地扩张规模合理度在一定区间内波动，说明其扩张规模更符合实际，也进一步说明可将经过修正后的 C—D 模型的理论规模函数用于对未来（2035 年）福州市建设用地扩张规模的预测中。

$$land = \left(\frac{225.63}{4\,685\,578.8 \times k^{0.09} x \times L^{-2.63}} \right)^{\frac{1}{0.81}} \tag{5.12}$$

表 5 - 7　　　2005 ~ 2019 年福州市修正后的城市建设用地规模的合理度

年份	修正系数	修正的征地成本 U'	修正的用地规模 $land$	合理度
2005	0.8197	180.1332	108.9659	0.7035
2006	0.8485	194.9890	88.1026	0.6129
2007	0.8502	204.7015	83.8302	0.5988
2008	0.9193	210.7938	87.7020	0.7012
2009	0.9498	215.5016	89.0242	0.6063

年份	修正系数	修正的征地成本 U'	修正的用地规模 land	合理度
2010	1.0049	226.0219	55.3829	0.5514
2011	1.0297	227.1023	50.1135	0.4397
2012	1.1126	230.3902	67.5692	0.3532
2013	1.1602	206.6331	77.3938	0.4012
2014	1.2338	214.3865	63.2016	0.5023
2015	1.1297	215.1885	67.2025	0.5026
2016	1.0911	213.1515	92.5776	0.5003
2017	1.0702	213.4548	146.3235	0.5852
2018	1.1052	209.9501	119.3112	0.5256
2019	1.1521	204.1521	63.6020	0.2695

资料来源：软件输出所得。

（二）福州市建设用地增量调控的理论规模预测

上述 C – D 模型的理论规模函数的成立是建立在一定的理论基础与经济发展条件之上的，因此，本章结合用地扩张的边际效益曲线与灰色预测法，首先预估 2035 年福州市的以第二、第三产业劳动力为主的劳动力规模（L）和以社会固定资产投资总额表示的资本投入（K），在此基础上预测出福州市 2022～2035 年城市建设用地调控的理论规模为 313.08 平方千米（见表 5 – 8）。

表 5 – 8　　　　2022～2035 年福州城市建设用地调控的理论规模

年份	二三产业劳动力 L	固定资产投资额 K	理论规模 land
2022	297.4810	12 398.4033	240.25
2023	280.5635	16 820.3045	246.34
2024	298.4583	19 743.4560	268.56
2025	300.2353	23 374.2947	250.23
2026	303.8475	29 847.4856	253.45
2027	305.4857	36 593.4756	270.23

续表

年份	二三产业劳动力 L	固定资产投资额 K	理论规模 $land$
2028	319. 3405	43 947. 8573	271. 97
2029	322. 3985	47 658. 5545	270. 49
2030	329. 4857	53 948. 4953	273. 45
2031	330. 3947	64 885. 5595	276. 59
2032	341. 4857	87 694. 4459	281. 48
2033	346. 3885	109 983. 4756	281. 45
2034	351. 4857	133 657. 5857	296. 36
2035	354. 5838	185 832. 5892	313. 08

资料来源：软件输出所得。

二、基于用地发展规律的经验规模预测

在预测城市规模变化范围的过程中，往往可以结合城市的发展需求、建设用地利用现状、城市社会经济发展水平等进行考量。城市分形理论是众多城市发展理论中的代表之一，该理论认为各要素资源通过组合作用方式形成城市特有的空间特征，城市空间发展与变化形态具有其内在的自我组织能力，不同生产要素和资源形成自相似与分形生产能力，不同的城市其空间发展形态都遵循着一定规律进行演变。在预测 2035 年福州城市建设用地规模方面，需要先明确城市建设用地扩张规模与社会发展程度或经济发展水平之间的关系，接着构建相关联的经验规模函数。

三、基于生态承载力的极限规模预测

在明确城市建设用地扩张规模与社会经济发展水平的关系后，需要从生态角度分析福州市生态环境的最大承载能力。为了评估福州市的生态承载力，需要明确福州市自然条件、资源总量、环境容量、经济发展水平等方面的客观现状，采用资源需求面积和资源供给面积分别计算生态足迹规模与生态承载力规模，通过计算区域范围内生态承载力与人均生态足迹的比值来划定福州市建设用地扩张的规模上限，即城市建设用地的极限规模，进而将此极限

规模作为参数对城市建设用地的增量扩张规模实行约束。

（一）福州市承载力的测算

1. 福州生态足迹测算

生态足迹，即可用于生产的土地面积与相应的均衡因子间的乘积，表示为一定区域范围内人口对资源的需求水平与需求程度。福州市生产性土地的面积利用福州耕地、牧草地、林地、水域等生物资源折算而成；生态性生产面积则是化石能源用地和建筑用地作为能源消耗用地折算而成（见表 5 – 9）。分别从《福建统计年鉴》《福州统计年鉴》中获取 2005 ～ 2019 年的各种能源消费情况，按照表 5 – 10 所示的世界单位化石能源土地面积的平均热值与碳排放系数，计算 2005 ～ 2019 年福州的能源消费所需热值，将其转化为能源消费相对应的各类生物资源需求面积，再计算出研究期内福州市各类生物资源对应的生态足迹。为了使各类生物资源对应的不同类别土地的生态足迹面积具有可比性，可进一步对这些数据进行加权分析和量化处理。而各类生物生产性土地的均衡因子取值情况借鉴了威克内格尔（Wackemagel，1997）的现成数据（见表 5 – 11）。最后在汇总以上计算结果的基础上将生物生产土地面积转化为以公顷为单位的数据，得到 2005 ～ 2019 年福州的人均生态足迹（见表 5 – 12）。从表 5 – 12 可知，2005 ～ 2019 年福州各类生物生产性土地人均生态足迹总体上呈现波动态势，但 2010 年的人均生态足迹较高，到了2011 年，人均生态足迹出现了下降，说明 2010 年福州市区域人口对资源的需求强烈。

表 5 – 9　　　　　　　　世界生物资源的平均产量一览

种类	农业初产品					
	粮油	油料	麻类	蔬菜	水产品	水果
全球平均产量（千克/公顷）	2 744	1 856	1 500	18 000	29	18 000

种类	畜牧业产品					
	禽肉	猪肉	禽蛋	牛肉	羊肉	奶类
全球平均产量（千克/公顷）	764	74	400	33	33	502

表 5 - 10 世界各种能源平均热值与碳排放系数

能源项目	原煤	焦炭	原油	汽油	柴油	液化石油气	天然气
平均热值（TJ/103）	20.91	25.8	41.82	44.8	43.33	47.31	29.27
碳排放系数（t/TJ）	27.17	28	20	18.9	20.2	17.2	16.1

表 5 - 11 我国各类生物生产性土地的均衡因子

要素	耕地	林地	草地	水域	建设用地	化石能源用地
均衡因子	2.8	1.1	0.5	0.2	2.8	1.1

表 5 - 12 2005～2019 年福州各类生物生产性土地
人均生态足迹（ef）一览 单位：公顷/人

年份	耕地	草地	林地	建筑用地	水域	化石能源	人均生态足迹
2005	3.7301	2.1092	0.1089	0.0033	0.0720	1.7697	7.798
2006	3.7502	2.1204	0.1505	0.0035	0.0699	2.0123	7.9886
2007	3.3198	2.2821	0.0624	0.0031	0.0698	1.9680	7.7015
2008	3.482	2.5810	0.5495	0.0039	0.0501	2.0101	8.6985
2009	4.6960	2.6104	0.1710	0.0038	0.0518	1.9290	9.4792
2010	5.1681	2.7202	0.2558	0.0039	0.080	2.291	10.601
2011	4.6022	2.7302	0.0030	0.0050	0.0799	2.4220	9.8302
2012	5.1510	2.7906	0.0033	0.0054	0.0905	2.5420	10.5006
2013	5.3208	2.8804	0.0032	0.0050	0.0842	2.4808	10.850
2014	5.6198	3.0202	0.2425	0.0061	0.0708	2.5330	11.610
2015	5.8421	3.1804	0.0030	0.0070	0.0871	2.5498	11.640
2016	4.91985	2.2028	0.00198	0.0068	0.069	2.1199	11.8602
2017	5.1102	2.2985	0.00298	0.0090	0.0702	2.0193	11.0290
2018	5.2291	2.3096	0.0095	0.0089	0.0710	2.1101	11.3291
2019	5.3139	2.4302	0.01198	0.0089	0.0738	2.1602	11.6411

资料来源：软件输出所得。

2. 福州生态承载力的测算

自然资源的差异决定生产条件和生产方式的不同，因此需要将"产量因子"概念引入生态承载力的测算中,将特定地区范围内的生物生产性土地的生产平均水平和世界水平相比(见表5-9),将其比值设置为标准化系数,用来衡量特定区域的各类生物生产性土地的生态承载水平。通过对相关文献资料的查阅与归纳,对耕地、草地、林地、建设用地、水域、化石燃料用地各个产量因子赋值,分别为2.0、0.19、0.91、2.0、1.0、0,进而得出研究期内福州市人均生态承载力数值(见表5-13),在此基础上扣除12%的生物多样性保护面积,结果为生态承载力调整后数值(见表5-14)。

表5-13 　　　　　　　2005~2019年福州各类生物生产性土地

人均生态承载力 　　　　　　　　　单位:平方千米/人

年份	耕地	草地	林地	建筑用地	水域	人均生态承载力
2005	0.010302	0.0000070	0.002402	0.000605	0.000051	0.012900
2006	0.010198	0.0000059	0.002399	0.000721	0.000068	0.013321
2007	0.010203	0.0000059	0.002412	0.000701	0.000058	0.013218
2008	0.010282	0.0000071	0.002423	0.000603	0.00061	0.014022
2009	0.010928	0.0000071	0.002425	0.000622	0.000058	0.014023
2010	0.011097	0.0000060	0.002463	0.000902	0.000059	0.014406
2011	0.012896	0.0000052	0.002504	0.001302	0.000055	0.016577
2012	0.012792	0.0000053	0.00237	0.001402	0.000052	0.016807
2013	0.012823	0.0000047	0.00402	0.001332	0.000054	0.016645
2014	0.012922	0.0000052	0.002404	0.001712	0.000054	0.017102
2015	0.013231	0.0000047	0.002503	0.003724	0.000052	0.017135
2016	0.013297	0.0000059	0.002487	0.002703	0.000061	0.017421
2017	0.013724	0.0000068	0.002598	0.002287	0.000062	0.017625
2018	0.013938	0.0000076	0.002693	0.001974	0.000060	0.017821
2019	0.013984	0.0000079	0.003024	0.003046	0.000061	0.017886

资料来源:软件输出所得。

表5-14 　　　　　　2005~2019年福州调整后生态承载力(EC) 　　　单位:平方千米

年份	生物多样性面积	可利用生态承载力	调整后总承载力
2005	0.001612	0.011603	128 797.55

年份	生物多样性面积	可利用生态承载力	调整后总承载力
2006	0.001626	0.011812	129 893.44
2007	0.001632	0.011698	130 976.90
2008	0.001627	0.011934	131 475.69
2009	0.001721	0.012487	135 847.64
2010	0.001786	0.013022	139 764.88
2011	0.002013	0.014784	150 388.74
2012	0.002034	0.014845	160 374.45
2013	0.002123	0.014767	162 005.85
2014	0.002105	0.014945	165 053.36
2015	0.002184	0.015653	165 003.45
2016	0.002367	0.015302	160 394.52
2017	0.002063	0.015502	163 524.17
2018	0.00282	0.015412	160 635.42
2019	0.002071	0.015692	166 233.57

资料来源：软件输出所得。

3. 福州生态赤字的测算

生态承载力表示特定区域范围内自然资源的供给能力，也代表了城市范围内其能为居民提供的生态环境条件与资源的支撑能力，生态足迹则表示着城市居民资源消费的平均水平，当生态足迹大于生态承载力时出现生态赤字；当资源需求量小于供给量时出现生态盈余。通过表 5 – 15 的数据结果可以看出，研究期内福州市生态赤字的趋势逐年递增，说明生态足迹与生态承载力的差距不断拉大，生态资源的供给已经完全不能满足不断扩大的人口规模的资源需求总量，基于目前福州市的生态资源环境条件、人口规模以及居民日益提高的消费水平，发现福州市的资源环境正在承受着超负荷的城市人口规模，生态承载力早已超过极限，两者之间的失衡是由于我国快速的城镇化进程中城市空间蔓延现象严重，增量用地需求激增，存量用地的粗放利用方式导致土地利用效率低下，城市无序扩张加之土地粗放利用导致能源资源消耗浪费严重，进而破坏生态环境，导致生态承载力不断下降。土地资源的刚性约束下，福州市未来增量用地总量必将受到制约，城市空间发展模式亟须转型。基于此，存量土地优化利用将成为未来城市空间发展的必然选择，一方面，不断挖掘存量土地的再利用潜力，内涵式延伸存量空间；另一方面，在城市规模扩张中将存量用地作为部分增量用地，是提升城市空间发展质量的关键，能够加速单纯的增量扩张尽快转变为存量优化，从而为人口增加和经济增长提供有利条件，这也是城市取得可持续发展的有效途径。

表 5 - 15 　　　　　2005 ~ 2019 年福州市生态赤字变化趋势 　　　单位：平方千米/人

年份	人均生态承载力	人均生态足迹	生态赤字
2005	0.013215	0.078016	- 0.064829
2006	0.013425	0.080246	- 0.066537
2007	0.013294	0.076893	- 0.064038
2008	0.013539	0.087315	- 0.074026
2009	0.013986	0.095024	- 0.079759
2010	0.014502	0.105723	- 0.090968
2011	0.016596	0.098426	- 0.082014
2012	0.016586	0.105536	- 0.089134
2013	0.017103	0.108132	- 0.090968
2014	0.017246	0.115285	- 0.099128
2015	0.017173	0.116385	- 0.099212
2016	0.017365	0.118596	- 0.101231
2017	0.017562	0.110363	- 0.092801
2018	0.017795	0.113352	- 0.095557
2019	0.018023	0.116352	- 0.098329

资料来源：软件输出所得。

（二）基于承载力的福州市极限规模预测

本研究基于对福州市社会发展现状、经济发展水平、生态环境容量、资源利用效率等方面的综合考量，引入"万元 GDP 生态足迹"这一概念来衡量人类活动对生态环境产生的影响以及对生态资源利用效率带来的变化，进而在生态承载力基础上预测 2035 年福州市建设用地的极限规模。根据前文计算得出的 2005～2019 年福州市各类生物生产性土地人均生态承载力的结果（见表 5－13），加以计算得出表 5－16 中研究期内福州市万元 GDP 生态足迹测算值。由数据结果发现，研究期内福州市万元 GDP 生态足迹下降率均值为 13%，运用公式计算得知，福州市到 2035 年万元 GDP 生态足迹价值将达到 0.00122 平方千米/万元。在"十三五"规划中，福州市规划 2020～2025 年期间 GDP 平均增长率为 6%，本章以该数值作为福州市 GDP 年均增长率，经过计算预测出福州市 2035 年的地区生产总值估计达到 147 007 865.4 万元。由表 5－13 中的数据结果可知，福州市 2019 年福州市的人均生态承载力水平和世界平均水平（0.017 平方千米/人）相比略高，出于保护生态资源环境的目的，避免城市的自然资源与生态环境因人类活动继续过度消耗，本研究将采取 0.0179 平方千米/人作为测算未来城市生态足迹的标杆值。通过下列公式计算得出福州市 2015 年的人口总规模达到 677.96 万人。2013 年福州市修订后的城市规划中设定的城市人均建设用地标准是 96.3 平方千米/人，按照目前发展趋势，福州市到 2035 年城市建设用地将达到 652.88 平方千米，为建设用地规模最高上限。

$$W_{2019} = ef_{2019} \times P_{2019} \div GDP_{2019}$$

$$W_{2035} = W_{2019} \times (1-k)^{16}$$

$$W_{2035} = ef \times P_{2035} \div GDP_{2035}$$

$$P_{2035} = \frac{W_{2019} \times (1-k)^{16} \times GDP_{2035}}{ef}$$

在公式中，生态足迹标杆值用符号 ef 表示，2019 年福州市人均生态足迹用符号 ef_{2019} 表示，万元 GDP 年均下降值用符号 k 表示，2035 年 GDP 预测值用符号 GDP_{2035} 表示，2035 年总人口预测值用符号 P_{2035} 表示，2019 年 GDP 现状值用符号 GDP_{2019} 表示，2019 年总人口用符号 P_{2019} 表示，2035 年万元 GDP 生态足迹用符号 W_{2035} 表示，2019 年万元 GDP 生态足迹用符号 W_{2019} 表示。

表 5－16   2005～2019 年福州万元 GDP 生态足迹测算值

年份	人均生态足迹 （平方千米/人）	总人口（人）	万元 GDP （万元）	万元 GDP 生态足迹 （平方千米/万元）
2005	0.078125	7 482 000	14 936 000	0.03829385
2006	0.080232	7 498 000	15 407 550	0.03764995

年份	人均生态足迹 （平方千米/人）	总人口（人）	万元 GDP （万元）	万元 GDP 生态足迹 （平方千米/万元）
2007	0.078026	7 658 200	19 819 775	0.03025654
2008	0.088134	7 719 000	20 345 500	0.02920345
2009	0.090146	7 794 500	25 790 300	0.02845786
2010	0.099465	7 823 000	29 893 400	0.02749557
2011	0.099023	7 795 000	32 947 500	0.02210574
2012	0.106026	7 834 000	37 876 500	0.02013655
2013	0.108254	7 965 000	40 356 500	0.02105653
2014	0.109985	7 795 600	46 879 600	0.01968667
2015	0.110356	8 032 800	50 356 000	0.01604753
2016	0.119037	7 950 000	59 045 000	0.01546504
2017	0.110363	7 725 000	71 040 200	0.012001010
2018	0.113352	7 703 000	78 568 100	0.011113295
2019	0.116652	7 800 000	93 923 000	0.009662656

资料来源：软件输出所得。

第三节　增量用地模型构建及预测

一、集成模型的组成模块

以其他研究学者的相关理论结果为基础，通过结合多种模型的方式完成对扩张模拟模型的构建，在对扩张生态适宜性进行判断时，选择使用最小累积阻力模型（MCR 模型），在对扩张约束条件转换规则进行模拟时，选择使用 CA 模型。需要明确的是，MCR 模型在进行模拟的时候，只能从生态安全格局角度进行，其不能对生态用地范围进行占用，因此无法对用地增量的中间分布情况进行判断。我们在进行研究和分析的时候，对城市外部扩张影响因素进行分析，包括交通可达性、自然条件等，并通过使用回归模型对其进行预测。通过整合不同的模型，进而形成了集成模型——MCR - Logistic - CA，从存量规划角度出发，精准预测用地开发和生态保护之间的关系，在使用该模型时，对研究对象的生态敏感性评价结果进行分析，通过使用 MCR 模型转换约束条件，使其被引入 CA 模型中，通过使用回归模型对空间扩张概率进行预测，进而使其可以作为扩张概率转换规则用于 CA 模型，以严格约束条件为基础，完成对增量用地空间分布状态的预测。本章对集成模型进行研究和分析，明确其三个部分的内容，包括空间布局模拟模块、扩张概率预测模块和生态安全格局模块（见图 5－3）。分析这三个模块能够发现，运用 MCR 模型的是生态安全格局约束模拟模块，其能够模拟福州市的生态敏感性，以此为基础构建相关评价指标，通过叠加不同因子的方式，完成对生态安全阻力累积表面的构建，作为福州城市外部增量扩张的生态安全格局转换规则；扩张概率预测模块通过使用 Logistic 回归模型，可对影响城市建设用地扩张的因素进行分析，明确模型参数，进而得到福州市外部增量用地的扩张概率转换规则。在对城市建设用地空间布局进行模拟时，一般使用的是空间布局模拟模块，其属于 CA 模型的基础模块，可利用以往多年的相关数据完成对模块参数的明确，并引入生态安全格局转换规则、扩张概率转换规则、城市建设用地规模约束规则，通过迭代的方式完成对外部增量用地扩张在空间上的布局模拟。

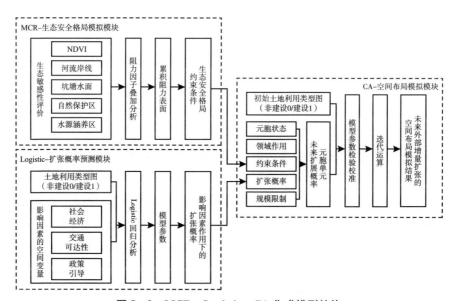

图 5－3　MCR－Logistic－CA 集成模型结构

资料来源：刘静，何积丰，缪淮扣. 模型驱动架构中模型构造与集成策略 [J]. 软件学报，2006，17（6）：1411－1422.

二、增量用地的变化规律

本章对城市建设用地增量进行分析的时候，选择使用 Logistic 回归模型，进而使其能够计算元胞空间扩张转换概率。在本章研究过程中，因变量为二分变量，非建设用地用 0 表示，建设用地用 1 表示；对城市扩张造成影响的因子为自变量，包括城市道路的距离、人均 GDP、社会经济的人口密度等，运用栅格对上述因子进行重新分类，进而可以明确不同元胞因子的属性值。研究过程中，由于受到条件限制，因此并不考虑外部增量这一因素。

借助 SPSS 22.0 软件平台，按照福州中心城区范围、大地坐标和 30 米 × 30 米分辨率的基本原则处理 Logistic 回归模型中的因变量与自变量，通过构建两者的回归关系，进行回归分析，计算每个元胞出现的频率，预测元胞发生转换的概率，最后生成土地利用类型栅格图，0 表示非建设用地，1 表示建设用地。

$$\text{logit}(P_i) = \ln \frac{p_i}{1 - p_i} = \beta_0 + \beta_1 x_1 + \beta_2 x_2 + \cdots + \beta_m x_m \tag{5.13}$$

$$p_i = \frac{\exp(\beta_0 + \beta_1 x_1 + \beta_2 x_2 + \cdots + \beta_m x_m)}{1 + \exp(\beta_0 + \beta_1 x_1 + \beta_2 x_2 + \cdots + \beta_m x_m)} \tag{5.14}$$

在公式中，回归系数用 β_1，β_2，$\cdots$，β_m 表示，常数项用 β_0 表示，影响因素用 x_1，x_2，$\cdots$，x_m 表示，栅格出现状态 i 的概率用 p_i 表示。

福州中心城区城市建设用地增量扩张影响因素及其表述如表 5-17 所示。

表 5-17　　　福州中心城区城市建设用地增量扩张影响因素及其描述一览

属性	名称	描述
地形地貌	高程 β_1	每一个栅格的高程值
	坡度 β_2	每一个栅格的切平面与水平地面的夹角
社会经济	人口 β_3	每一个栅格的人口密度
	人均 GDP β_4	每一个栅格的人均 GDP
交通可达性	距高速公路距离 β_5	最近高速公路和栅格中心距离
	距铁路距离 β_6	最近铁路和栅格中心距离
	距城市道路距离 β_7	最近城市道路和栅格中心距离

对 2005 年和 2019 年相关数据进行采集，把其作为采样构图用于模型。可以发现 2005 年福清市南区、长乐区东南区、仓山区的城市建设用地较少，但随着福州市经济的发展，这几个区域的建设用地面积迅速扩张。对于扩张明显的地区，在研究的过程中，分别对建设用地和其他用地赋值 1 和 0，在构建 2005 年和 2019 年本章研究对象元胞状态栅格图层基础上，利用 ArcGIS 的相关软件创建随机整数栅格图层，1~10 为其取值范围，采样点选择使用随机选择的 20% 有效栅格，利用采样工具对栅格进行采集，完成采样后把数据保存，格式为 .dbf。利用欧几里得距离分析工具分别得到交通可达性栅格图层、社会经济影响因素栅格图、地形地貌因素栅格图，将这些栅格图层转换为 ASCII 栅格文件，此时可让影响因素和采样点元胞状态一一对应，并体现在二维表中，把该表格导入 SPSS 中。分析六个影响因素可发现，其并不是多重共线性关系，此时使用 SPSS 软件进行回归分析，选择使用的自变量是所有影响因素，选择使用的因变量为土地变化量 Chang_0015，进行回归分析，进而可以明确扩张回归系数，用符号 β 表示。表 5－18 所示的是回归结构，对其进行分析可明确，不同系数均具有显著差异，因此可认为，在研究建筑用地发展过程中，以上所有因素都对其有重要影响作用。以上述回归系数为基础，通过利用以下公式，完成对回归方程的构建，进而可以明确空间转换概率，用符号 p_i 表示，公式为：

$$p_i = \frac{1}{1 + \exp\left[-\left(-2.472 + 0.018x_1 + 0.423x_2 + 0.902x_3 + 0.397x_4 + 0.003x_5\right)\right]}$$

$$(5.15)$$

式中，p_i 为空间转换概率，x_1 为高程，x_2 为坡度，x_3 为人口密度，x_4 为人均 GDP，x_5 为交通可达性。

表 5－18　　　　　　　　　　多元线性回归模型结果一览

项目	B	标准误差	标准系数 Beta	t	Sig.	共线性统计量	
						容差	VIF
β_0	-2.473	1.922	0.171	-1.318	0.000		
Altitudeβ_1	0.0179	0.0068	0.340	3.102	0.0048	0.1416	7.051
Slopeβ_2	0.4228	0.1905	1.719	2.380	0.0049	0.0201	50.243
Popβ_3	0.916	0.0536	1.317	16.228	0.000	0.0342	28.986

项目	B	标准误差	标准系数 Beta	t	Sig.	共线性统计量	
						容差	VIF
GDPβ_4	0.402	0.0402	0.0376	10.640	0.000	0.0246	39.790
Dis_roadβ_5	0.0027	0.0118	0.1636	0.382	0.000	0.0365	26.862
整体模型	$R^2 = 0.997$；Adj. $R^2 = 0.996$；$F = 513.842$（$p = 0.000$）						

注：** 表示相关性在 0.01 上显著（双尾）；* 表示相关性在 0.05 上显著（双尾）。
资料来源：由软件输出所得。

不同栅格数据用 MapAlgebra 建立模型进行概率分布模拟，本章选取数据为 2019 年福州市土地利用项目栅格数据，运算各个影响因素下的地图代数，进而可以明确本章研究对象建筑物增量的空间分布概率，0～1 是其取值范围，如果和 1 接近，则说明具有较高的元胞转换概率，因此其可以作为建筑用地使用；如果其数值和 1 相差较大，则说明具有较低的转换概率，因此其并不适合作为建筑用地，可以把该规则作为空间转换概率规则使用。分析转换概率空间分布可发现，本章研究对象城市用地扩张交通导向明显，闽侯区在进行建设的时候，元胞之间交通联系明显有较大的扩张概率，长乐区西侧具有较高的元胞概率，其受到城市交通的引导，如机场高速等。福清市和闽清县之间在交通上联系较为紧密，其扩张概率较高，说明该地块在未来城市空间发展规划中较适合作为建筑用地。本章 Logistic 回归分析结果的 ROC 值达到 0.803，超过了 0.75，表明 Logistics 回归分析结果的拟合度较好，能够满足福州城市建设用地增量扩张过程中区域概率的计算需求。

三、增量用地空间模拟

本章选择使用四个年份的遥感影像解译为基础，对其进行解译，进而获得 30 米×30 米的栅格单元，其为元胞自动机的元胞。在元胞状态中，非城市建设用地用 0 表示，建设用地用 1 表示。通过使用 ArcGIS 软件对建设用地增量扩张进行模拟，以空间扩张转换概率和生态安全格局约束条件作为转换规则，模拟 2019 年城市建设用地空间布局，转换规则、元胞等是该过程需要的基本要素。在进行数据分析时，首先对基期数据进行选择，本章选取 2005～2019 年的数据进行分析，把其代入 Logistic 模块，运用前期分析得到的 Logistic - CA 模型，设定 5 为循环次数，可获得模拟结果。得到的模拟结果与 2010 年城市建设用地的空间数据相近，以此类推，分别运用 2010 年和 2015 年的空间数据模拟 2015 年和 2019 年的建设用地布局，并与实际数据进行比较发现，模拟结果与实际数据的拟合度较好。本章在以 2019 年数据为基础预测 2035 年空间布局时，设定 16 为循环次数，MCR - Logistic - CA 集成模型的检验也采用 CA 模型的检验方法，即运用 Kappa 系数来评估模型的有效性，用以比较两个时间点城市建设用地布局的相似性。

$$Kappa = \frac{P_0 - P_c}{P_p - P_c} \tag{5.16}$$

$$P_0 = \frac{n_1}{n} \tag{5.17}$$

$$P_c = \frac{1}{N} \tag{5.18}$$

在公式中，P_0 为模拟栅格一致比例，P_c 为随机状态下的模拟栅格一致比例。假设当前是理想状态，则取值为 1。分析 Kappa 取值，如果其比 0.75 大，则表示空间布局在各个时间点一致性水平都比较显著；若 Kappa 值小于 0.75，比 0.4 大，则说明在不同时间点，空间布局具有一般的一致性；若 Kappa 值小于 0.4，则表示空间布局在任何时间点的一致性都比较低。

在进行数据分析时，首先选择使用 2005 年数据为基期数据，对从 2005 年开始，截止到 2019 年的数据进行分析，把其代入 Logistic 模块，进而获得转换概率图，设定 5 为循环次数，滤波器选择使用 3 × 3，使用 CA 模型进行处理，可获得 2019 年本章研究对象分布预测图。使用 ArcGIS 的相关工具对 2019 年现状图和 2019 年预测图进行比较，对值进行提取。正确模拟的栅格数为栅格数目，共超过 40 万个，现状图栅格数超过 47 万个，进过计算，P_0 为 0.8511；在随机情况下，对 P 进行计算，为 0.1667。分析公式（5.16）可明确，Kappa 系数为 0.8508，比 0.8 大，因此可认为其具有良好的模拟效果，可以用于对 2035 年本章研究对象的扩张过程进行预测和模拟，结果具有较高的可信度。

第四节　城市增量建设用地规模控制及调控方法

在模拟城市建设用地增量扩张方面，需要对城市建设用地的空间布局加以描绘，在这方面，需要先利用元胞自动机建立元胞自动机模型，这一动力学模型有鲜明的耦合性，对时空离散但较为复杂对象进行时空模拟。元胞、状态、邻域和转换规则是元胞自动机的四个重要的组成要素，它们的关系如图5-4所示。元胞是元胞自动机的基本单元和模型的最小单位，每个元胞对应一个状态（state），状态对元胞的属性进行了展示；邻域（neighborhood）则是某一特定元胞的范围，这一范围受到元胞下一时刻的状态影响；转换规则（transition rule）是邻域元胞状态对中心元胞下一时刻状态的影响法则（见图5-5）。

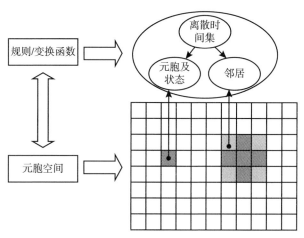

图5-4 元胞自动机的组成

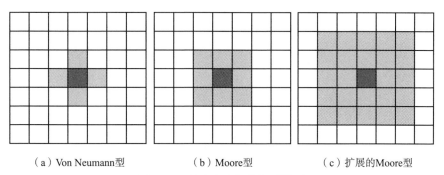

（a）Von Neumann型　　　（b）Moore型　　　（c）扩展的Moore型

图5-5 元胞自动机的邻域模型

资料来源：杨小雄，刘耀林，王晓红，段滔. 基于约束条件的元胞自动机土地利用规划布局模型[J]. 武汉大学学报，2008.

元胞自动机模型不同于传统的动力学模型，该模型在演化的过程中，遵循一定的构造规则，这种转化规则体系可以将元胞内各要素的相互影响和转化情况较为明确地反映出来。模型中的每个细胞体就是一个变量，其离散分布在欧几里得空间的晶格点上，欧几里得空间有多种维度划分。这些细胞体在空间中有自己明确的位置和原始状态，也就是模型所说的元胞状态，在表示这种状态方面，通常采取二进制的方式 $\{0, 1\}$，在对城市建设用地变化的模拟中，同样采取这种方式，并按照函数表达式（5.19）表现出的转换规则进行模拟。

$$S_{(t+1)} = f(S_{(t)}, N) \tag{5.19}$$

式（5.19）中，元胞状态之间的转换规则用符号 f 表示，某一时刻用符号 t 表示，某一时刻的下一时刻用符号 $t+1$ 表示，元胞邻域用符号 N 表示，元胞离散、有限的状态集合体用符号 S 表示。

在利用元胞自动机模拟城市建设用地变化的过程中，需要首先确定转换规则的获取方法，这一转换规则获取的准确性与否直接影响城市扩展模拟的准确性，一般转换规则的获取方法有遗传算法、马尔科夫链、贝叶斯算法、蚁群智能算法、人工神经网络法、系统动力学方法、回归分析法等，不同的方法在提高元胞自动机模型精确度上存在差异。本章的部分数据存在获取困难的问题，在选择转换规则获取方法时，选择最小累积阻力模型（MCR）和Logistic 回归方法。

一、基于 MCR 模型的 CA 元胞转换规则提取

最小累积阻力模型（MCR）是由荷兰生态学家纳彭（Knappen）提出的，它用于计算从"源"地出发，需要克服不同类型的景观单元所消耗的最小阻力（见式 5.20）。

$$MCR = f_{min} \sum_{j=n}^{i=m} D_{ij} R_i \tag{5.20}$$

式（5.20）中，MCR 为所需要克服的最小阻力；D_{ij} 为物种从源 j 到不同类型景观单元 i 的空间距离；R_i 为各景观单元 i 对某物种运动的阻力系数。

二、基于 Logistic 回归法的 CA 元胞转换规则提取

Logistic 回归模型用来分析多个自变量对某一因变量的回归关系，这一因

变量的取值在 1 和 0 之间。在该模型的利用下，某一事件的发生概率可以得以预测，这一模型对自变量是否满足正态分布没有要求，不管是连续的自变量，还是非连续的自变量，都可以用来进行统计分析。Logistic – CA 模型模拟的有效性主要利用各因子的参数来表示，为了建立更高精度的模型，可以对多个不同因子组合进行模拟，方便选出最合理的因子组合。在本研究中，因变量是建设用地类型，其在 0 和 1 中赋值，如果栅格属性是建设用地类型则赋值 1，否则赋值 0。按照前面的分析，全局概率 $P_{logistic}$、邻域函数 Ω_{ij}^{t}、随机项 RA 及约束条件 $P_{control}$ 是 Logistic – CA 模型的四个主要部分，元胞 $t+1$ 时刻状态变化 P_{ij}^{t} 的转换函数如式（5.21）所示。

$$P_{ij}^{t} = P_{logistic}\Omega_{ij}^{t} \times RA \times P_{control} \tag{5.21}$$

Logistic 回归是一种由独立变量形成的函数，其可对区位发展概率进行预测，比如其可以对地形地貌、不同距离等级道路的距离等进行发展预测。公式（5.22）所示的是建设用地变化和不同变量之间的关系。在使用模型运算的时候，需要转换回归函数 Z，见式（5.23）。

$$Z = a + \sum_{k} b_{k}x_{k} \tag{5.22}$$

$$P_{logistic}(S_{ij} = urban) = \frac{\exp(z)}{1 + \exp(z)} \tag{5.23}$$

在现实地块的用地变化中，除了受到自身发展的 $P_{logistic}$ 的影响之外，还会受到周边用地的制约，因此，在转换概率中加入局部概率，即邻域函数 Ω_{ij}^{t}，见式（5.24）。$con(\ \ )$ 为一个条件函数，若 $S_{ij} = urban$，则 $con(S_{ij} = urban)$ 返回真并用整数 1 表示；否则，返回假并用整数 0 表示。

$$\Omega_{ij}^{t} = \frac{\sum_{3 \times 3} con(S_{ij} = urban)}{3 \times 3 - 1} \tag{5.24}$$

另外，城市建设用地扩张受到各种政策因素、人为因素、随机因素、偶然事件等的影响，因此，在 CA 模型中加入了随机项 RA，见式（5.25）。

$$RA = 1 + (-\ln\gamma)^{\alpha} \tag{5.25}$$

结合现实的城市建设用地变化，虽然非建设用地向城市建设用地的转换具有较高概率，但有些用地类型本身的性质不能进行该转化，如水体，因此引入约束函数 $P_{control}$，见式（5.26）。若 $S_{ij} = suitable$，则 $con(S_{ij} = suitable)$ 返回真并用整数 1 表示；否则，返回假并用整数 0 表示。

$$P_{control} = con(S_{ij} = suitable) \tag{5.26}$$

三、MCR – Logistic – CA 模型的集成

通过前文的介绍可知，对于复杂系统时空演化模拟，CA 模型的功能非常强大，而 MCR 模型和 Logistic 回归模型则是非常精准的转换规则获取方法，在这三种模型和 ARCGIS、SPSS 技术平台的帮助下，城市建设用地的动态变化情况可以非常清楚地反映出来。在模拟的过程中，需要先确定影响城市建设用地动态变化的因素，这一工作可以利用 Logistic 回归模型来完成，明确各影响因子的贡献率。在此基础上，模拟城市建设用地扩展的生态阻力表面，这一工作可以借助 MCR 模型来完成。最后，将以上两者导入 CA 模型，作为元胞的转换规则，在对元胞转换数量进行设定的基础上对未来城市建设用地的变化趋势加以预测。

第五节　城市建设用地的调控效果检验方法

城市建设用地的空间格局表现为不同城市建设用地在空间中的排列组合，类似于景观生态学理论中的景观格局，可以对不同层域上景观空间变化进行模拟。在分析城市建设用地变化的空间格局方面，也可以运用景观生态学理论，对城市扩张所表达的景观格局特征和不同城市扩张结果表现的不同排列组合结果加以表达。在这一过程中，会利用到景观格局指数，使用较多的指数是能表达空间静态分布的指数。这一指数一般从城市建设用地斑块与基质之间的相互作用关系中得出，在研究的过程中，本章选择将城市建设用地和其他类型的用地分别作为景观生态系统的景观斑块和景观基质。在对城市建设用地调控空间格局进行评价时，会利用到一组景观格局指数，这些景观指数指标具体如下：

斑块密度 PD：反映单位棉结上的斑块数量。值越大，景观异质性越好，越有利于景观共生。

斑块占景观面积比 PLAND：建设用地斑块类型的面积占土地面积总量的比例，取值范围为 0~100，这一指标数据代表了斑块的多寡，值越大，斑块越多。

景观形状指数 LSI：景观中建设用地斑块的边界总长度与土地面积总量

的比值，取值大小代表斑块的不规则程度，从某种程度上可以体现景观形态。

周长面积分维数 PAFRAC：周长在 1~2 间取值，值越大，代表形状越弯曲盘绕；值越小，代表形状越简单。

散布与并列指数 IJI：斑块类型数目一定的情况下斑块实际散布状况与最大散布状况的比值，这一指标在 0~100 间取值，值越大，代表斑块越离散，相邻程度越低；值越小，代表斑块相邻。当值为 100 时，所有斑块类型与某斑块类型相邻的概率相同。

蔓延度 CONTAG：当斑块类型一定时，斑块的实际蔓延度与最大蔓延度可能值的比值，这一指标在 0~100 间取值，值越小，表示所有类型的斑块破碎化和间断分布的程度越高；值越大，所有类型的斑块集聚程度越高。

第六节　增量用地模型验证

本部分主要对增量用地模型进行验证，在对城市建设用地调控效果进行检验的过程中，主要选择景观生态学中的景观格局指数分析法，选择的指标有数量、形状、分布等。

一、效果检验指数筛选

景观格局指数分析法要求对存量规划、城市总体规划与现状景观格局指数等指标进行计算，在计算的过程中会运用到多个图形数据和软件平台，本章运用的图形数据有福州城市总体规划规划图、2019 年现状图的空间数据（Grid 格式），所使用的操作平台为 ArcGIS10.0 操作平台和 Fragstats4.2 操作平台。对福州城市建设用地调控效果与 2023 年的预测模拟结果进行对比分析。为了保障分析结果的准确性，需要先对所选指标对整个复合生态系统的影响以及各指标的独立性进行检验，将受到尺度效应、数据源质量等因素影响的指标加以剔除，确保最终评价指标体系的科学准确性。本章利用用地类型斑块数量和密度来表明景观异质性和调控效果，景观异质性与斑块数量和密度有关，板块数量越多，密度越大，形状越复杂，表示景观异质性较好，从而进一步反映用地调控效果越好。经过层层筛选，本章构建了包括目标层、准则层、指标层在内的用地模拟效果评价指标体系，最后所选的景观格局指数指标有 18 个, 具体如图 5 - 6 所示。

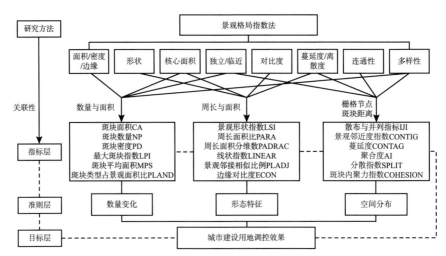

图 5 - 6   城市建设用地调控效果检验指标体系构建框架

指标体系的信度和效度结果显示, 本研究所选的指标不存在共线性问题和冗余问题, 并且指标有较强的独立性和解释能力。在构建的用地模拟效果评价指标体系中, 指标有 PD、PLAND、LSI、PAFRAC、IJI 和 CONTAG, 这 6 个指标在表 5 - 19 中均有描述和检验标准, 这些准则层指标是在结合福州市城市建设用地实际以及遵循城市建设用地调控效果评价指标筛选原则的基础上建立的。

表 5 - 19   福州中心城区城市建设用地调控效果检验指标一览

指标		指标描述	检验标准
数量变化	PD	单位面积斑块数量	数值范围大于 0。数值越大说明每个栅格代表一个独立的板块
	PLAND	斑块面积占总土地面积的比重	数值范围为 0 ~ 100。数值越大说明该斑块类型在景观中占比越大; 值为 100 时, 说明景观由该类型的斑块组成
形态特征	LSI	斑块边界总长度与土地面积总量的比值	数值范围大于 1。数值越大说明斑块形状越不规则
	PAFRAC	斑块形状复杂性	数值范围为 1 ~ 2。数值越接近 1, 形状越简单; 越接近 2, 形状越复杂

指标		指标描述	检验标准
空间分布	IJI	描述斑块的实际散布状况与最大散布状况的比值	数值范围为 0～100。数值越接近 0，特定斑块类型的节点分布越不均衡
空间分布	CONTAG	反映斑块聚集程度和延展情况	数值范围为 0～100。数值越接近 0，斑块最大限度破碎化和间断分布；越接近 100，各种斑块连接性越好

二、不同情景的用地调控效果检验结果

根据福州市建设用地调控结果以及了解 2019 年城市建设用地现状后，利用 ArcGIS 和 Fragstats 操作平台对这些数据信息进行栅格处理，得出以上六个准则层指标的数值。结果显示，PLAND（斑块占景观面积比）这一指标呈现上升趋势，但 PD（单位面积上的斑块数量）、LSI（景观形状指数，斑块边界总长度与土地面积总量的比值）、PAFRAC（斑块形状复杂性）、IJI（散布与并列指数，斑块实际散布状况与最大散布状况的比值）、CONTAG（蔓延度，斑块聚集程度）在研究年限中呈现下降趋势。说明景观会随着福州市城市建设用地的扩张而出现破碎化倾向，这可能是由活动规则化以及用地类型较为复杂并且不够均衡所致，从而削弱了各类用地之间的连接性，进一步影响城市建设用地扩张的效率。具体表现为：

（一）数量变化方面

城市复合系统中用地斑块数量和面积信息是通过 PD 和 PLAND 这两个指标来表现的。如图 5-7（a）所示，在双约束情景Ⅰ、自然发展情景Ⅱ、生态约束情景Ⅲ、规模约束情景Ⅳ下，林地的 PD 最大，其次是其他用地，PD 位列第三的是水域，位列第四的是耕地，数量最低的是建设用地。但只有建设用地的斑块数量在不断增加，其他用地的斑块都呈现先上升后下降或者先上升后不变的态势。在图 5-7（b）中，在四种情景下，耕地的 PLAND 值最大，其他用地的 PLAND 值较小，但只有建设用地的 PLAND 值在增加，耕地和其他用地的 PLAND 值在下降，林地、草地、水域的 PLAND 值没有发生明显的变化。通过这两个图形可知，双约束情景Ⅰ下城市建设用地调控效果最优；自然发展情景Ⅱ下建设用地的调控效果较差，体现在板块面积大、密度

小、景观异质性低等方面。

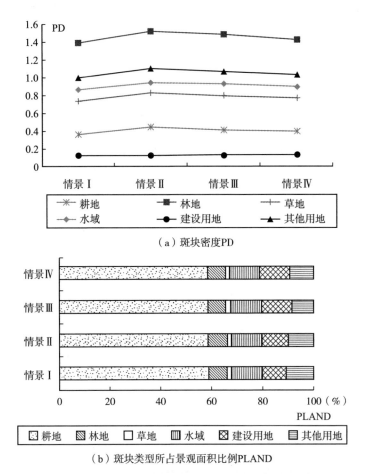

（a）斑块密度PD

（b）斑块类型所占景观面积比例PLAND

图5-7 数量变化方面的城市建设用地调控效果比较

资料来源：笔者自绘。

（二）形态特征方面

城市建设用地扩张过程中每种用地类型的形状变化水平可以用 LSI、PAFAC 表示，表5-8（a）的结果显示，在双约束情景Ⅰ、自然发展情景Ⅱ、生态约束情景Ⅲ、规模约束情景Ⅳ下，林地的 LSI 最大，其次是其他用地，再次是耕地，接着是草地和水域，数值最低的是建设用地。四种情景下，建设用地的 LSI 呈现不断下降的趋势。在图5-7（b）中，在四种情景下，建设用地的 PAFAC 值最大，林地的 PAFAC 值次之，草地的 PAFAC 值位列第三，但只有建设用地的 PAFAC 值呈现明显的下降趋势。林地、耕地的 PAFAC 值呈现稍微上升的态势，其他用地的 PAFAC 值的变化不够明显，大致在 1.2~1.5 之间变动，更接近几何图形。通过这两个图形可知，福州市城市建设用地在双约束情景 I 下的调控效果相对较好，其景观形状指数 LSI 和 PAFAC 为最大值，相比其他情景来说斑块形状更加复杂，空间有更好的并质性。

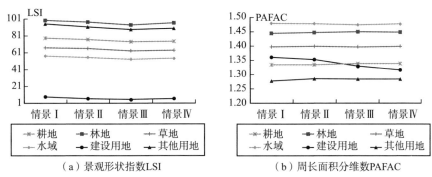

（a）景观形状指数LSI　　　　　　（b）周长面积分维数PAFAC

图 5-8　形态特征方面的城市建设用地调控效果比较

资料来源：笔者自绘。

（三）空间分布方面

城市复合生态系统中建设用地之间的空间分布水平可以用 CONTAG 和 IJI 来表示。其中 IJI 反映斑块的离散程度。图 5-9（a）的结果显示，在双约束情景 I、自然发展情景 II、生态约束情景 III、规模约束情景 IV 下，福州市建设用地的 CONTAG 呈先下降后不变的发展态势，说明建设用地的斑块连通性在不断降低，景观斑块变得更离散；在图 5-9（b）中，在四种情景下，福州市建设用地的 IJI 呈现不断下降的态势，说明建设用地斑块分布的均衡性在不断降低。这是因为福州市正在实现"一区（福州市中心城区）、两翼（北翼发展区和南翼发展区）、双轴（沿海发展轴和沿江发展轴）、多极（市域其他多个经济增长极）"的空间规划，不同区县（市）不同类型的用地分布较为分散，其他用地甚至未形成一个整体，说明福州市城市建设用地扩张降低了城市复合生态系统的景观异质性，双约束情景 I 的调控效果相对其他情景更好。

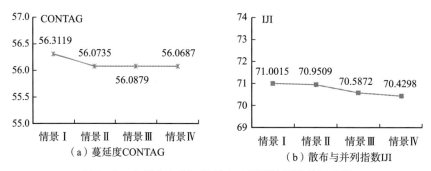

图5-9　空间分布方面的城市建设用地调控效果比较

资料来源：笔者自绘。

三、不同情景的用地调控效果比较

本章在模拟福州市城市建设用地调控效果方面，选择了 PLAND（斑块占景观面积比）、PD（单位面积上的斑块数量）、LSI（景观形状指数，斑块边界总长度与土地面积总量的比值）、PAFRAC（斑块形状复杂性）、IJI（散布与并列指数，斑块实际散布状况与最大散布状况的比值）、CONTAG（蔓延度，斑块聚集程度）这6个不同景观生态学指标，这些指标结果反映，在城市总体面积不变的情况下，城市建设用地规模的扩张，导致城市其他用地面积被压缩，从而降低了建设用地的调控效果。建设用地数量越多，越易侵占其他类型用地，调控效果越差；形状越不规则、越复杂，则表明调控效果越好；空间分布的蔓延度越大，连接性越好，散布与并列指数越大，分布越均衡，说明调控效果越好。

按照这一指标，对各指标在不同情景下的变化情况进行分析，认为 PD（斑块密度）在双约束情景Ⅰ、规模约束情景Ⅳ、生态约束情景Ⅲ、自然发展情景Ⅱ下呈现不断上升的态势；PLAND（斑块类型占景观面积比例）在双约束情景Ⅰ、规模约束情景Ⅳ、生态约束情景Ⅲ、自然发展情景Ⅱ下呈现不断上升的态势，进一步说明双约束情景Ⅰ的城市建设用地调控效果最好，因为此情景下建设用地的密度与比例均最小，最不容易对其他类型的土地进行侵占。

形态特征指数表示，LSI（景观形状指数）在双约束情景Ⅰ、自然发展情景Ⅱ、规模约束情景Ⅳ、生态约束情景Ⅲ下呈现不断下降的态势；PAFAC（周长面积分维数）在双约束情景Ⅰ、自然发展情景Ⅱ、生态约束情景Ⅲ、规模约束情景Ⅳ下呈现不断下降的态势，说明双约束情景Ⅰ下城市建设用地调控效果最好，这是因为该情景下斑块更加复杂，而且空间有更好的异质性。

空间分布指标反映，CONTAG（蔓延度）在双约束情景Ⅰ、生态约束情景Ⅲ、自然发展情景Ⅱ、规模约束情景Ⅳ四种情景下呈现先下降后不变的态势，IJI（散布与并列指数）在双约束情景Ⅰ、自然发展情景Ⅱ、生态约束情景Ⅲ、规模约束情景Ⅳ下呈现不断下降的态势，说明双约束情景Ⅰ的用地调控效果最好，因为用地斑块间的连通性最好，分布也较为均衡。

以上结果显示，双约束情景Ⅰ下福州市建设用地的调控效果最好，其在调控方面具备以下优势：

（一）数量变化

双约束情景Ⅰ的城市建设用地调控的对象有城市增量用地和城市存量用地两个方面，存量用地可以在某种上转变为增量用地，从而促进城市空间与社会经济发展。在双约束情景Ⅰ下，建设用地在扩张的过程中，其他土地利用类型的数量不会有显著的变化，说明建设用地对农用地、耕地与其他用地的侵占较少，对基本农田、森林水域等自然资源有一定的保护效果，这在某种程度上会同时促进城市存量用地与城市增量用地的增长，对城市空间增长压力有一定的缓解作用。

（二）空间分布

在双约束情景Ⅰ下，城市建设用地调控效果比在其他情景下更好，在此情景下，城市建设用地各斑块的空间形态特征较为复杂，斑块连接性更好，使得空间结构更优，城市建设用地在扩张的过程中不会对其他类型的用地进行明显侵占，使得城市建设用地保持较好的自修复与自组织能力。当然，这一情景下的城市建设用地有较为均衡的空间分布性，不会出现极轴发展趋势，有利于福州市城市建设用地的均衡布局。

第六章

国内外城市建设用地利用经验借鉴

第一节 部分发达国家城市建设用地利用的经验

部分发达国家在城市建设用地的优化利用与空间布局方面积累了不少的经验，一些城市在这方面的经验可以为福州市及我国其他城市建设用地优化利用与城市土地空间规划布局提供经验借鉴和指导，通过收集大量文献资料并进行归纳整理与分析，本章将以美国普罗维登斯、日本横滨和德国法兰克福三座城市为例展开具体的经验做法阐述。

一、美国普罗维登斯

普罗维登斯市位于美国东部，是罗得岛州的首府和最早的工业化城市之一。身为重要的港口城市，普罗维登斯成为天然气与石油的最佳储存地，同时也有着大片如盐堆地以及废金属设施占用地等在内的"棕地"，导致普罗维登斯城市内有着范围较广的被废弃、被污染、被闲置的存量土地；另外，普罗维登斯对许多基础设施（用地）、公共服务用地和教育用地免征收土地税费，以助推当地教育发展与公共服务水平的提升，但同时也导致了普罗维登斯的公共财政面临着严重的资金短缺、发展后劲不足等问题。① 这些制约因素限制了该城市的进一步发展，因此，亟须在面积较为紧凑的城市土地上

---

① 郎昱，叶剑平. 西方国家建设用地空间拓展理念探讨与启示——以德国、美国和日本的一些城市为例 [J]. 中国土地，2017，12：45–47.

进行更科学的空间布局，对土地利用结构进行调整，对产业结构进行升级，以促进城市的经济繁荣和可持续发展。

（一）加强城市用地规划，保障公共服务设施用地①

土地资源的刚性约束以及用途性质难以转变的客观制约，决定了人们需要以十分谨慎的态度来珍惜、优化利用土地。在城市发展过程中，应以前瞻性的眼光通过对城市土地进行合理的规划以及对城市空间发展进行科学的布局来促进城市的可持续发展。因此，政府规制在这一情境下起到了十分重要的作用，特别是土地利用规划和城市规划的相关部门承担起重要职责。20 世纪初，美国政府没有实施土地市场干预措施阶段，为了争夺更多的利益土地市场各方主体资源抢夺、投机等不良现象频繁发生。土地结构失调、土地资源被大肆浪费，一度阻滞了城市空间的发展与经济的长远可持续增长。针对以上问题，美国政府开始对土地资源实行规制措施，以普罗维登斯为例，其政府随即设立了土地规划管理部门，并颁布了相关法规条例，通过科学合理的城市土地规划措施来促进土地资源的优化、集约利用和城市土地的空间布局调整。《普罗维登斯总体规划》的颁布对城市发展进行了一系列科学布局与规划：首先，将城市土地利用性质和用途、土地开发强度、土地资源承载力等指标与建设标准等规定结合起来进行综合考虑，以保证在土地利用与城市建设的实施过程中做到全面性和客观性；其次，全市更新过程中在限制性用地编号、区划图号、地块号与街区号这四个层次用地编号划分基础上，根据不同区域、不同用途土地的开发强度、开发标准等方面进行差异性利用与规划；最后，该城市规划所涉及的土地利用管理方面遵循既审慎又灵活的原则，即政府在对各类用地实行严格监管的同时留有后备发展用地，这部分用地是用来应对后期客观环境变化、城市更新以及空间调整需要而留有的便于灵活调整的存量用地，具有很强的灵活性。总而言之，《普罗维登斯总体规划》的相关决议对普罗维登斯的城市更新、改造、空间布局调整和土地优化利用规划起到十分重要的示范作用，它不仅从明确的规划主体、规划范围、土地利用细则、土地利用强度等方面为城市社会经济的发展提供指导参考，且对各区域的土地用途有着十分明晰的规定，从源头上打击投机之风，并有效保障了城市公共服务用地和基础设施用地，很大程度上减少用地纠纷事件；

---

① 孙利. 中国城市建设用地集约利用研究［D］. 福建师范大学，2011.

还通过与税收手段相结合，以城市生态环境保护为出发点，督促高污染的工业企业搬迁，吸引绿色环保企业在城区集聚，并积极进行城区环境改造、内河水污染整顿清理等，以进一步改善居民的生活环境，同时兴建经济适用房、政府公租房等促进社会保障事业的发展。

（二）实行城市土地供给调控模式，解决市场失灵问题

为了对土地市场进行调控，普罗维登斯颁布实施了一系列干预措施。在没有政府的调控下，如果垄断势力进入土地市场，就很可能导致市场失灵同时失去控制。为了维持市场稳定，政府必须从立法角度对土地市场进行宏观调控，明确规定各个地区的各种类型土地的用途；对各城市区域的建筑物和建筑标的进行严格的指标限定；政府加大对公共服务设施和基础设施用地的投入，并结合税费征收等措施合理引导和控制城市的房地产开发规模；建立一套完善的征地制度以保障土地所有者的合法权益，通过一系列严格的征地程序控制城市土地的无序蔓延，有效遏制了政府滥用征地权，并以此制度满足各类城市公益、绿化、环保的用地需求。通过以上一系列土地供给模式的调整，普罗维登斯以较为完善的土地供给调控模式对土地市场进行适当干预，使该土地市场的失灵现象得以解决，并以完整的征地制度进一步控制城市的增量扩张，提高城市存量用地的利用效率。

（三）加强城市土地用途管制，优化土地资源配置

美国普罗维登斯市通过加强其城市建设用地的用途管制来保障土地利用结构的合理性以及提升土地的集约利用程度。其土地用途管制措施是依据城市用地规划详细内容实施的。美国从州政府和地方两个角度对城市用地进行了规划，对于州政府城市土地利用，美国政府主要从法规和政策角度予以指导，没有将其纳入法律管辖范围。对于地方城市土地利用，美国政府不仅制定了总体规划予以指导，还针对不同地区颁布了分区规划，分区规划则是对土地根据城市不同区域的利用实际（如土地用途、利用结构等）展开因地制宜的使用分区，如农业区、轻工业区、金融商业区、居民住宅区等。一旦经相关立法机关审批通过后，这些区划的土地利用规划政策就具备法律效力。总而言之，普罗维登斯在具有法律效力的地方土地规划基础上展开严格的土地用途管制措施，这对于该城市土地利用结构的优化、遏制土地浪费现象、保护耕地资源、提升土地资源的优化配置效率等方面起到至关重要的作用，

以严格的土地用途管制和土地规划来促进城市土地集约利用程度的提升。

（四）立体化拓展土地利用空间，提升土地利用效率

在普罗维登斯于 2014 年制定的城市综合发展规划与部门计划中着重加强对城市区域内的建筑物高度、建筑物密度等指标进行详细评估，并针对性地发布了一系列提高城市建筑容积率的相关鼓励政策与具体措施。具体包括：以大众出行方式（公共汽车、火车、自行车等）为导向在人口活动密集的中心城区完善交通设施建设，逐渐发展高密度的混合使用地带，如建立交通便利的商业走廊、商业综合体等；以相关分区规划政策和激励措施提高城市区域内建筑容积率，通过加大生活娱乐设施的建设密度，完善交通干道，为城市居民提供大量就近工作和生活的机会；在城市内大面积修建自行车干道，以提高居民使用自行车的频率，以此来保障城市的生态环境；按照土地用途管制在城市内划定了专门的制造业土地发展片区，在保护环境的同时保障工业的发展；划定产业园区范围，吸引创新制造型企业的入驻，促进新兴工业的发展，为城市经济的进一步增长注入新的活力；大力推进关于文化、艺术、教育、休闲娱乐、生态绿化等用途的土地划区，并大力保护城市内的未开发用地，在保护城市开发空间、提高城市整体文化层次的同时，吸引更多人口的迁入和聚集，以立体式、多样式的空间开发利用，提升土地的整体利用效率，进而推进城市发展的提质增速。

二、日本横滨

20 世纪六七十年代，日本横滨市内的大量工厂因缺乏系统有效的规划产生了一系列生态系统紊乱和环境污染严重等问题，严重地限制了城市的进一步发展。基于此，横滨市政府以环境友好与生态保护为出发点，对城市内新的工业、住宅项目等展开了全面的规划，将环境污染严重的工业企业搬至城郊，强化中心城区的商业功能，不断改善城市居民的居住环境，以期建设一个现代化的文明城市。

（一）建立土地交易许可制度，强化政府对土地交易的调控管理

日本早在 1974 年颁布的《国土利用计划法》中就明确了土地交易制度，该制度主要围绕着土地交易许可制与申报制两大主体展开。其中，作为土地

交易活动的主要手段，土地交易许可制赋予政府对土地定价与土地用途的直接管控权，政府将一些土地投机行为集中区域、土地溢价迅猛区域、缺乏合理利用与管制的区域、城市规划区等设为"土地交易限制区"，即对该区域内土地的交易时间（一般为5年）、条件、方式、流程、具体内容等进行限制，涉及的区域土地交易活动需首先向政府部门提出申请，出具正式列明土地交易价格及开发利用目的的土地交易申请书，通过审核后确定没有明显的土地投机倾向，有助于社会公共事业发展、有利于城市合理规划或提高土地利用效率的方可进行土地交易，以此达到城市土地资源合理规划的目的。土地交易许可制作为土地交易行为的直接干预模式，使土地投机之风与土地垄断行为得到有效遏制，使城市土地的空间布局得到合理调整，也让土地资源得到更加优化的利用。

（二）建立空闲地管理制度，提高土地利用效率

日本国土空间狭小，提高土地资源的集约利用程度对于城市发展与经济增长的助推作用极为明显。为提升土地利用效率与集约水平，横滨市开始对城市内空置地、闲置用地进行进一步管控，并建立了专门的空闲地管理制度。关于空闲地的定义主要由四个方面组成：（1）它主要是针对城区以内2 000平方米以上、城区外5 000平方米以上，规划区以外10 000平方米以上的土地；（2）土地所有者对其未使用的年限超过3年；（3）未被开发或者未以任何形式、任何用地践行利用的土地或者土地利用效率极为低下的土地；（4）未依照政府的规划要求和具体规划条例的不合理使用的土地。针对以上对于空闲地的定义内容，横滨市政府对城市内各地块展开具体详尽的评估，向被认定为空闲地的土地所有者发出空闲地认定通知，土地所有者在接到该认定通知之后的6周内需向政府提交相关的空闲地利用方案或计划，政府在对其审核过程中若认为该土地利用计划不妥，可以继续向土地所有者提出整改、更换计划的要求。如空闲地所有者不依从其整改要求，则该土地可直接由政府在土地市场实施土地交易行为，从有土地购买意向的地方公共团体中挑选合适的土地购买者，最后向土地所有者发出该土地出售通知书。如果土地在市场上交易失败，则依然可以由政府根据城市总体规划和空间布局计划对空闲地采取进一步的依法规划行动。

（三）改善环境，集中规划形成城市综合体

为促进城市土地用途的完善和用地结构的改善，日本横滨市将一些污染严重的工厂和工业企业从城区中心与住宅区撤离，大力发挥城市中心区的商业功能，且有效地改善了城市的生态环境。另外，横滨市将工厂与工业企业集中于城郊的同时，在该区域采取用地功能完善的措施并进行多功能化的设计，如兴建供工人工作的工业设施，修建住宅区以改善其居住条件，完善公共服务设施和娱乐场所等。这种住宅与工业遗产共存的紧凑而又生态友好的城市形态建设为日本大多紧凑城市的项目重建和更新树立了典范作用。横滨市在其中心地区的中央走廊修建了轻轨路线，并在其两端展开重点项目的修建，全面加强轻轨站点附近的土地开发和混合功能区的修建，构建了以交通枢纽为支点和导向的城市空间发展形态。日本横滨市政府坚持"绿色谷"理念，以环境友好为发展基调，通过科学的空间布局与合理的土地利用规划，逐渐将横滨市发展为一个集商业、工业、文化、休闲为一体的综合性城市。

三、德国法兰克福

德国法兰克福市的建设用地总量有限，在发展过程中对其周边地区形成辐射作用和溢出效应，进而在周围地区形成了区块式的经济、文化集聚区。法兰克福市政府在有限的土地面积范围内为城市包括交通、医疗、教育、文化等在内的公共基础设施建设投入了大量的成本。城市用地的稀缺性和供给约束使土地利用方式必须由粗放式向节约式转变。基于此，德国的法兰克福展开了建设用地的空间拓展规划与土地利用方式转变。

（一）完善城市空间规划，转变土地利用方式

法兰克福对于其城市的空间规划布局和土地利用有一套完善的、切实可行的体系，其城市用地的利用效率在该体系作用下得到了很大提升。总的来说，法兰克福的城市空间规划体系主要由四个部分组成，分别是概念解构、发展蓝图、总体规划与城市空间设计与规划。首先，规划概念的解构是在城市的宏观规划框架基础上确定其长期性、综合性的发展战略，用来指导具体的规划部署过程以及下一阶段的规划编制；其次，发展蓝图是在遵循概念规划或概念解构的前提下对城市各区域的具体改造措施，如区域前景规划，建

设用地利用方式，建筑物容积率、密度规划等；再次，总体规划是在规划蓝图得到政府层面的审核、批准和公示后形成的，它是具有法律效力的，且需按照相关流程进行每五年一次的修订；最后，城市空间设计与规划则是对城市各小区以及重要地段进行细节规划，如规定统一的建筑风格、建筑物的容积率等来彰显各地区不同的特色。另外，在主干道以及人流量多的重要建筑地段控制建筑物的高度，对人行道、广场的广度和范围进行规定与控制。法兰克福对城市空间的布局与土地利用规划极为重视，从空间规划上对城市以中心区域为主体向外依次展开，建立中心—次中心—副中心的空间发展格局。除了城市中心以外的次中心与副中心区域发展程度也趋于成熟，且具备商业、服务、文化、休闲、居住等多番功能，既缓解了中心城区的交通拥堵和人口密度过高的发展压力，也通过强大功能基础设施建设的辅助扩大了城市的发展范围，进一步完善城市的空间布局的科学性和多样性。法兰克福的城市建筑容积率相对较高，建筑物多以高层为主，单位面积内的土地利用效率和土地集约利用程度很高，城市土地利用和空间部署的总体情况较为科学。

（二）突出政府的管理职能，加强土地供给的力度

由于法兰克福的城市土地稀缺，面积狭小，单位面积的土地承载力有限，无法承托过大的人口基数。因此，法兰克福通过一定规模的填海工程来增加城市建设用地面积，为进一步的城市空间拓展和城市总体空间规划提供了充足的条件。不同于德国的其他城市，法兰克福从法律上承认政府宏观规制的重要性，明确规定了城市的工业用地、商业用地、住宅用地等都可以由政府作为主体进行国有化的征收，即政府有权对各类城市建设用地进行征收行为并使之成为国有土地。有关城市土地征用流程主要如下：首先，土地使用者需向当地的土地局呈交用地申请书，就土地的地理位置、主要用途以及未来的规划计划作出详细说明，并缴纳相应的手续费；其次，用地申请由土地局审核后转交由当地规划局进行二次审批，并聘专业的土地评估人员进行地价估算，并将估算结果告知土地使用者；再次，土地使用者与相关利益者经过谈判、协商，双方达成一致后向土地局申报并缴纳抵押金费用，再呈报至律政部部长进行审阅后由总统最终审批；最后，土地使用者应付清地价，后从土地管理局处取得相应地契。法兰克福通过该土地征用机制获得了大量的私有土地，扩大了供城市进一步发展的国有建设用地规模，城市可以对这些土地展开科学合理的城市布局，完善城市用地结构，提升城市土地的利用效率

和集约利用程度。

（三）通过规划不断提高城市土地的集约利用水平

法兰克福遵循联邦土地利用法，依照各建筑类型与地理位置的不同，规定每一宗土地的利用率上限和下限，并不断完善城市规划方案、发展规范、发展原则、地方法律法规等，不断平衡城市紧凑发展与建设良好城市环境之间的关系，以期在保护生态环境的同时推进城市土地的合理优化利用，提高土地的集约利用水平。法兰克福在城市中心和副中心区域的发展过程中采取了如限制私家车出行与使用、对城市非商业运输中步行与自行车使用总量进行约束等措施来保障城市交通的顺畅与生态环境的保护。此外，法兰克福还在城市中心和副中心区域兴建包括公园、绿地等在内的基础设施和如教育、医疗、高端项目等公共服务设施，不断满足居民的工作、生活需要，吸引人口聚集。此外，法兰克福在城市发展过程中十分重视中心城区的优先发展，即根据贡献能力的大小进行差异性的空间规划安排，例如，任何新的城市服务项目必须在保证中心城区需求得到满足的前提下进行开发和建设，城市的中心和副中心地区都必须有相对完善的服务配套和空间氛围营造。德国的联邦建筑法中，不同城市和城市中的不同地区都有空间差异化的建筑密度和建筑高度要求，这些标准值为土地规划者和相关的决策性机构提供了参考导向，成为各城市和各区域土地开发利用的重要指标。因此，法兰克福在城市空间规划发展中也根据不同地区的规模、发展功能、人口密度、经济贡献程度、发展水平等对城市土地利用方式、土地利用结构、空间部署、建筑要求等有着不同的要求。

第二节　我国城市建设用地有效利用的案例

进入 21 世纪以来，在快速推进的城镇化进程中数以亿计的人口不断聚集于城市，我国大多城市都历经过空间规模横向蔓延、土地规模集聚扩张。然而，城市土地规模的无序扩张和粗放利用导致了一系列经济发展与生态环境、资源之间的矛盾。一方面，土地资源的刚性约束限制了城市土地的供给总量，加之国家三条"红线"（永久基本农田线、城市开发边界线和生态环境保护线）的严格管控，许多城市的土地利用规模几乎已经触及城市容量的极限，种种客观现实决定了城市土地规模不能继续向外扩张；另一方面，多数城市的存量土地空间中还有不同程度、范围和比例的因不合理的城市土地规划和土地利用方式而剩余的占而未用土地、低效利用土地、被荒废土地、闲置土地等，这些存量土地可以通过再利用或再开发的形式来弥补增量土地扩张的束缚，提升城市土地的总体利用效率。

根据我国的发展实际，目前特大型城市都正实行存量规划为主的城市空间发展模式，有些城市开始实行减量规划的发展模式，其余大部分城市仍处于增量扩张与存量优化并行的空间发展阶段。应在控制增量土地扩张规模的同时，不断挖掘城市存量土地空间的再利用潜能，提升土地的综合利用效率，通过内涵式提升的土地利用方式来满足不断增加的人口需求，以激发城市内生动力的方式来提升城市的综合竞争力和可持续发展的能力。本节首先选取特大型城市中的深圳市作为存量土地优化利用的典型案例进行具体分析，以其较为成熟的土地利用经验与先进理念作为参考范例，接着参考大型城市中的苏州市工业园区与成都市的相关做法，通过比较和分析，希望可以更加全面地思考城市空间发展的具体做法，深入探究城市土地资源的再利用潜力，为福州市以及其他同类型规模城市土地资源优化利用、城市空间转型升级和城市的永续发展提供借鉴。

一、深圳市存量挖潜

深圳市早在《深圳市城市总体规划（2010—2020）》中就提出其城市空间发展模式由增量规划向存量规划转变，自此，深圳市以政府文件的形式规定城市土地利用模式由"增量扩张"向"存量优化"转变。

（一）发展背景

作为我国最早对外开放的沿海特区和改革开放的前沿阵地，深圳市的城市发展规划在全国城市中一直都起着标杆作用，深圳从一个空间狭小、资源匮乏的小渔村发展为如今的国际化超级都市历经了几次重大革新举措，如今成为全国城市规划的范例之一。自20世纪90年代初开始，深圳市就开始了大规模、快速的城镇化进程，分别于1992年和2003年将其行政疆域内以及周边的农村一次性转变为城市。飞速发展的城镇化进程助力深圳市快速发展的同时，也带来了严重的资源环境破坏、土地粗放利用、城市空间无序蔓延等问题。基于此，深圳市政府在 2005 年公开宣布由于巨大的人口压力致使城市的能源供给达到极限，生态承载力严重透支，水资源和土地资源极度紧缺。面临着以上发展制约，种种客观现实决定了城市建设用地规模无法继续向外扩张，即使获得政府批准，也无法立即满足庞大人口规模所产生的工作和生活需求，甚至有可能加重城市的能源浪费、生态破坏和环境污染。基于以上问题，深圳市采取了措施来应对由快速城镇化所带来的城市空间发展制约、土地粗放利用、生态环境破坏等问题，颁布了《深圳市基本生态控制线管理规定》并随即实施。我国国土资源部于 2007 年正式提出各地区在坚决守护18 亿亩耕地红线的基础上严格控制用地指标，即明确限制各地区无节制地扩展城市新增建设用地规模的做法。深圳市由于特区内外"二元"管理体制的特殊历史背景，受到复杂的产权关系的影响，其特区内外的建设用地利用扩展也变得复杂。基于此，为了应对城市发展中的严峻态势，深圳市积极响应国家号召，开始转变其城市空间发展模式，以增量规划向存量规划的转型思路为基础，不断促进城市建设用地利用方式由外延式扩张向内涵式提升转型，全面优化存量土地，提高土地的综合利用效率和激发城市内生发展潜力来促进城市的可持续发展。为此，深圳市于 2009 年颁发了《深圳市城市更新办法》《深圳市人民政府关于深入推进城市更新工作的意见》，提出由相关法定主体对城市内包括老旧商业区、住宅区、工业区、城中村等相关区域在内的城市建成区依据城市规划需要进行综合整治、功能升级、重建更新等改造。2012 年，市政府出台了《深圳市城市更新办法实施细则》，提出对建成区各地实行差异化的改造和更新，完善产业用地政策，鼓励旧区升级，促进产业更新等，以推进城市更新进程。

（二）发展要求与发展规划

深圳市的存量规划也称为"城市更新"，主要是围绕着城市占而未用土地、闲置浪费土地、被废弃土地、利用效率低下土地等施行再开发、再挖掘、再利用措施。具体而言，即从城市的存量土地空间上不断挖掘其再利用潜力，以更优化的土地利用方式、更合理的用地结构、更科学的空间布局等内延式地提升城市发展空间，不断完善城市公共基础设施和功能布局，这不仅是提升城市可持续发展能力的重要途径，也是促进城乡一体化的重要手段。《深圳市城市总体规划（2010—2020）》是我国城市发展中公认的城市转型总规划，主要表现为城市空间发展模式由"增量扩张"向"存量优化"转变，这是城市发展理念的根本转变，在我国城市规划转型史中具有很强的代表性。

随着近年来人口规模持续不断扩张，深圳市面临着极为严峻的用地形势。基于此，深圳市在城市总体规划中确定了对低效用地、被荒废用地等存量用地进行再开发利用，提高存量土地的利用效率，满足不断增加劳动力的用地需求，同时结合产业升级来推动经济的稳步增长；通过城市功能结构的完善升级提高民生服务质量，推动城市社会和谐发展；通过生态清退、生态修复等工程，改善城市生态环境，基于生态保护的前提下进行城市更新和存量土地优化利用，提升城市发展品质。具体实现途径如下：第一，在坚守生态控制线、保护生态环境的前提下，在城市土地资源生态承载力范围内确定城市的总体建设用地规模；第二，将城市增量用地的控制规模与存量用地更新与再利用规模作为相应的规模控制指标，共同作为城市更新中的"增改用地"；第三，围绕着"城市更新"，为实现综合发展目标展开具体的城市规划方案与措施。《深圳市城市总体规划（2010—2020）》中提到，在城市土地紧约束和达到供给上限的严峻形势下，提倡严格控制城市建设用地总量，不断缩减每年的增量用地规模，从存量土地空间着手不断进行存量土地的优化利用与再开发潜力挖掘，以城市内生动力推动城市空间的调控转型，促进城市土地资源、空间部署与经济的可持续发展。

深圳作为我国第一批围绕着增量规划向存量规划转型的城市空间发展模式进行探索的先行城市，在全国城市中率先探索土地利用模式及有偿使用方式，并划定了城市"生态控制线"，率先号召建立国土基金管理模式，结合金融管制方法提出要"取之于地，用之于地"。

作为我国城市发展水平最高的开放型沿海城市之一，深圳市在城市发展转型、存量土地优化利用和国土空间创新发展等方面一直走在我国城市发展的最前列。土地资源的刚性约束决定了城市新增用地总量受限，且传统城镇化进程中粗放式的土地利用方式导致的土地资源浪费、环境破坏、阻滞城市社会经济可持续发展等问题亟须解决，要解决城市空间发展制约，就必须实行存量土地再开发和优化利用的土地利用模式，走以存量规划为主的城市空间转型道路，这是深圳乃至全国城市发展的必经之路。即使深圳市和福州市在城市定位、规模、规划方向、发展愿景等方面均有很大差异，但是作为存量规划为主的城市空间转型先驱者，深圳市的相关经验是全国城市的表率，也将为福州市的空间转型发展与城市存量土地优化利用提供借鉴和参考。

二、苏州工业园区的存量盘活

(一) 发展背景①

苏州工业园区是由中国与新加坡两国政府共同合作的重要项目，作为我国开发区建设发展的示范地，园区在 21 世纪以来的短短二十余年中实现了经济的飞速发展，并在社会经济、产业、文化等方面都保持着较为强劲的发展势头，有效推动着长三角地区的高新技术产业和新兴产业不断形成集聚效应和发展壮大。在二十余年的经济腾飞光环背后，苏州工业园区土地资源利用也面临着极大的空间束缚，由于近年来苏州市的土地出让十分迅速，园区内的土地总量供给也到达极限。此外，随着园区进入工业化中后期的发展阶段，区域内基础设施、交通条件趋于完善，使得来自外部性的竞争压力不断增加，种种发展压力驱使工业园要提升土地集约利用程度，提高土地的综合利用效率，尽快实现园区内产业升级，推动产业集聚空间与城市发展空间的相互融合。此外，在苏州市总体规划发展中，未来的东部新城总区域完全覆盖了工业园所在区域，面对土地资源刚性约束的客观现实、城市土地功能性升级以及城市空间规划布局的需求，苏州工业园区开启由增量土地扩张向存量土地挖潜、盘活、优化的发展模式和规划策略的转变。

(二) 存量土地盘活、挖潜的发展要求

苏州工业园因增量土地扩张受限，同时受到不断增加的外部性竞争压力，从而提出存量规划的空间发展策略。在此背景下，必须不断优化空间资源的配置效率，转变土地利用模式，加强土地利用强度，充分挖掘土地的空间利用潜力，提升土地的综合利用效率。在工业化后期发展阶段，工业园区面临着产业发展"瓶颈"和外部性竞争的双重压力，倒逼工业园进行技术创新、产业结构完善和产业升级，并逐渐将园区内高耗能低产出的企业进行转移或升级。此外，对园区内的工业用地进行经济、环境、空间三方面的综合效益评价，该评价结果亦可作为后续土地利用、土地置换、产业升级、企业转移

---

① 周卫华，陈惠琪. 转型背景下存量规划的必然性——以深圳、苏州工业园区为例 [J]. 江苏城市规划，2015，10：14-18.

等提供参考和依据。

中国城市规划设计研究院在 2007 年对苏州工业园区进行的新一轮分区规划中提及"灰色用地"的概念，即主要围绕着那些因土地价值不断提高而需要逐步"退二进三"的工业用地进行设置。总体来说，灰色用地的设置主要是为了实现用地属性和功能的转换，该转换是一种循序渐进的过程，包含两次规划程序。首先在土地利用的客观条件和现状基础上逐渐进行利用功能的完善，即为第一次规划；接着再不断创造有利的转换条件，直至灰色用地（工业用地）完全实现"退二进三"的转换目标，此为二次规划。具体展开，灰色用地"退二进三"的转换主要有三种模式：一为后期整合。将原来利用率低下的地块进行重新整合，创造新的转换条件，并结合园区周边的土地分割成为新增用地，并赋予其新的用地功能与用地性质，进而完成用地功能的转换。二为前期预留。即在第一次规划中提前预留出第二次规划可能需要的功能性用地，不再进行土地资源的再次规划与地面建筑的开发建设。三为改造提升。第一次规划中新增用地要结合土地具体利用现状，在第二次规划中不断对建筑进行改造和功能提升，根据城市前景将其改造成新的功能用地或者新用地定位的建筑类型，如商业中心、艺术中心、行政大楼、休闲娱乐中心、居民住宅等，不断挖掘土地的适用性功能和利用价值，提高土地综合利用效率。"灰色用地"概念的提出以及灰色用地的设置是根据包括苏州工业园区在内的东部新城的总体规划要求而设定的，这是典型的土地功能围绕着城市发展规划和城市空间布局而进行设定，大大提高了城市建设用地的利用效率和城市空间规划效率。但是，由于用地功能的转换往往涉及土地产权的变化以及建筑性质的改变，相对应的土地模式和建筑模式也将发生转变。针对此问题，苏州工业园区在提出灰色用地规划时附有以下具体的实施方案：（1）原则上园区内工业用地在 2020～2030 年之间实现"退二进三"；（2）在环境保护的原则下允许一定规模的新增工业用地，但对其用地年限要有严格的限制，一般缩短至 15～20 年之间；（3）允许园区内已有企业对用地进行投资建设，企业对园区内土地的使用期限将根据土地利用强度的提高而增加，但最长年限不超过 2030 年；（4）根据苏州东部新城（包含苏州工业园区在内）2007～2020 年的规划内容，对园区内的土地征占、利用和建筑开发行为征收地产税，以提高运营成本的方式遏制一些土地投机行为和浪费现象。综上所述可见，苏州工业园区制定的灰色用地规划具有一定的前瞻性和科学性，该规划较为科学地引导园区土地功能得以循序渐进的转换。通过对低效利用地、被荒废用地在内的存量用地进行整合，再结合增量用地成为新增用地，并赋予新的用地性质和用地功能，不断完成用地功能的转换，以园区规划发展的内容为前提，从社会效益、经济效益和生态效益出发全面提升土地集约利用程度，推动苏州工业园区可持续发展以及苏州东部新城"以区带城"的布局规划。

目前，苏州工业园区已发展成为全球最具发展潜力和竞争力的高科技工业园区之一。在经济腾飞的同时也面临着城市总体发展要求、土地资源刚性约束、建设用地规模受限、土地资源的浪费和低效利用、园区外部性竞争性等综合因素的影响。基于此，要想推进苏州工业园区乃至整个城市的可持续发展，必须不断挖掘存量用地的再开发潜力、盘活存量用地、结合增量用地性质转换、加强土地利用强度、提高土地集约利用水平、不断进行科技创新和产业升级、完善城市基础设施和公共服务水平。这不仅是苏州工业园区成为全球高科技工业园区典范的必经之路，且对苏州东部新城乃至苏州市发展的提质增速都有着至关重要的意义。

三、成都市刚性管控

为积极响应国家城市空间转型发展战略，成都市在其新一轮的城市总体规划中强调空间管控的重要性，即从增量扩张的空间规划向严格限定城市边界线和存量优化的空间规划转型。这一空间规划的转变特别强调优化空间结构，从布局升级逐渐向结构量化转变，既保证了土地利用过程中不触碰生态保护红线，同时也保证了城市开发的规模和质量，使城市开发边界更为精准。在严格控制城市增量用地的同时进行存量用地挖潜和优化。规划策略具体如下：（1）严格控制建设用地增量扩张规模，坚守用地底线，规划全市域建设用地总规模在 2035 年不超过 2 800 平方千米；以水资源自然承载力为前提制定城市人口规模标准，到 2035 年市区常住人口总数预计达到 2 300 万，其中 1 360 万为中心城区常住人口。（2）实行城市边界的刚性管控策略。竭力保护城市中包括水源、山地、森林等在内的自然资源，在保障生态底线的基础上划定城市生态保护区或隔离区，在城市发展的同时更加坚持生态资源集约利用和环境保护，并在全市域范围内构建生态安全格局，严格设立生态红线、城市边界线和耕地红线三条红线的管控策略。（3）在制定总体规划基础上细化建设部署，以单元模式实施管控。加强部署和实施策略间的有效衔接，将总体规划落实为具体的各个单元中的用地规模和用地总量的协调与分配。

　　成都市新一轮城市建设规划布局中重新部署了空间发展目标和方向，在继续原来的"底线约束""边界约束"的前提下对城市发展格局作了必要调整。这体现了成都市政府保护生态环境与严格管控城市空间扩张的决心，并以一系列具体的实施落实到实际。这一空间格局发展模式的转变体现了城市空间发展过程中重视构建生态格局的重要意义，是城市空间发展质量持续提升的关键，空间发展由过去的增量扩张向如今的控制城市发展边界线、存量优化模式转变。成都市构建全域生态安全格局、进行"底线约束""刚性约束"的城市空间格局的模式与策略对福州市的建设用地利用和空间格局转型进程提供了较有力的实践启示，也为本章研究提供了具体的技术参考。

第七章

城市建设用地优化利用的
对策建议与实现路径

第一节　福州市城市建设用地规模控制结果分析

在本书第四、第五章对福州市增量用地控制及存量用地挖潜进行研究后得知，从可持续发展视角出发对城市建设用地进行模拟调控，之后所得的就是整合叠加模拟存量规划情景与模拟再开发适宜分区之后的结果。城市空间拓展中这部分存量用地极大解决了城市建设消耗土地等自然资源的问题，缓解了城市建设和生态环境保护之间的矛盾。福州市的存量用耕地主要分布于鼓楼区、晋安区、台江区、仓山区等老城区范围内，用地类型以居住用地和工业用地为主。

第二节　福州市城市建设用地优化利用对策建议

一、存量用地的再开发策略与效率提升建议

对存量用地进行再开发的目的是调整城市用地空间结构，改善生态环境，促进社会的和谐稳定。通过本书的预测，得出福州市 2035 年的城市存量用地面积为 38.42 平方千米，这些土地有工业用地、老旧住区、待开发区三种类型。其中，仓山区、长乐区等地主要以工业用地为主，这些用地中，存在厂

房闲置和工厂停产等问题,而且附近缺乏公共服务设施和绿地等;鼓楼区、晋安区、台江区、仓山区主要以老旧居住区为主,这些居住区的建筑大多较为老旧,不仅影响市容,而且不利于居民的安全居住,如果要拆迁,需要大量的安置费用;平潭县、罗源县、连江县等地主要是待开发区,正处于快速发展阶段,福州市拟在这些地区兴建大量的办公楼和住宅小区。福州市政府决定对中心城区的三类用地(工业区用地、老旧住区用地和待开发区用地)采取如表 7-1 所示的安置方式。

表7-1　　　　福州中心城区存量用地的优化困境与调整方式一览

类型	优化困境	调整方式
工业区(仓山区、福清市、长乐区)	企业停产倒闭、厂房闲置;公共服务设施可达性差;缺少绿化	加强景观环境建设,增加绿化面积,引进一些生产服务型企业,将部分工业用地建设为展览馆等
老旧住区(鼓楼区、晋安区、台江区、仓山区)	建筑质量较差;公共服务设施不完善;卫生环境差;拆迁安置费用高	对现有的住宅和建筑进行维修改善,增设大型商业综合体项目,对现有的公共服务设施进行改善,促进老旧小区的内部更新
待开发区(平潭县、罗源县、连江县)	开发时序不合理;基础设施建设滞后	逐步加强建筑工程项目建设的同时,有条不紊地进行基础设施建设

资料来源:笔者自行整理。

(一)对现有的工业区进行更新改造

可持续发展视角下,福州市的城市建设用地面积是一定的,但这些工业用地存在明显的土地资源浪费情况,厂房闲置、企业停产倒闭的情况时有发生,不利于福州市城市建设用地综合效益的提升。对此,可以对这些用地的性质进行适当改变,比如将部分工业用地改造成图书馆、博物馆或者展览馆等,还可以在现有闲置土地中引入一些生产服务型企业,使得有效的存量建设用地发挥更大的经济价值和生态价值。而且这也是缓解城市空间增量扩张压力的重要手段,可以方便福州市改变原先增量扩张的城市空间发展模式,使其变为存量优化。在对这些工业区进行更新的过程中,需要明确更新的目标、对象、形式与内容等。在具体的工作中,可以将更新目标定为集约化利用城市建设用地、提升建设用地的质量、促进福州市产业转型;更新对象是福州市土地闲置严重的老旧工业区;模式的更新中原路的改造、搬迁等单一手段逐渐被多种手段结合取代，在传统模式下物质空间是更新的关键，而新模式则更多突出职—住、产—城等社会属性（见表7－2）。

表7－2　　　　　存量规划视角下的工业区转型更新模式一览

项目	传统增量开发	面向存量开发
更新目标	产业复兴、经济复苏	土地集约利用、产业转型、质量提升
更新对象	微观工业企业地块	宏观城市工业用地的不同类型空间
更新形式	搬迁或改造	搬迁、改造、升级等多种手段的融合
更新内容	场地、建（构）筑物等物质空间	场地、建（构）筑物等物质空间；产—城、职—住等社会关系

资料来源：笔者自行整理。

在实现福州市工业用地更新改造的过程中，根据土地集约利用、城市空间品质提升的发展目标，对更新对象进行空间诊断、模式更新内容选择。在对更新对象进行空间诊断的过程中，先明确2035年福州中心城区需要调整的城市建设用地范围，这部分建设用地包括2019年现状城市建设用地的一部分以及2020年城市总体规划的一部分，然后按照以下过程进行空间诊断：首先对现状存量（A）与规划新增工业用地（B）进行提取；其次将规划的新增工业用地（B）与2035年城市建设用地调控结果进行叠加，提取调控边界内（B1）和调控边界外（B2）的规划新增工业用地。其中，现状存量工业用地（A）为3.08平方千米，主要分布在仓山区东部、马尾区东部等区域，这些工业用地主要以服装生产企业、食品加工产业、外贸业等为主，需要对其进行重点开发，将重污染企业逐步迁出。同时，规划新增工业用地（B）为36.74平方千米，主要分布在长乐区东部等，这些新增工业用地是福州老工业基地转型振兴的主要承载空间。部分规划新增工业用地分布于2035年城市建设用地调控边界内（B1），面积为18.56平方千米，这一部分工业用地在空间方面应做到科学分布，与周边地区协调发展，严禁出现高污染的企业；另一部分分布于调控边界外（B2），面积为18.18平方千米，未来应注意这些工业用地的空间资源整合，科学判断其规模与空间布局。在更新模式方面，需要针对不同的工业用地采取不同的更新模式，比如针对现状存量工业用地（A类），可以采取原址保留与环境改造形式，谨慎置换用地性质，主要更新内容是破旧厂房建筑、基础设施、场地路面等，因为这些工业用地内部环境设施保存较好，内部的企业发展也较为稳定；对于调控边界内规划新增工业用地（B1 类），需要进行重点更新，更新的模式是建设重大产业项目和承接重大项目等，更新的内容是优化产业空间结构与布局、对接产业转向规划与控规。对于调控边界外规划新增工业用地（B2 类），更新的模式是调整控制，更新的内容是生态修复、整理复垦、控制并引导其他工业企业向 B1 类用地集聚（见表 7-3）。

表 7-3   针对不同更新对象的工业用地更新模式与内容

更新对象	更新模式	更新内容
现状存量工业用地（A）	优化提升、清理迁移	（1）破旧厂房建筑、基础设施、场地路面；（2）职工安置、用地补偿、用地征收与流转等社会问题；（3）场地污染治理、基础设施完善
调控边界内规划新增工业用地（B1）	重点发展	产业空间结构与布局、园区配套设施建设
调控边界外规划新增工业用地（B2）	调整控制	（1）就业与居住功能关系的社会问题；（2）引导工业企业向调控边界内集聚；（3）用地生态修复、整理复垦

资料来源：笔者自行整理。

针对福州市域范围内的工业存量用地，主要以退出使用、搬迁整顿等用地改造的更新形式引导城市的存量优化。A 类用地主要分布在闽清县北部地区、罗源县西部地区和永泰县西部地区。经过深入实地考察，发现以上地区中大部分企业原址用地仍保持着较好的形态；然而，其中仍不乏存在着原工厂和工业用地与城郊及周边用地功能衔接不善的问题，例如，部分企业所处地理位置大多是土地利用效率极低的棚户区、城中村等地，与附近的居民区距离较近，为了避免工业生产经营活动影响周边居民的正常生活，需要对现有的防护隔离设施进行完善。秉持着"有机更新"的理念，需鼓励工厂与企业加入新的生产元素、改造厂房面貌，引进新的生产工艺与设施，重置厂房功能，进行一定程度的扩建，抑或将原功能单一的办公地点改建为智能化厂房；对闲置空间与场地的卫生环境进行改造，增加防护绿化用地，提高工业生产效率，处理好与城郊居民的协调关系。而清理迁移的更新形式是针对那些不能完全实施搬迁计划的工业用地，需要结合政府的引导作用，加强政企之间的沟通合作，展开对该类工业存量用地的及时翻新与改造。由政府牵引，专业技术部门与人员首先展开对此类工业存量用地再开发潜力的综合评估，包括对用地建筑条件、再利用条件、转型可行性、基础设施承载力、生态环境影响等因素进行合理科学的评估。经过评估，与再开发潜力较弱、污染性较高的工业企业或老旧工厂协商迁出或就地进行更新改造，并基于产业功能主导作用从用地生产效率、配套设施开发需求、用地供给规模等方面为各类功能企业进行选址并给予搬迁指导。对于已腾退的工厂与企业原址对应的土地，采取翻新、改造的存量更新工作，由政府发起实施总体规划，企业根据相应规划要求结合自身发展方向与主营业务进行积极配合，适时引入市场更新机制，提升用地整体效益。另外，对于工业存量用地中未搬迁或不宜迁出的企业用地，可将其纳为 A 类现状存量工业用地，在原址用地基础上不断完善产业结构、优化产业类型、促进产业转型，或引入多种产业部门进行功能置换，推动第二产业向 2.5 产业、第三产业转型，以此来改善生产条件和生产环境，提升存量工业用地的整体利用效能。总而言之，发展现代服务业和新兴产业，不断更新和完善用地功能，加快高污染产业用地，如绝缘材料厂、橡胶厂、轴承厂等用地的退出。促进新兴产业、绿色产业、服务业产业等企业不断集聚并逐渐发展成为城市功能新区，实现土地集约高效利用。

针对福州市规划新增工业用地（B），应发挥城市建设用地调控边界线对城市空间扩张的约束作用，边界线以内的新增工业用地（B1）主要以各个工业产业园区为主，应定期评估这类工业聚集区的整体用地情况，检测其用地发展是否严格遵循相关发展规划的要求，并及时提出整改与调整对策。具体更新办法有：在这些工业产业园区的用地发展现状中，妥善解决周边棚户区和城中村居民的安顿问题和生活条件的保障问题是其需要解决的首要任务；在保障周边居民居住问题的基础上，各企业可以基于自身发展需求聘请具备相关资质的居民，或对其进行培训后再上岗，这在很大程度上能够解决城郊居民的就业问题；各企业高起点开发建设产业园区配套设施，更新生产流程、污染物处理技术；为响应福州市老工业基地的产业转型升级策略、完成工业用地更新改造，工业园区应大力鼓励科技含量高的新兴产业与智能制造企业的入驻，并形成集聚规模，为这类型企业提供充足的发展空间，而这类用地的拓展也正是承接原来迁出的老旧厂房和高污染、低效益企业用地，避免了存量用地的浪费，提升存量用地的再利用效率和总体利用效益。新增工业用地（B2）是存量规划视角下在城市发展边界线以外的需要调整控制的新增工业用地，主要指福州中心城区以外的部分新增工业用地供给，这类用地主要分布于福清融侨经济开发区、长乐滨海工业集中区和连江可门经济开发区等，由于规划方向、发展区位、发展定位等方面与福州市中心城区总体发展定位不同，原则上不对这类用地附加产业项目或定增相关土地指标，也不享有福州市工业产业园区内的特殊优惠政策，这一现状倒逼工业企业将其发展用地向 B1 类工业用地靠拢，在保护基本农田的基础上以此充分发挥其用地功能，提升用地效率；在城市工业用地总量的控制下对规划工业用地进行功能调整与置换。这类工业用地的调整控制是面向存量规划的城市空间发展转型的关键内容。

（二）改善老旧住区的环境情况

福州老旧住区主要集中于鼓楼区、晋安区、台江区、仓山区等几个区中，这些区域中坐落着大量的城中村、棚户区、老旧住宅建筑，有的甚至需要推倒重建，但是全部推倒重建显得不太现实。因此，可以对部分年久失修的建筑或者危楼等进行更新，既可以建成新的居民区，也可以改建成商业综合体项目，增强物质空间和社会关系间的联系。针对老旧住区的功能配套、建筑质量、交通条件、绿化环境方面的存在问题，可以采取局部改建、内部改造、环境整治、维修清理等措施来提升建筑品质。因为福州市市中心的这些建筑有不少是历史文化建筑，采取这些改造方式可以预防这些历史文化建筑受到损害。在更新的过程中，需要采取循序渐进的方式，切不可急于求成，可以进行小规模更新，但需要保障这些建设的投入可以得到相应回报。总之，不同类型的老旧住区更新内容和更新方式具体如表7-4所示。

表7-4　　　　福州城市内部存量用地中老旧住区的存在问题与策略

项目	存在问题	更新策略
功能配套	没有完善的城市配套功能支撑，缺乏一定标准的居住区配套设施	结合周边居住区的配套设施，填补性地建设必要的基础设施更新策略
建筑质量	建筑年代久远，以多层、低层为主，部分建筑风格明显	整治建筑立面，延续与协调建筑风格

续表

项目	存在问题	更新策略
交通条件	路网密度较小，道路等级较低，以非机动交通为主，路面质量较差，没有足够的停车设施	打通断头路，修整路面铺装，增设停车设施
绿化环境	缺少公共空间，以简单植物绿化为主，景观品质较差	清理卫生垃圾，见缝插针，增加屋顶绿化、垂直绿化

资料来源：笔者自行整理。

1. 完善功能配套

老旧住区是有机更新举措实施的重点，在这一领域应以以往发现的问题为切入点。对于福州市来说，这一区域前期存在的问题主要是配套设施不完善，缺乏一套完整的供城市持续发展的配套功能体系。总体而言，福州市一些老旧区域的医疗、教育、文化、卫生、休闲等设施均没有完善，交通便利性差，致使像鼓楼区北部、仓山区南部、马尾区东部等老旧发展区域的建设用地的社会利用效益十分低下。针对上述问题，首先，应尽快加大投入力度完善相关设施，为居民提供便利公共服务，并以便利性、灵活性、层次性为原则建设公共服务设施体系，改善公共服务质量；其次，为给居民提供更多选择，应以居民区道路网络为依托，在公共服务区域半径范围内优化调整公共服务设施布局，使其突出线性特征，提高服务的便利性和有效性。最后，在老旧居住区改造的过程中，要合理调整存量用地，遵循节约化、集约化原则。

2. 提升城区建筑质量

福州市中心部分老旧小区的建筑建成于20世纪80年代，到如今已经有四十余年的历史，急需更新、改造和修缮，这些建筑的供水、供电、燃气等市政服务等并不完善，不仅影响城市的美观，而且建筑被雨水等腐蚀严重，急需采取整治和美化措施。针对于此，福州市可以对建筑物进行外部保温材料的增加或者更换，从而防止建筑因为恶劣气候而减少使用寿命。老旧住宅的改造要依据住宅特性选择合适的改造方式，如果建筑适合重建，应选择有利于生态环境保护的绿色建筑技术予以重建；如果建筑不适合重建，应依据城市建设总体规划对其进行节能改造、外观改造，使其居住舒适度提高的同时不会影响城市整体建设布局。

3. 优化内部交通系统

依据前述可知，区位重要的老旧住区是福州市城市建设中再开发的重点区域，虽然这些区域和城市主干道或者次干道紧邻，但是交通、停车等设施不完善，交通状况较差。针对此种情况，应首先对原有道路进行修整和连通，同时进行交通管制，然后再以原有建筑格局为基础增加必要的公共服务设施，在增加住区功能的同时避免老旧住区交通设施负荷增加。在具体实施中，住区内部可以通过增加步行视廊的方式实现直行道和曲线行道的有机融合，使住区慢行道交通状况得到明显改善。在停车系统方面，应充分利用步行道等空间的背面区域，利用绿植划出停车位，既保证充足的停车空间，又避免人车混行带来安全隐患，同时还能够增加住区景观的层次性。改造车行交通状况方面，应以加强交通管理为主，采用设置警戒线、外来车辆禁入标志、路障等手段控制外来车辆禁入，为住区居民提供良好的通行条件。

4. 增加绿化空间

公共空间不足、绿化空间缺失，是福州老旧居住区改造面临的最大难题。解决这一问题，首先，要在这些区域增加卫生设施数量，使居民生活垃圾能够得到及时清理，确保居住区环境卫生；其次，要充分利用居住区小空间，选择适合的绿植类型进行绿化，包括屋顶、墙体，以及住宅间隙、住宅旁边等，进一步改善居住区生态环境。

（三）提升待开发区的土地利用效率

福州城市建设用地的存量用地存在部分低效区域、待开发区等，即已批未建的城市建设用地，主要分布在平潭县、罗源县、连江县等区域，这些区域坐落在福州市的边角，位置较为偏僻，交通不太发达，缺乏足够的公共服务设施和市政公用配套设施。相比老旧居住区和工业用地，这种用地的功能可能更加多元，开发潜力较大，因而可以对其用地性质进行改变，将其改造成工业用地、居住用地和教育用地等。总之，在对这些开发潜力较大的用地进行二次利用和开发的过程中，可以按照福州市城市规划和公共设施优先建设原则，编制有效的控制性详细规划、修建性详细规划，加快完善各区域基础设施建设，并尽快投产建设，以提高土地综合利用效率，解决失地农民的居住就业问题。

二、增量用地规模控制建议

在增量用地规模控制方面，可以参考国外如美国、德国和日本的城市以及我国深圳、广州、上海、成都、苏州等城市的成功经验，对福州市现有存量用地情况进行规划调控，这些增量用地可分为生态控制区、限制建设区、集中建设区以及生态控制线和城市开发边界（UGB）等几个部分。其中，生态控制线是以重点生态要素保护为核心目标而划定的刚性约束控制线；城市开发边界的划定是为了确定城市建设用地的控制底线。在规模控制的过程中，需要在两线的基础上对生态控制区、限制建设区、集中建设区三个区域采取不同的控制策略。

首先，在生态控制线的控制方面，本书已对区域生态敏感性进行了评价，并分析了区域生态要素的边界，这些边界共同构成了生态边界线，并认为城市存量建设用地要想被安全、适宜开发，就需要在生态边界线范围内进行。但是在规模控制的过程中，需要注重城市发展与城市生态环境保护相协调，先找出福州中心城区范围内需要保护的自然保护区、湿地保护区、公园绿地、自然风景区等省市重点生态环境所在地，比如林则徐纪念馆、于山风景区、金牛山风景区等，再评价中心城区的生态敏感性和重要性，找出需要进行生态管制的区域，然后借助前述城市建设用地调控模拟结果，从而确定禁建区、严格限建区、一般限建区和集中建设区。生产经营性项目不能建设在生态边界线上。在规模控制的过程中，除了响应国家发展战略外，还需要结合福州市的实际情况，合理控制生态边界线和各区域。在生态控制区的基础上，划定生态单元层与建设活动用地层，这些用地大多是根据相关的法律法规明确单元管控要求、生态系统的自然属性、生态功能类型等决定，以保障各类自然保护地及其功能分区的合理建设。

其次，在城市开发边界的控制方面，根据前文针对不同情景的福州城市建设用地调控的空间分布模拟结果，将增量用地的控制规模（298平方千米）和城市建设用地的调控规模总量（337平方千米）分为"一级UGB"的约束条件和"二级UGB"的约束条件，然后采取以下措施来控制城市开发边界：一是充分加强对存量建设用地潜力的挖掘。在这方面，需要遵循"严格控制用地规模，高效集约利用土地资源"的城市规划要求，严格控制城市规模和形态，优化利用城市建设用地。在控制的过程中，不能损害相关人员的经济利益，在兼顾内外的同时优先再开发低效、闲置用地。二是按照近期和远期的规划，根据不同区域的实际情况来控制城市开发边界（UGB），比如在近期规划阶段，主要对"一级 UGB"内的建成区存量用地和边缘区增量用地进行分区管制；在远期规划阶段，则主要对"二级 UGB"内的建设调整区、农村整治区、生态管治区等进行分区控制。三是加强多种实施主体的参与。城市开发边界的控制离不开城市规划项目的审批主体、调整主体和评估主体，在明确评估指标的情况下找出受城市开发边界约束与限制的项目，从而采取合理的控制措施进行规划（见表 7–5）。

表 7–5 福州中心城区新增用地发展方向的弹性引导一览（2035 年）

方位—区域	扩展引力	弹性引导策略
东南向（1）——马尾新城	对外交通线路引导	打造快安、马尾两个城市综合体和滨江大型公建集中区；整合历史文化资源和自然山水资源，显山露水，打造天马山公园、东江滨公园、马尾船政文化长廊等公共休闲空间，建设大型文化休闲旅游区
南向（2）——南台岛	对外交通路线引导、生态园开发引导	划分为"金山、烟台山、奥体、会展、义序、三江口"六大功能片区，按照"网络生态、紧凑发展、低碳高效、复合有机"的规划理念，构筑"六区协同、山水共生、城绿共创"的空间形态，将南台岛建成为"生态智慧宜居区、创意文化低碳区、生产服务集聚区、会展商贸服务区"
南向（3）——青口投资区	对外交通线路引导	以汽车产业为主导，集生产服务、生活居住等功能于一体的综合型生活新城，控制产业用地扩张
西南向（4）——南屿—南通—上街	对外交通枢纽吸引	依托临空经济区开发建设，加强与上街大学城、青口汽车城联动发展，建设海西高新技术产业园和生物医药与机电产业园；利用大樟溪、旗山风景区资源，建设生态型旅游休闲服务区，将现有低效用地开发作为主要空间增长方式
西向（5）——荆溪试点小城镇	对外交通线路引导、生态景区开发引导	规划定位为福州西部的后花园，以休闲度假居住为主的宜居宜业的山水新城，形成"一心、一轴、六片区"的规划结构

资料来源：笔者自行整理。

针对福州市中心城区的城市新增用地应主要用于大运量轨道交通建设，进而提高市中心与周边地区的联系。在马尾新城的规划方面，可以通过城市轨道交通的规划引导来集中建设快安、马尾两个城市综合体，将其打造成大小滨江公建集中区域；以当地自然资源和人文历史资源为载体建设高品质公共休闲区域，对于已经实施的东江滨公园、马尾船政文化长廊、天马山公园等项目加大建设力度，打造本地休闲旅游品牌。在南台岛的规划方面，依照生态高效原则力争构建"山水共生"城市建设新格局，促进六区共同发展，实现城市建设和生态保护双丰收。在青口投资区建设上，应着力创建多功能一体型生活新城，在持续发展汽车产业的基础上不断提升公共服务水平，改善生活品质，控制产业用地扩张。在南屿—南通—上街的规划方面，依托临空经济区开发建设，与汽车城、大学城联合建立联动机制，为生物医药、高新技术产业园、机电产业园等项目的深入推进奠定坚实基础。在荆溪试点小城镇的规划方面，应以打造山水新城为核心目标，突出当地休闲度假旅游特色，按照"一心、一轴、六片区"的结构整体规划小城镇建设。在这些地区的规划下，有效控制城市建设用地的外延式扩张。

第三节　对我国城市建设用地优化利用的启示

基于我国基本国情，未来城市空间扩容仍将是城市发展的主要模式，但此种空间扩容不再主张过去"摊大饼"式的蔓延式的空间规模横向扩张，而是基于可持续发展的前提下内涵式提升城市的整体利用空间，从城市内生动力出发以"城市更新"的办法催生更多新的城市功能。在我国国土空间布局发展目标和转型要求下，城市空间扩张模式亟须由"增量扩张"向"存量优化"转型。落实到具体行动，从国家政策规制方面，应严格控制城市新增用地指标的政策刚性约束，挖潜存量用地空间，提升土地空间集约程度；从城市自身发展方面，应重新界定、评价各个区位的土地资源价值，并对占而未批、被闲置浪费的土地资源实行再次利用，通过城市更新、旧城改造、综合整治等措施促进城市存量土地的优化利用与空间布局升级，不断提升城市形象和综合实力，推动城市社会经济的可持续发展。

本节将结合之前对我国城市建设用地利用现状、特征、规律、存在问题等一般性研究及福州市建设用地优化利用的具体路径研究，并在借鉴国内外相关经验基础上对我国城市空间转型与建设用地优化利用提出以下建议：

一、扩大城市用地审批权下放范围，培育城市新型经济圈

2020 年自然资源部将北京、天津、上海、江苏等八个省市作为试点，对其下放为期一年的用地审批权，包括永久基本农田以外的农用地转为建设用地审批事项以及永久基本农田转为建设用地审批事项，提高用地审批效率，确保平衡城市发展所需用地在严控增量和优化存量之间的关系。因此，在发达省份以省会城市为中心继续扩大用地审批权下放，培育形成辐射域内一、二线城市的经济圈，空间载体均以京津冀、长三角、粤港澳、成渝地区双城经济圈等为代表的中心城市和城市圈，将有效改变城市土地供给格局、进一步加速城市分化，促进区域一体化发展，提升区域协同水平，重塑城市发展新格局，增强承载经济和人口的能力。

二、加快建设城乡统一建设用地市场，推动城乡融合发展

加快建设城乡统一建设用地市场，厘清集体土地权利结构和权能体系，明确入市对象和入市主体，在土地级别评价上逐步实现城乡标准统一，建立合理机制对入市宗地交易成本进行测算，对于建设用地，无论是国有还是集体所有，在价格、权益等方面都实现统一；同时，积极探索入市收益分配制度，使农民能够更为充分地分享土地再配置的经济社会收益，平抑城市土地征收和农民土地出让带来的土地级差收益和公平分配矛盾，实现城市发展土地优化和农村土地增值收益的"双赢"，促进城市土地从增量扩张到存量优化的转变，保障新产业和新经济的实体发展用地，助推城市的可持续发展。此外，允许农村集体经营性建设用地按照国土空间规划确定的经营性用途入市，建立城乡统一的建设用地市场，这是新形势下解决农业和农村发展短板，推进乡村振兴战略和城乡融合发展的关键。同时，这一改革举措很大程度上促进经营性的城乡土地拥有市场上同等的交易权，极大程度上提升了土地的利用效益，推动国土空间的转型发展，助力城市土地资源的优化配置与空间安排，推动城市土地的优化利用，实现城乡社会融合、可持续发展。

三、实施跨省指标交易，打破城市用地市场化交易地域限制

当下，土地指标分配属于行政性分配，国家允许土地局限于省域范围内

交易，无法凸显土地市场化价值，因此，加快跨省域补充耕地，不同省份基于自身自然条件禀赋差异和经济发展水平差距推行跨省域补充耕地，满足双方城市建设用地需求和经济收益利益诉求，实现城乡建设用地增减挂钩，增加建设用地的同时保证不减少耕地面积，不降低用地质量，不影响城乡用地整体规划。为保持土地利用均衡发展，应大力推行建新拆旧、整理复垦等有效举措，确保城乡用地达成规划目标。①

四、深化产业用地配置改革，振兴实体经济，推动城市空间高质量转型

实现伟大中国梦，就必须大力发展实体经济，实体经济是百姓生活改善的根本，也是国家富强的"压舱石"。因此，城市发展转型需要深化产业用地市场化配置改革，健全土地租赁年限、租赁形式。为解决工业用地出让与企业生命两者周期不匹配的问题，应广泛实行年期供应弹性机制，有效盘活城市土地利用效率；同时，要在严格遵循国土空间规划部署的前提下，对产业用地政策进行必要的调整，探索新型使用方式，为各种类型产业用地相互转换提供空间和渠道，增加混合产业用地供给②，实现土地存量空间的精细化提升、促进城市的合理复合化发展。

产业用地调整配置与深化改革涉及城市存量用地更新与增量用地扩张两方面内容。一方面，对存量用地进行再开发的目的是调整城市用地空间结构，改善生态环境，促进社会的和谐稳定。应对我国各城市包括工业用地、老旧住区、待开发区、棚户区、城中村等在内的存量用地进行更新、改造和再开发潜力挖潜：（1）对现有的工业区进行更新改造。我国城市工业用地存在明显的土地资源浪费情况，厂房闲置、企业停产倒闭的情况时有发生，不利于城市建设用地综合效益的提升。针对城市中心城区的工业存量用地，主要以退出使用、搬迁整顿等用地改造的更新形式引导城市的存量优化；此外，也可以对这些用地的性质进行一定程度的转变，如将部分工业用地改造成图书

---

① 韩宁. 农村集体建设用地使用权制度模式的实证分析 [J]. 湖北农业科学，2011，50（19）：4080－4084.

② 中共中央 国务院关于构建更加完善的要素市场化配置体制机制的意见 [N]. 人民日报，2020－04－10.

馆、博物馆或者展览馆等，还可以在现有闲置土地中引入一些生产服务型企业，使得有效的存量建设用地发挥更大的经济价值和生态价值，这也是缓解城市空间增量扩张压力的重要手段，推动城市空间扩张模式逐渐由增量扩张转变为存量优化。（2）改善老旧住区的环境情况。针对老旧住区功能配套方面实行有机更新策略，如完善功能配套、提升城区建筑质量、优化内部交通、增加绿化空间等。（3）提升待开发区的土地利用效率。相比城市老旧住区和工业用地，城市存量土地中待开发区功能更加多元化、开发潜力更大。因此，可对其用地性质进行改变，将其改造成工业用地、居住用地和教育用地等。在对这些待开发区用地进行开发的过程中，需严格按照各城市规划和公共设施优先建设原则，编制有效的控制性详细规划、修建性详细规划，加快完善各区域基础设施建设，并尽快投产建设，提高土地利用效率，解决失地农民的居住就业问题。另一方面，在增量用地规模控制方面，可以参考国外以及我国深圳、成都、苏州等城市的成功案例与先进做法，将城市增量用地分为生态控制区、限制建设区、集中建设区以及生态控制线和城市开发边界等几个部分。其中，生态控制线是以重点生态要素保护为核心目标而划定的刚性约束控制线；城市开发边界的划定是为了确定城市建设用地的控制底线。在规模控制的过程中，需要在两线的基础上对生态控制区、限制建设区、集中建设区三个区域采取不同的控制策略，以确保城市增量用地扩张总规模严格控制的基础上提升城市用地的总体利用效率。

五、城市空间转型中以政府主导为主的同时加强多方协作

我国城市土地开发主体应由单一的政府主导逐渐转型为由政府主导的同时，融合社会、市场、民众等共同参与，并进行多方协作。其中，政府为主导作用，开发商与居民在相关城市土地利用与空间布局规划下发挥其作用，共同推进城市中的更新、改造与拓展。城市空间规划机制由原来单一地以物质环境作为优先考量的存量土地开发逐渐转型为注重社会、经济、文化、民生、生态等全方面的优化提升，当前城市空间发展和城市土地利用必须结合其产生的社会效益、经济效益和生态效益进行综合评估，体现了政府主导的城市规划体系由"自上而下"向"自下而上"的转型，不断凸显着城市土地利用过程中的科学性和公平性。具体而言，我国城市空间发展转型需转变原来靠投资为主要驱动力的经济发展方式，要积极推进由"要素驱动"向"创

新驱动"的转变，不断加大技术投入来提高科学创新能力，实现劳动生产效率的质的提升。同时，积极完善产业结构，展开科学的城市空间部署，从城市内生动力出发引导城市更新，不断挖掘存量用地的再利用潜能，以城市存量用地作为未来国土空间开发的主要供应来源。此外，还需不断完善我国国土空间规划和土地管理方面的政策与法规，实行城市土地确权登记，建立土地收购储备制度，严格遵循土地利用总体规划的具体要求，强化对城市空间转型发展和建设用地的统筹管理。

六、盘活存量建设用地，提高城市建设用地的整体效益

土地资源的刚性约束决定了城市新增用地总量受限，且传统城镇化进程中粗放式的土地利用方式导致土地资源浪费、环境破坏、阻滞城市社会经济可持续发展等问题亟须解决，要解决城市空间发展制约，就必须实行存量土地再开发和优化利用的土地利用模式，走以存量规划为主的城市空间转型道路。伴随城市化发展进入中后期，城市发展进入减量化发展阶段，盘活存量用地的重要性越发凸显。因此，充分运用市场机制盘活存量土地和低效土地，通过出台相关政策对存量土地盘活予以引导和鼓励，激发存量土地盘活主体市场参与的主观能动性，鼓励多方主体探索建立存量土地开发盘活新机制。与此同时，还要充分利用收益分配机制创新等途径，实现地方政府、原土地使用权人、开发单位等主体的利益分配机制，实现城市存量用地更新，不断提升城市存量用地挖掘潜力。

参 考 文 献

［1］毕宝德.土地经济学［M］.北京：中国人民大学出版社，2006.

［2］蔡玉梅，张晓玲，杨枫.英格兰是怎样管理和利用土地的［J］.资源导航，2007（9）：44－45.

［3］曹建海.中国城市土地高效利用研究［M］.北京：经济管理出版社，2002.

［4］陈宏胜，王兴平，国子健.规划的流变——对增量规划、存量规划、减量规划的思考［J］.现代城市研究，2015，32（9）：44－48.

［5］陈章喜，吴振邦.粤港澳大湾区城市群土地利用结构与效率评价［J］.城市问题，2019（4）：29－35.

［6］陈征，李建平，李建建，郭铁民.《资本论》与当代中国经济（第三版）［M］.福建：福建人民出版社，2017.

［7］陈征.《资本论》解说（第四版第三卷）［M］.福建：福建人民出版社，2017.

［8］陈征.社会主义城市地租研究［M］.福建：福建人民出版社，1996.

［9］戴铜，孙澄.基于情景分析的存量规划方法研究——以波士顿"大都市未来"计划为例［J］.城市建筑，2015（25）：118－121.

［10］但成龙.土地可持续利用规划理论与方法［M］.北京：经济管理出版社，2004.

［11］邓小平文选（第一卷）［M］.北京：人民出版社，1994.

［12］邓小平文选（第二卷）［M］.北京：人民出版社，1994.

［13］邓小平文选（第三卷）［M］.北京：人民出版社，1993.

［14］丁一，郭青霞，杜轶等.生态文明建设视角下资源型城市建设用地利用效率及驱动因素分析——以山西省为例［J］.农业现代化研究，2019，40（4）：583－590.

［15］董祚继．土地科学的"三大定律"和"三大猜想"［J］．中国土地，2018（2）：20-23．

［16］方勇，王昆．准存量建设用地的困与谋——以武汉市新城区为例［J］．上海国土资源，2017，38（1）：25-28．

［17］费沈燕．存量规划视角下城市开发边界划定研究［D］．哈尔滨工业大学，2019．

［18］冯经明．转型时期特大型城市土地利用规划——理论与实践［M］．上海：同济大学出版社，2013．

［19］郭权，田莉."自上而下"还是"多元合作"：存量建设用地改造的空间治理模式比较［J］．城市规划学刊，2018（1）：66-72．

［20］郭嵘，黄梦石．存量规划视角下城市建设用地调控研究［M］．北京：中国建筑工业出版社，2019．

［21］郭嵘，黄梦石．存量规划视角下城市开发边界的划定方法［J］．规划师，2016，32（10）：57-61．

［22］郭铁民．陈征社会主义城市地租理论研究的特色与创新［J］．福建师范大学学报，2017，6：9-17．

［23］何芳．城市土地集约利用及其潜力评价［M］．上海：同济大学出版社，2003．

［24］何鹤鸣，张京祥．产权交易的政策干预：城市存量用地再开发的新制度经济学解析［J］．经济地理，2017，37（2）：7-14．

［25］胡银根．城乡统筹背景下建设用地优化配置的动力、绩效与配套机制研究［M］．北京：科学出版社，2017．

［26］黄茂兴等．经济科学实验方法及应用［M］．北京：经济科学出版社，2019．

［27］黄奇帆．深化土地要素市场化配置改革 开启中国第三次土改新元年［N］．第一财经日报，2020-06-01．

［28］黄卫东．城市规划实践中的规则建构——以深圳为例［J］．城市规划，2017，41（4）：49-51．

［29］黄亚平．城市土地开发及空间发展——以武汉市为例［M］．武汉：华中科技大学出版社，2011．

［30］纪宝成．创新型城市战略论纲［M］．北京：中国人民大学出版社，2009．

［31］贾茵．行政规划法视野下的都市更新研究［D］．中国政法大学，2016.

［32］柯善咨，韩峰．中国城市经济发展潜力的综合测度和统计估计［J］．统计研究，2013（3）：64－71.

［33］科学发展观重要论述摘编［M］．北京：中央文献出版社，2009.

［34］黎夏，叶嘉安，刘小平．地理模拟系统：元胞自动机与多智能系统［M］．北京：科学出版社，2007.

［35］李冰．北京延庆区大榆树镇：存量规划时期镇域总规用地减量实施路径研究［J］．北京规划建设，2019（5）.

［36］李德华．城市规划原理（第三版）［M］．北京：中国建筑工业出版社，2001.

［37］李荷，杨培峰．城市内河空间生态化维稳规划策略推演［J］．城市规划，2018，42（5）：56－62.

［38］李辉．土地资源配置、利用效率与区域经济增长研究［D］．湖南大学，2016.

［39］李建建．中国城市土地市场结构研究［M］．北京：经济科学出版社，2004.

［40］李建平，黄茂兴，黄谨．《资本论》永放光芒 纪念《资本论》第1卷出版150周年（2册）［M］．福建：福建人民出版社，2018.

［41］李建平．《资本论》第一卷辩证法探索［M］．福建：福建人民出版社，2017.

［42］李建平．中国特色社会主义政治经济学的逻辑主线和体系结构［M］．济南：济南出版社，2019.

［43］李晓莹．"瞄准"存量，土地调控再升级［N/OL］．经济视点报，2012.

［44］列宁专题文集（1－5卷）［M］．北京：人民出版社，2009.

［45］林卿．农地利用问题研究［M］．北京：中国农业出版社，2003.

［46］林卿．土地政策学［M］．北京：中国农业出版社，2002.

［47］林子华，张华荣．产权一体化新探［J］．福建师范大学学报（哲学社会科学版），2009（1）：17－21.

［48］刘光成．区域土地资源可持续利用评价［M］．北京：华中农业大学出版社，2001.

［49］刘鹤．城市规划与土地资源可持续发展关联性分析［J］．北方经贸，2018（7）：115 - 116.

［50］刘晓斌，温锋华．系统规划理论在存量空间规划中的应用模型研究［J］．城市发展研究，2014，21（2）：119 - 124.

［51］刘永健，耿弘，孙文华等．长三角城市群建设用地扩张地区差异的驱动因素解释——基于回归方程的 Shapley 值分解方法［J］．长江流域资源与环境，2017，26（10）：1547 - 1555.

［52］资本论（1 - 3 卷）［M］．北京：人民出版社，2004.

［53］马克思恩格斯全集（第25卷）［M］．北京：人民出版社，1974.

［54］马克思恩格斯全集（第46卷）［M］．北京：人民出版社，2003.

［55］马克思恩格斯文集（1 - 4 卷）［M］．北京：人民出版社，2009.

［56］马克思恩格斯文集（第8卷）［M］．北京：人民出版社，2009.

［57］马克思恩格斯选集（第2卷）［M］．北京：人民出版社，1995.

［58］马渊秋．推动存量建设用地盘活促进上海城市发展［J］．城市建设理论研究（电子版），2016（13）.

［59］毛蒋兴，闫小培．中国城市土地快速变化的特征与机制——以深圳为例［M］．南京：南京大学出版社，2009.

［60］毛泽东选集（1 - 4 卷）［M］．北京：人民出版社，1991.

［61］聂雷，郭忠兴，彭冲．基于 SBM - Undesirable 和 Meta-frontier 模型的城市建设用地利用效率研究［J］．资源科学，2017，39（5）：836 - 845.

［62］欧惠，戴文远，黄万里等．盆地型城市建设用地扩展与空间形态演变——以福州市中心城区为例［J］．地域研究与开发，2020，39（3）：70 - 75.

［63］彭云飞，赖权有，钱竞等．基于 Logistic 回归模型的城市建设用地扩张影响因素分析——以深圳市为例［J］．国土与自然资源研究，2014（2）：17.

［64］庆祝改革开放40周年大会在京隆重举行，习近平发表重要讲话［N］．光明日报，2018 - 1 - 19（1）.

［65］施卫良．规划编制要实现从增量到存量与减量规划的转型［J］．城市规划，2014，38（11）：21 - 22.

［66］十八大以来重要文献选编（上、中、下）［M］．北京：中央文献出版社，2014 - 2018.

［67］十六大以来党和国家重要文献选编（上、中、下）［M］．北京：人民出版社，2005－2008．

［68］十五大以来重要文献选编（上、中、下）［M］．北京：中共中央文献研究室，2009－2013．

［69］十一届三中全会以来党和国家重要文献选编［M］．北京：中共中央党校出版社，2008．

［70］石晓平．土地资源可持续利用的经济学分析［M］．北京：中国大地出版社，2001．

［71］史国强．基于PSR模型的建设用地集约利用评价研究［D］．成都理工大学，2016．

［72］孙哲，朱文兴．关于城市存量土地的优化配置问题的探讨［J］．科技广场，2008（2）：59－60．

［73］谭永忠，何巨，吴次芳，贾克敬．存量规划趋势下城镇低效建设用地再开发模式研究［M］．北京：经济科学出版社，2019．

［74］唐雪娇．从城乡建设角度对新常态下"增量"和"存量"的思考［J］．中华建设，2016（3）：76－77．

［75］田毅．新时代背景下中国西部城市的增量和存量规划［J］．工程技术研究，2018，13：249－250．

［76］王刚，隋杰礼，王骏等．面向城市存量的城市设计的特征、内容与问题探析［J］．城市发展研究，2017，24（11）：29－35．

［77］王建兴，韩申山．西安市建设用地利用绩效的变化特征及其障碍因素研究［J］．国土资源科技管理，2018，35（4）：94－105．

［78］王磊，陈昌勇，谭宇文．存量型规划的建设用地再开发综合评定与空间管制——以《佛山市城市总体规划（2011—2020》为例［J］．规划师，2015，31（8）：60－65．

［79］王权典．新型城镇化存量土地再开发之调控与规制策略［M］．北京：知识产权出版社，2015．

［80］王树声，赵子良，李小龙等．以文相地：一种人文视角考量城市建设用地的规划理念［J］．城市规划，2019，43（5）：87－88．

［81］韦俊敏，胡宝清，张中秋．新型城镇化背景下小城镇土地精明利用评价与利用［J］．资源科学，2014（8）：1563－1571．

［82］卫兴华，洪银兴，黄泰岩，黄茂兴．社会主义经济理论研究集萃

（2018）：高质量发展的中国经济——纪念改革开放 40 周年 ［M］．北京：经济科学出版社，2019．

［83］文贯中．吾民无地 ［M］．北京：东方出版社，2014．

［84］文萍，吕斌，赵鹏军．国外大城市绿带规划与实施效果——以伦敦、东京、首尔为例 ［J］．国际城市规划，2015，30（S1）：57 - 63．

［85］吴次芳，徐保根．土地生态学 ［M］．北京：中国大地出版社，2003．

［86］吴得文，毛汉英，张小雷，黄金川．中国城市土地利用效率评价 ［J］．地理科学，2011：16 - 22．

［87］吴启焰，何挺．国土规划、空间规划和土地利用规划的概念及功能分析 ［J］．中国土地，2018（4）：16 - 18．

［88］吴永娇，何洪鸣，李宇．城市发展、土地利用与管理 ［M］．北京：科学出版社，2020．

［89］习近平．决胜全面建成小康社会 夺取新时代中国特色社会主义伟大胜利——在中国共产党第十九次全国代表大会上的报告 ［M］．北京：人民出版社，2017．

［90］习近平．推动我国生态文明建设迈上新台阶 ［J］．求是，2019（3）．

［91］习近平谈治国理政（第二卷）［M］．北京：外文出版社，2017．

［92］习近平谈治国理政（第三卷）［M］．北京：外文出版社，2020．

［93］习近平谈治国理政（第一卷）［M］．北京：外文出版社，2014．

［94］项前，张雷，刘彪．城市土地利用时空优化 ［M］．北京：中国建筑工业出版社，2017．

［95］谢俊奇．土地生态学 ［M］．北京：科学出版社，2015．

［96］徐梦洁，於海美，梅艳等．近年我国城市土地扩张研究进展 ［J］．国土资源科技管理，2008，25（1）：47 - 52．

［97］许伟．存量土地利用规划的思考与探索——基于上海的实践 ［J］．中国土地，2016（3）：5 - 10．

［98］许学强，周一星，宁越敏．城市土地地理学 ［M］．北京：高等教育出版社，2009．

［99］杨海泉，胡毅，王秋香．2001—2012 年中国三大城市群土地利用效率评价研究 ［J］．地理科学，2015，35（9）：1095 - 1100．

［100］杨遴杰. 当前土地管理制度的改革方向［N/OL］. 东方早报，2012.

［101］杨旗，宋佳音. 严格落实城乡建设用地减量要求，鼓励和引导存量建设用地利用［N/OL］. 北京日报，2020－3－3.

［102］叶剑平. 城市建设用地空间拓展理论与方法研究：以海西地区为例［M］. 北京：中国经济出版社，2020.

［103］易凤佳，李仁东，常变蓉等. 长株潭地区建设用地扩张遥感时空特征分析［J］. 国土资源遥感，2015（2）：160－166.

［104］袁奇峰. 多重利益博弈下的"三旧"改造存量规划——以珠江三角洲集体建设用地改造为例［J］. 城市与区域规划研究，2015，7（3）：148－165.

［105］岳建轩. 基于新常态的珠三角新型城镇化发展［N/OL］. 南方日报，2015－01－20.

［106］詹长根，鲍家伟. 盘活城市存量土地走节约集约用地之路［J］. 浙江国土资源，2005，10：43－45.

［107］张超荣，潘芳，邢琰. 存量规划背景下北京城镇建设用地再开发机制研究——以房山区存量工业用地再开发为例［J］. 北京规划建设，2015（5）：98－103.

［108］张立新，朱道林，杜挺等. 基于DEA模型的城市建设用地利用效率时空格局演变及驱动因素［J］. 资源科学，2017，39（3）：418－429.

［109］张立新. 基于资源配置理论的城市土地合理利用研究——以长江经济带城市为例［D］. 中国农业大学，2018.

［110］张琦. 土地利用与可持续发展［M］. 北京：商务印书馆，2012.

［111］张衔，吴先强. 中国城市建设用地利用效率区域差异研究［J］. 暨南学报（哲学社会科学版），2016（11）：67－76，131.

［112］张志辉. 中国城市土地利用效率研究［J］. 数量经济技术经济研究，2014（7）：134－149.

［113］张转转. 基于GIS的福州市后备宜建设用地潜力及空间分布研究［D］. 福建农林大学，2016.

［114］赵乐. 快速城市化进程中浙江沿海城市用地时空变化研究［D］. 浙江大学，2017.

［115］赵曜. 产业结构、城市规模与中国城市生产率［J］. 经济研究，

2014（4）：76－89.

　　［116］赵作权．中国经济核心——边缘格局与空间优化发展［J］．管理世界，2012（10）：46－54.

　　［117］郑新奇．城市土地优化配置与集约利用评价［M］．北京：科学出版社，2004.

　　［118］中共中央关于全面深化改革若干重大问题的决定［M］．北京：人民出版社，2013.

　　［119］中共中央文献研究室．习近平关于社会主义生态文明建设论述摘编［M］．北京：中央文献出版社，2017.

　　［120］中共中央宣传部．习近平总书记系列重要讲话读本（2016年版）［M］．北京：人民出版社，2016.

　　［121］中国国土资源部．全国土地利用总体规划纲要（2006—2020年）［M］．北京：中国法制出版社，2008.

　　［122］钟顺昌．城市土地利用与城市化：结构与效应［M］．北京：中国社会科学出版社，2020.

　　［123］周建明，丁洪建．中国城市土地利用的理论与实践［M］．北京：中国建筑工业出版社，2009.

　　［124］周榕．新形势下珠江三角洲城镇化特征及城市规划对策［D］．清华大学，2004.

　　［125］朱建江．存量集体建设用地异地集中规划和土地开发市场化研究［J］．科学发展，2018.

　　［126］朱一诺．我国大中型城市新增建设用地管理的现状、问题及对策研究［D］．东南大学，2017.

　　［127］邹兵．增量规划向存量规划转型：理论解析与实践应对［J］．城市规划学刊，2015，18（5）：12－19.

　　［128］Al-sharif A A A，Pradhan B. Monitoring and predicting land use change in Tripoli Metropolitan City using an integrated Markov chain and cellular automata models in GIS［J］. *Arabian Journal of Geosciences*，2014，7（10）：4291－4301.

　　［129］Angel S，Sheppard S C，Civco D L，et al. *The Dynamics of Global Urban Expansion*［M］. Washington，DC：World Bank，Transport and Urban Development Department，2005：205.

[130] Batty M. Possible urban automata [J]. *Environment & Planning B Planning & Design*, 1997, 24 (2): 175 – 192.

[131] Berlingwolff S, Wu J. Modeling urban landscape dynamics: A case study in Phoenix, USA [J]. *Urban Ecosystems*, 2004, 7 (7): 215 – 240.

[132] Clarke B K C. Clarke K C, Gaydos L J. Loose-coupling a cellular automaton model and GIS: long-term urban growth prediction for San Francisco and Washington/Baltimore [J]. *International Journal of Geographical Information Systems*, 1998, 12 (7): 699 – 714.

[133] Dai F C, Lee C F, Zhang X H. GIS-based geo-environmental evaluation for Urban land-use planning: a case study [J]. *Engineering Geology*, 2001, 61 (4): 257 – 271.

[134] Deng X, Huang J, Rozelle S, et al. Growth, population and industrialization, and urban land expansion of China [J]. *Journal of Urban Economics*, 2008, 63 (1): 96 – 115.

[135] Dubovyk O, Sliuzas R, Flacke J. Spatio-temporal modelling of informal settlement development in Sancaktepe district, Istanbul, Turkey [J]. *ISPRS Journal of Photogrammetry and Remote Sensing*, 2011, 66 (2): 235 – 246.

[136] Feng H H, University B N. Scenario Prediction and Analysis of Urban Growth Using SLEUTH Model [J]. *Pedosphere*, 2012, 22 (2): 206 – 216.

[137] Form W H. The Place of Social Structure in the Determination of Land Use: Some Implications for A Theory of Urban Ecology [J]. *Social Forces*, 1954, 32 (4): 317 – 323.

[138] Gao Z, Kii M, Nonomura A, et al. Urban expansion using remote-sensing data and a monocentric urban model [J]. *Computers, Environment and Urban Systems*, 2017 (doi: 10. 1016/j. compenvurbsys. 2017).

[139] Ginsburg N, Koppel B, McGee T G. *The Extended Metropolis: Settlement Transition in Asia* [M]. Honolulu: University of Hawaii Press, 1991.

[140] Gordon Cullen. *The Concise Townscape* [M]. Oxford: The Architectural Press, 1996.

[141] Greenberg M, Craighill P, Mayer H, et al. Brownfield redevelopment and affordable housing: A case study of New Jersey [J]. *Housing Policy Debate*, 2001, 12 (3): 515 – 540.

［142］ Guzy M R, Smith C L, Bolte J P, et al. Policy Research Using Agent – Based Modeling to Assess Future Impacts of Urban Expansion into Farmlands and Forests ［J］. *Ecology & Society*, 2008, 13: 439 – 461.

［143］ Holtslag – Broekhof S. Urban land read Justment: Necessary for effective urban renewal? Analysing the Dutch quest for new legislation ［J］. *Land Use Policy*, 2017, 77 (9): 821 – 828.

［144］ Hu Z, Lo C P. Modeling urban growth in Atlanta using logistic regression ［J］. *Computers, Environment and Urban Systems*, 2007, 31 (6): 667 – 688.

［145］ Huang X, Yang Y. Urban Redevelopment, Gentrification and Gentrifiers in Post-reform Inland China: A Case Study of Chengdu, China ［J］. *Chinese Geographical Science*, 2017, 27 (1): 151 – 164.

［146］ Hui E C M, Wu Y, Deng L, et al. Analysis on coupling relationship of urban scale and intensive use of land in China ［J］. *Cities*, 2015, 42: 63 – 69.

［147］ Irwin E G, Bell K P, Jacqueline G. Modeling and Managing Urban Growth at the Rural – Urban Fringe: A Parcel – Level Model of Residential Land Use Change ［J］. *Agricultural & Resource Economics Review*, 2016, 32 (1): 83 – 85.

［148］ Jeffrey D K, Alig R J. Does Land Use Planning Slow the Conversion of Forest and Farm Lands? ［J］. *Growth & Change*, 1999, 30 (1): 3 – 22.

［149］ Kim J, Choe S C. *Seoul: the making of a metropolis* ［M］. John Wiley & Sons, 1997: 653 – 654.

［150］ Lambin E F, Geist H. *Land-use and Land-cover Change: Local Processes and Global Impacts* ［M］. Springer, 2010: 308 – 324.

［151］ Lambin E F. Global land-use and land-cover change: what have we learned so far? ［J］. *Global Change News*, 2001, 46: 27 – 30.

［152］ Larsson G. Land readjustment: A tool for urban development ［J］. *Habitat International*, 1997, 21 (2): 141 – 152.

［153］ LeSage J P, Pace R K. *Introduction to Spatial Econometrics* ［M］. Boca Raton, US: CRC Press Taylor and Francis Group, 2009.

［154］ Li X, Yeh A G. Neural-network-based cellular automata for simulating multiple land use changes using GIS ［J］. *International Journal of Geographical In-*

formation Science, 2002, 16 (4): 323 – 343.

[155] Ligtenberg A, Bregt A K, Lammeren R V. Multi-actor-based land use modelling: spatial planning using agents [J]. *Landscape & Urban Planning*, 2001, 56 (1 – 2): 21 – 33.

[156] Lynch K. *Locational Models* [M]. Boston: University of Harvard Press, 1980.

[157] Muth R F. Economic Change and Rural – Urban Land Conversions [J]. *Econometrica*, 1961, 29 (1): 1 – 23.

[158] Nourqolipour R A, Shariff A R B M, Ahmad N B B, et al. Multi-objective-based modeling for land use change analysis in the South West of Selangor, Malaysia [J]. *Environmental Earth Sciences*, 2015, 74 (5): 4133 – 4143.

[159] Parker R A. Patterns of Federal Urban Spending Central Cities and their Suburbs, 1983 – 1992 [J]. *Urban Affairs Review*, 1995, 31: 184 – 205.

[160] Piero Esposito. Land degradation, economic growth and structural change: evidences fromItaly [J]. *Environment, Development and Sustainability*, 2016, 18 (2): 431 – 448.

[161] Reick P. Gentrification 1. 0: Urban transformations in late – 19th-century Berlin [J]. *Urban Studies*, 2017.

[162] Richardson W H, Nam W C. *Shrinking Cities: A Global Perspective* [M]. Routledge, 2014: 15.

[163] S Vancheri A, Giordano P, Andrey D, et al. Urban growth processes joining cellular automata and multiagent systems. Part 1: theory and models [J]. *Environment & Planning B Planning & Design*, 2008, 35 (4): 723 – 739.

[164] Schneider A, Woodcock C E. Compact, Dispersed, Fragmented, Extensive? A Comparison of Urban Growth in Twenty-five Global Cities Using Remotely Sensed Data, Pattern Metrics and Census Information [J]. *Urban Studies*, 2008, 45 (3): 659 – 692.

[165] Seto K C, Shepherd J M. Global urban land-use trends and climate impacts [J]. *Current Opinion in Environmental Sustainability*, 2009, 1 (1): 89 – 95.

[166] Sousa C A D. Brownfield redevelopment in Toronto: an examination of past trends and future prospects [J]. *Land Use Policy*, 2002, 19 (4): 297 – 309.

［167］ Tan M, Xiubin L I, Changhe L U. Urban land expansion and arable land loss of the major cities in China in the 1990s ［J］. *Science in China*, 2005, 48 (9): 1492 – 1500.

［168］ Tayyebi A, Perry P C, Tayyebi A H. Predicting the expansion of an urban boundary using spatial logistic regression and hybrid raster-vector routines with remote sensing and GIS ［J］. *International Journal of Geographical Information Science*, 2014, 28 (4): 639 – 659.

［169］ Thapa R B, Murayama Y. Drivers of urban growth in the Kathmandu valley, Nepal: Examining the efficacy of the analytic hierarchy process ［J］. *Applied Geography*, 2010, 30 (1): 70 – 83.

［170］ Tian G, Ouyang Y, Quan Q, et al. Simulating spatiotemporal dynamics of urbanization with multi-agent systems—A case study of the Phoenix metropolitan region, USA ［J］. *Ecological Modelling*, 2011, 222 (5): 1129 – 1138.

［171］ Tobler W R. A Computer Movie Simulating Urban Growth in the Detroit Region ［J］. *Economic Geography*, 1970, 46 (1): 234 – 240.

［172］ Tobler W R. Cellular Geography ［M］. *Philosophy in Geography*. Springer, Dordrecht, 1979: 379 – 386.

［173］ Turk S S. Land readjustment: an examination of its application in Turkey ［J］. *Cities*, 2005, 22 (1): 29 – 42.

［174］ Van Kooten. *Land Resourses Economies and Sustainable Deveopment* ［M］. UBS Press, 1993.

［175］ Ward D P, Murray A T, Phinn S R. A stochastically constrained cellular model of urban growth ［J］. *Computers, Environment and Urban Systems*, 2000, 24 (6): 539 – 558.

［176］ Weber C, Puissant A. Urbanization pressure and modeling of urban growth: example of the Tunis Metropolitan Area ［J］. *Remote Sensing of Environment*, 2003, 86 (3): 341 – 352.

［177］ Xiao J, Shen Y, Ge J, et al. Evaluating urban expansion and land use changein Shijiazhuang, China, by using GIS and remote sensing ［J］. *Landscape and Urban Planning*, 2006, 75 (1): 69 – 80.

［178］ Yeh G O, Li X. A constrained C A model for the simulation and planning of sustainable urban forms by using GIS ［J］. *Environment & Planning B Plan-*

ning & Design, 2001, 28 (5): 733 –753.

[179] Zank B, Bagstad K J, Voigt B, et al. Modeling the effects of urban expansion on natural capital stocks and ecosystem service flows: A case study in the Puget Sound, Washington, USA [J]. *Landscape and Urban Planning*, 2016, 149: 31 –42.

[180] Zhang H, Jin X, Wang L, et al. Multi-agent based modeling of spatiotemporal dynamical urban growth in developing countries: simulating future scenarios of Lianyungang city, China [J]. *Stochastic Environmental Research & Risk Assessment*, 2015, 29 (1): 63 –78.

[181] Zingerle A, Kronman L. Brownfield redevelopment as a smart growth option in the United States [J]. *Environmentalist*, 2001, 21 (2): 129 –143.

[182] Zitti M, Ferrara C, Perini L, et al. Long – Term Urban Growth and Land Use Efficiency in Southern Europe : Implications for Sustainable Land Management [J]. *Sustainability*, 2015, 7 (3): 3359 –3385.

[183] Zukin S. Gentrification: Culture and Capital in the Urban Core [J]. *Annual Review of Sociology*, 1987, 13 (1): 129 –147.